Saskia Handro, Bernd Schönemann (Hg.)

Methoden geschichtsdidaktischer Forschung

D1668948

Zeitgeschichte – Zeitverständnis

herausgegeben von

Prof. Dr. Wolfgang Jacobmeyer

Band 10

LIT

Saskia Handro, Bernd Schönemann (Hg.)

Methoden geschichtsdidaktischer Forschung

LIT

Die Deutsche Bibliothek – CIP-Einheitsaufnahme

Methoden geschichtsdidaktischer Forschung / Saskia Handro;
Bernd Schönemann (Hg.). – Münster : LIT, 2002
   (Zeitgeschichte – Zeitverständnis ; 10)
   ISBN 3-8258-6133-3

© LIT VERLAG Münster – Hamburg – London
   Grevener Str. 179   48159 Münster   Tel. 0251–23 50 91   Fax 0251–23 19 72
   e-Mail: lit@lit-verlag.de   http://www.lit-verlag.de

Inhaltsverzeichnis

IV. Geschichtsdidaktische Forschung und Soziologieorientierung

V. Geschichtsdidaktische Forschung und kommunikations- sowie medientheoretische Orientierung

I. Zur Einleitung

Zur Einleitung

Eine Wissenschaftsdisziplin hat sich nicht zuletzt daran zu messen, inwieweit es ihr gelingt, ihren Nachwuchs auszubilden, zu fördern, ihm ein Diskussionsforum zu bieten und nicht zuletzt den Fachdiskurs über die Wissenschaftlergenerationen hinweg kontrovers zu gestalten. Diese Aufgaben stellen sich für die Geschichtsdidaktik um so dringlicher, als mittelfristig ein geglückter Generationswechsel entscheidend für den Erhalt der Disziplin sein wird. Nun wurde mit der hier zu dokumentierenden I. Nachwuchskonferenz der „Konferenz für Geschichtsdidaktik", die unter der Leitung von Bodo von Borries, Wolfgang Jacobmeyer und Bernd Schönemann vom 19. bis 21. Juli 2001 in der Tagungsstätte der Universität Dortmund in Witten-Bommerholz stattfand, keineswegs völliges Neuland beschritten. Geschichtsdidaktische Nachwuchsförderung über den einzelnen Universitätsstandort hinaus gehört bereits seit Anfang der 1990er Jahre zum Arbeitsprofil der „Konferenz für Geschichtsdidaktik". Zunächst in der Moderation von Peter Schulz-Hageleit und nunmehr unter Leitung von Wolfgang Jacobmeyer hat sich der „Arbeitskreis Hochschullehrernachwuchs" zu einem festen Programmpunkt der Zweijahrestagungen der Konferenz für Geschichtsdidaktik entwickelt. Doch stößt dieses Konzept – zweijähriger Turnus, Einzelprojektpräsentation ohne Anbindung an das jeweilige Tagungsthema, Platzierung in den frühen Abendstunden – notwendigerweise an Grenzen, weil es – für sich allein genommen – nicht in der Lage ist, die innerdisziplinäre Kommunikation des Nachwuchses zu intensivieren und zu verstetigen. Unter anderem diese Einsicht bewog den 1999 von Bodo von Borries und Bernd Schönemann ins Leben gerufenen Arbeitskreis „Forschungsförderung" dazu, dem geschichtsdidaktischen Nachwuchs ein ergänzendes Diskussionsforum zu bieten. Dass dieses Anliegen längst überfällig gewesen ist und bei den Adressaten auf fruchtbaren Boden stieß, wurde bereits während der Tagungsvorbereitung deutlich.

Doch erschöpfte sich die Funktion der Nachwuchskonferenz nicht in der fachpolitischen Absicht der Nachwuchsförderung und dem Ausbau der geschichtsdidaktischen Kommunikationsstruktur. Es ging auch um inhaltliche Arbeit. Der Wahl des Tagungsthemas „Methoden geschichtsdidaktischer Forschung" gingen zwei Grundüberlegungen voraus: Zum ersten schien mit der Frage nach den Methoden geschichtsdidaktischer Forschung ein Feld gefunden, welchem über Einzelprojekte hinaus innerdizinär bis vor kurzem kaum systematisch Beachtung geschenkt worden ist. Eine Ausnahme bilden hier allenfalls die Methoden der Schulbuch- und Lehrplananalyse.[1] Für den Bereich der qualitativen und quantitativen Lehr- und Lernforschung war vor allem Bodo von Borries lange Zeit der alleinige Impulsgeber.[2] Neue Bewegung in die Methodendiskussion brachte dann die jüngst erschienene Arbeit von Wolfgang Hasberg. Ihr kommt das Verdienst zu, das Methodenprofil geschichtsdidaktischer Forschung gleichsam historisiert zu haben.[3] Diese Bestandsaufnahme auf laufende und frisch abgeschlossene geschichtsdidaktische Qualifikationsprojekte auszudehnen, schien ein lohnendes Unterfangen.

Hinzu kam eine zweite, pragmatische Überlegung: Durch die Konzentration auf die Methodenproblematik sollte eine bloße Inhalts- und Ergebnispräsentation heterogener Einzelprojekte verhindert und gewissermaßen eine Klammer auf der Meta-Ebene geschaffen werden, um eine breitere Diskussionsgrundlage zu erhalten.

Die für die Methodendiskussion gewählte Struktur der Tagung entwickelte sich *induktiv* aus den einzelnen Arbeitsvorhaben. Dadurch waren den Systematisierungsbemühungen Grenzen gesetzt. Zwar spiegelt sich in den einzelnen Sektionen der Tagung der disziplinäre Ort der Geschichtsdidaktik als Disziplin der Geschichtswissenschaft mit einem ebenso breiten wie unverzichtbaren Kranz von Bezugswissenschaften auch methodisch wider, aber das Gesamtbild bleibt naturgemäß gebrochen und unscharf, weil sich aus den Methodenprofilen weniger Nachwuchsarbeiten einfach kein stringentes, vollständiges und für die Gesamtdisziplin repräsentatives Methoden*system* gewinnen lässt. Umgekehrt ist allerdings auch zu fragen, ob es ein solches – genuin geschichtsdidaktisches – System überhaupt geben kann angesichts einer Forschungspraxis, die inhaltlich und methodisch geradezu davon lebt, disziplinäre Schranken zu überwinden. Mit diesen Überlegungen bewegen wir uns jedoch schon im Problemfeld der Schlussdiskussion, deren Ertrag insgesamt als ambivalent charakterisiert werden kann. Auf der einen Seite ließ sich eine gewisse Enttäuschung erkennen, als deutlich wurde, dass die Frage nach einer spezifisch geschichtsdidaktischen Forschungsmethodik mit einem eindeutigen Nein beantwortet werden musste. Auf der anderen Seite wurde mit Recht darauf hingewiesen, dass das disziplinäre Proprium der Geschichtsdidaktik nicht in ihren Methoden, sondern

---

[1] Diskussionsüberblick vgl. Dietrich Scholle: Schulbuchanalyse. In: Klaus Bergmann u.a. (Hrsg.): Handbuch der Geschichtsdidaktik. 5. überarb. Aufl. Seelze-Velber 1997, S. 369-375.

[2] Vgl. u.a. zu qualitativen Methoden Bodo von Borries: Zum Geschichtsbewußtsein von Normalbürgern. Hinweise aus offenen Interviews. In: Klaus Bergmann/Rolf Schörken (Hrsg.): Geschichte im Alltag – Alltag in der Geschichte. Düsseldorf 1982, S. 182-209; zu quantitativen Erhebungen u.a. ders.: Das Geschichtsbewußtsein Jugendlicher. Erste repräsentative Untersuchung über Vergangenheitsdeutungen, Gegenwartswahrnehmungen und Zukunftserwartungen in Ost- und Westdeutschland. Weinheim/München 1995.

[3] Wolfgang Hasberg: Empirische Forschung in der Geschichtsdidaktik. Nutzen und Nachteil für den Geschichtsunterricht. 2 Bde. Neuried 2001.

in ihren Kategorien und Fragestellungen liegt, deren innere Logik die Wahl geeigneter Methoden von Fall zu Fall unterschiedlich steuert. Hinzu kam die Einsicht, dass keine Wissenschaftsdisziplin ein Monopol auf bestimmte Methoden besitzt, dass der Methodeneinsatz generell interdisziplinär streut, ja dass methodische und disziplinäre Strukturen gerade dann, wenn das Gebot der Interdisziplinarität ernst genommen wird, gar nicht deckungsgleich sein *können*. Dies ist zweifelsohne nicht das letzte Wort zu diesem Thema, sondern eher der Beginn einer systematischen Methodendiskussion, die weitergeführt werden muss.

Bevor wir auf den Verlauf der Tagung selbst eingehen, sei noch auf eine weitere Heterogenität der Beiträge verwiesen. Dass der Beitrag von Bodo von Borries, der als separater Abendvortrag außerhalb der Sektionen gehalten und nachträglich in die Tagungssystematik integriert wurde, aus dem Qualifikationskontext herausfällt, bedarf eigentlich nicht der Erwähnung. Besonders zu betonen ist aber, dass auch die übrigen 16 Vorträge keineswegs entwicklungshomogen waren, sondern unterschiedliche Arbeitsstände dokumentierten. So stellten Manfred Seidenfuß (Regensburg) und Heike Christina Mätzing (Braunschweig) bereits das Design ihrer Habilitationsprojekte vor, während Kathrin Hempel (Halle), Stefan Albrecht (Berlin) und Oliver Näpel (Münster) erste methodische Vorüberlegungen am Beginn ihrer Dissertationsprojekte präsentierten. Michaela Hänke-Portscheller (Bielefeld), Andrea Brockmann (Münster), Ruth Benrath (Berlin), Michele Barricelli (Berlin), Tanja Anger (Dresden) und Marko Demantowsky (Dortmund) hatten ihre Recherche und die konzeptionellen Überlegungen weitgehend abgeschlossen, aber die Niederschrift ihrer Dissertation noch nicht beendet. Thorsten Heese (Halle) und Andreas Michler (Eichstädt) standen dagegen schon kurz vor dem Abschluss ihrer Arbeit. Die Dissertationen von Jens Hoppe (Frankfurt a.M.), Saskia Handro (Dortmund) und Ulrich Baumgärtner (München) lagen schließlich zum Zeitpunkt der Tagung bereits vor.

Doch nun zum Tagungsverlauf. Der zuerst vorzustellenden Sektion „Geschichtsdidaktische Forschung und Pädagogik- sowie Psychologieorientierung" kam im Rahmen der Konferenz eine Schlüsselstellung zu. Mit seinem Abendvortrag „Lehr-/Lernforschung in europäischen Nachbarländern – ein Stimulus für die deutschsprachige Geschichtsdidaktik?" plädierte Bodo von Borries für einen methodischen Paradigmawechsel. Der von der Disziplin leider zu selten gewagte Blick über den Horizont der deutschen Geschichtsdidaktik hinaus verdeutlichte, dass Methoden der qualitativen empirischen Forschung in den Nachbarländern seit längerem zum Standard bei der Erforschung von Lehr- und Lernprozessen gehören, aber in ihren möglichen Erträgen und Synergieeffekten für geschichtsdidaktische Fragestellungen bislang nicht rezipiert wurden. Mit Verweis auf die begrenzte Reichweite quantitativer empirischer Untersuchungen zum Geschichtsbewusstsein forderte von Borries eine methodische Wende hin zu qualitativen Erhebungen. Nicht zuletzt mit den Ergebnissen und der Diskussion der PISA-Studie hat das Plädoyer von von Borries immens an bildungspolitischer Brisanz gewonnen und muss daher einmal mehr als Aufforderung an die Zunft gesehen werden, sich stärker als bisher der Analyse schulischer Lehr- und Lernprozesse zuzuwenden.

Dass qualitative Lehr- und Lernforschung auch in Deutschland lange Zeit marginalisierte Anknüpfungspunkte hat und – dies gehörte auch zu den durchaus überraschenden Erträgen der Konferenz – dass qualitative empirische Methoden bereits in laufenden Projekten offensichtlich erfolgreich erprobt werden, zeigten die Beiträge der ersten Sektion. Einen historischen Tiefenschnitt in die Entwicklung sozial-empirischer und historisch-empirischer Forschungsprojekte legte Marko Demantowsky an. Er konnte insbesondere nachweisen, dass sozial-empirische Unterrichtsforschung zu den Arbeitsschwerpunkten der Geschichtsmethodik der frühen DDR zählte und – anders als bisher gemeinhin angenommen – nicht in der Sowjetpädagogik, sondern in der namentlich von Peter Petersen bereits in der Weimarer Republik begründeten pädagogischen Tatsachenforschung wurzelte. Mit dem aus der Wissenspsychologie entlehnten Expertiseansatz stellte Manfred Seidenfuß eine innovative Methode vor, die zum einen geeignet scheint, die Transformation geschichtsdidaktischer Theoriebildung in die Unterrichtspraxis zu erhellen und zum anderen eine kritische Reflexion unterrichtsrelevanter geschichtsdidaktischer Theoreme anzubahnen. In einer komparatistisch angelegten Längsschnittuntersuchung fragt Seidenfuß, nach welchen Mustern Geschichtslehrer in unterschiedlichen Phasen ihrer beruflichen Sozialisation Theorie- und Erfahrungswissen in Handlungs- und Entscheidungsmuster ihrer Unterrichtsplanung einfließen lassen. Auch Michele Barricelli beschreibt ein normatives Postulat an schulische Lehr- und Lernprozesse, nämlich die Förderung der narrativen Kompetenz der Schüler, zunächst als theoretisches Konstrukt. Auf der Basis eigener Unterrichtsversuche versucht er dann, Transformationstypen des narrativen Rekonstruktionsprozesses zu generieren, deren funktionale Bestimmung zu analysieren und daraus methodische Konsequenzen für den Geschichtsunterricht abzuleiten.

Die Beiträge der folgenden Sektion „Geschichtsdidaktische Forschung und Historiographieorientierung" sind in zweifacher Hinsicht charakteristisch für das gegenwärtige Forschungsprofil unserer Disziplin. Zum einen belegen sie, dass die meisten Synergie-Effekte sich nach wie vor aus der disziplinären Matrix der Geschichtswissenschaft selbst ergeben. Zweifelsohne folgt hier Forschungspragmatik nach wie vor dem Diktum von Rudolf Vierhaus, dass „(die) Vertreter der Didaktik, von denen Vertrautsein mit der historischen For-

schung verlangt werden muß, (...) möglichst selber einmal aktiv an ihr teilge-
nommen haben" sollten.[4] Zum anderen zeigt sich in der auffälligen Konzentration auf die Institution Museum die geschichtskulturelle Wende in der Geschichtsdidaktik selbst. Nachdem seit den 1980er Jahren das theoretische Konzept ,Geschichtskultur' zunehmend verfeinert wurde, beackern neben den Ver-
tretern der klassischen historischen Forschung nun immer mehr Geschichtsdidaktiker dieses fruchtbare Feld, und dies durchaus mit originären Forschungs-
fragestellungen.[5] So bewegt sich Thorsten Heese mit seiner Lokalstudie zur
Osnabrücker Museumsgeschichte weg vom main-stream der ideengeschichtlich
orientierten Untersuchungen. Heese geht der Etablierung der bürgerlichen Museumsidee im mentalitäts- und sozialgeschichtlichen Kontext des bürgerlichen
Bildungsverständnisses nach. Nicht zuletzt durch Erschließung einer neuen
Quellengruppe, der Biographien der Sammler, verfolgt er regionale, lokale und
individuelle Vorbedingungen der Institutionengeschichte. Eine Regionalstudie
zur Museumspolitik im Bayern von 1945 bis 1955 stellt Andreas Michler vor.
In seinen methodischen Überlegungen greift er die u.a. von Jörn Rüsen und
Bernd Schönemann geführte Debatte um den Begriff der Geschichtskultur auf
und sucht die Reichweite ihrer Theoreme für empirische Befunde zu evaluieren
und zu modifizieren. Die Projekte von Tanja Anger und Kathrin Hempel ord-
nen sich in die nach dem Zusammenbruch der DDR begonnenen Bemühungen
um die Aufarbeitung der DDR-Geschichte ein. Mit der Institution Museum
untersuchen beide eine für die Vermittlung des DDR-Geschichtsbildes zentrale
Instanz in einem genetisch-diachronen Zugriff von 1945 bis zum Untergang der
DDR. Sie fragen nach regionalen, lokalen und individuellen Handlungsspiel-
räumen in der Ausstellungspraxis jenseits staatlich-administrativer Vorgaben
und versuchen das Bild des scheinbar monolithischen Gebäudes der DDR-Ge-
schichtskultur zu differenzieren. Während die Projekte mit ihrem Untersuchungsgegenstand, den leitenden Fragestellungen und ihrer regionalen Eingrenzung starke Parallelen aufweisen, unterscheiden sie sich jedoch deutlich im
weiteren methodischen Design. Anger präferiert einen komparatistischen Ansatz, der das Museum für deutsche Geschichte in Berlin, das in der DDR als
museumspolitische und museologische Leitinstanz fungierte, mit den lokalen
Geschichtsmuseen des sächsischen Raumes vergleicht. Dagegen stellt Hempel
ein Strukturgitter zur Erarbeitung musealer Präsentationstypen vor, das anhand
einer konkreten Ausstellungskonzeption erläutert wird. Neue methodische

---

[4] Rudolf Vierhaus: Geschichtsforschung und Didaktik der Geschichte. Didaktische
Implikationen der Forschung – Forschungsbezug der Didaktik. In: Erich Kosthorst (Hrsg.):
Geschichtswissenschaft. Didaktik – Forschung – Theorie. Göttingen 1977, S. 34-47, hier 37.

[5] Zu Forschungsdiskurs und theoretischem Konzept Bernd Schönemann: Geschichtsdidaktik und
Geschichtskultur. In: Bernd Mütter u.a. (Hrsg.): Geschichtskultur. Theorie – Empirie –
Pragmatik (Schriften zur Geschichtsdidaktik; 11) Weinheim 2000, S. 26-58.

Wege beschreitet Jens Hoppe bei der Beantwortung der Frage, wie die deutsche Mehrheitsgesellschaft die jüdische Minorität als museale Überlieferung in ihr kulturelles Gedächtnis integriert hat. Durch eine quantitative und qualitative Analyse der Judaica in ausgewählten Museumsbeständen gelingt es ihm, die Marginalisierung des Jüdischen auch über das Jahr 1945 hinaus zu erfassen und zudem nachzuweisen, dass Museumssammlungen ein wesentlicher Indikator für gesellschaftlich gewollte Identifikationsprozesse sind. Thematisch aus dem engeren Rahmen der Sektion fällt der Beitrag von Ulrich Bäumgärtner. Anhand der Gedenkreden des Bundespräsidenten Theodor Heuss zeichnet Baumgärtner die öffentliche Auseinandersetzung mit dem Nationalsozialismus im ersten Jahrzehnt der Bundesrepublik nach. Methodisch geht die Arbeit insofern neue Wege, als sie historisch-kritische Quelleninterpretation mit rhetorischer Text-analyse verbindet. Durch diese kommunikationstheoretische Dimensionierung gelingt es ihm, das Spannungsfeld von Politik, öffentlicher Geschichtskultur und dem Redner als historischem Individuum tiefgestaffelt auszuloten.

Die Beiträge der Sektion „Geschichtsdidaktische Forschung und Sozio-logieorientierung" lassen methodisch und inhaltlich nur schwerlich eine gemeinsame Klammer erkennen – außer der, dass aus dem soziologischen Methodendiskurs entlehnte Ansätze in unterschiedlichster Weise aufgegriffen wurden. Michaela Hänke-Portscheller reklamiert den Anspruch der Ge-schichtsdidaktik als Handlungs- und Wirkungswissenschaft für den Bereich der Hochschuldidaktik. Mit dem von ihr erarbeiteten Konzept der „Lernorte" re-flektiert sie die theoretische Dimension des bekannten „Bielefelder Modells" der Historikerausbildung in seinen professionalisierungsbezogenen Dimensio-nen und diskutiert die weitreichenden pragmatischen Konsequenzen für die universitäre Lehre. Demgegenüber geht Ruth Benrath Brüchen im Professiona-lisierungsprozess von Geschichtslehrern und Geschichtslehrerinnen aus der DDR nach. Mit einer zentralen Methode der qualitativen empirischen Soziali-sationsforschung, dem narrativ-biographischen Interview, sucht sie, die Trans-formation didaktischer Handlungsmuster über die Zäsur des Jahres 1989 hin-weg in ihrer Kontinuität und Diskontinuität aufzudecken und typologisch zu beschreiben. Im letzten Beitrag dieser Sektion steht mit dem Begriff der „Gene-ration" weniger eine Methode, sondern vielmehr ein in der soziologischen Forschung etablierter Ansatz und seine methodischen Konsequenzen auf dem Prüfstand. Saskia Handro stellt nach einem Blick auf die disziplinübergreifende generationsbezogene Kontroverse in den geschichtsdidaktischen Bezugswis-senschaften die Frage nach dem heuristischen Potential des Generationenansat-zes für geschichtsdidaktisch relevante Fragestellungen.

Die Beiträge der abschließenden Sektion „Geschichtsdidaktische Forschung und kommunikations- sowie medientheoretische Orientierung" illustrieren die gesamte Spannbreite intentionaler und nichtintentionaler Vermittlung und Rezeption von Geschichte in der heutigen Mediengesellschaft. Dem traditionellen Leitmedium schulischen historischen Lernens (wobei hier dahingestellt sei, inwieweit dieses Etikett auf Dauer aufrecht erhalten werden kann), dem Geschichtsbuch, widmen sich die Beiträge von Heike Christina Mätzing und Stefan Albrecht auf ganz unterschiedliche Weise. Mätzing wendet sich dem Problem der Diktaturbewältigung mit den klassischen Methoden deskriptiv-hermeneutischer Schulbuchanalyse zu. Am Beispiel der Darstellung des Bürgerkrieges und der Franco-Diktatur in spanischen Schulgeschichtsbüchern der 1970er und 1990er Jahre untersucht sie die historischen Wahrnehmungs- und Deutungsmuster kultureller Erinnerungs- und Vergessensgemeinschaften. Das innovative Potential dieses Ansatzes liegt vor allem in der angestrebten Komparatistik. Ob der Vergleich der öffentlichen Erinnerungsstrategien nach Diktaturerfahrungen in Deutschland, Chile und Spanien parallele Prozesse zutage fördert, oder ob es gleichsam nationalspezifische Strategien der Vergangenheitsbewältigung gibt, die mit Mitteln der Schulbuchanalyse erschließbar sind, dürfte spannend bleiben. Das Forschungsinteresse Albrechts richtet sich auf ein vergleichsweise neues Medium im Schulgeschichtsbuch, auf die so genannte „Infografik". In seinem Beitrag stellt er zunächst definitorische Überlegungen zur Erfassung und Abgrenzung des Untersuchungsgegenstandes an, um dann Ansätze für einen reflektierten und kritischen Umgang mit dieser komplexen grafischen Darstellung im Unterricht zu entwickeln. Die Beiträge von Oliver Näpel und Andrea Brockmann überschreiten insofern die engeren Grenzen schulischen Lernens, als sie sich mit Medien der nichtintentionalen historisch-politischen Sozialisation befassen und damit zugleich zentrale Quellen des gesellschaftlichen Umgangs mit Geschichte analytisch erschließen. Mit dem Comic diskutiert Näpel Struktur und Quellencharakter eines lange Zeit marginalisierten Mediums, dessen Komplexität besondere Strategien der historisch-kritischen Analyse erfordert. Brockmann präsentiert mit der „Visual History" einen neuen theoretischen und methodischen Zugang zum Gedächtnismedium Fernsehen. Am Beispiel ausgewählter TV-Dokumentationen zum Thema 17. Juni 1953, die in der Bundesrepublik bzw. der DDR ausgestrahlt wurden, dekodiert sie Motivationen und Mechanismen televisueller Medien bei der Vermittlung von Geschichtsbildern. Indem sie das Medium Fernsehen diachron und systematisch mit der gesellschaftlichen Erinnerungskultur vernetzt, überwindet sie zugleich die Beschränkungen traditioneller Filmanalysen.

Soviel zu Zielsetzung, Ergebnis und Verlauf der Tagung. Sie war ein Experiment, dessen Ausgang nach Auffassung aller Beteiligten eine Fortsetzung rechtfertigt, nicht zuletzt deshalb, weil die Förderung der wissenschaftlichen Entwicklung der Disziplin Geschichtsdidaktik – immerhin der Vereinszweck der Konferenz für Geschichtsdidaktik – eine Verstetigung der Förderung ihres wissenschaftlichen Nachwuchses nicht bloß einschließt, sondern zwingend gebietet.

Dortmund, im Februar 2002   Die Herausgeber

II. Geschichtsdidaktische Forschung und Pädagogik- sowie Psychologieorientierung

Bodo von Borries

Lehr-/Lernforschung in europäischen Nachbarländern – ein Stimulus für die deutschsprachige Geschichtsdidaktik?[1]

1. Zielsetzung

Vor einem halben Jahr habe ich zu zeigen versucht, dass die – bisher in der Regel nicht rezipierte – angloamerikanische Lehr- und Lernforschung geeignet ist, inhaltlich, methodisch und theoretisch Anregungen für die deutschsprachige Geschichtsdidaktik zu geben (vgl. v. Borries 2002). Heute möchte ich zeigen, dass es auch außerhalb der dominanten Wissenschaftskultur bei unseren unmittelbaren und mittelbaren Nachbarn in Europa eine Fülle von Untersuchungen und Debatten gibt, die wir mit großem Gewinn aufgreifen könnten.[2] Dabei stehen natürlich erneut empirische Studien im Vordergrund, weil es in Deutschland gerade an diesen einen besonders empfindlichen Mangel gibt und sie – etwas – weniger von den nations- und kulturspezifischen Bedingungen abhängig sind als beispielsweise Curriculumüberlegungen oder Schulbuchanalysen.[3]

Die hauptsächliche Materialgrundlage besteht erneut in einer Reihe von englischsprachigen Sammelbänden stark psychologischer Ausrichtung, die sich leicht durch Zeitschriften und Publikationen in den Ursprachen ergänzen ließen.[4] Den größten Anteil haben – aus mehr zufälligen und institutionellen Gründen, z.B. der Organisationsarbeit von Mario Carretero – spanische Auto-

---

[1] Das Problem der internationalen Rezeption von Wissenschaft ist maßgeblich ein Fremdsprachproblem und nicht nur ein Beschaffungs- und Zugänglichkeitsproblem. Mit Österreich und der deutschsprachigen Schweiz besteht in Deutschland durchaus ein enger Austausch. Deshalb sei es nicht als "Kulturimperialismus" ausgelegt, wenn "deutsch" im Folgenden mit "deutschsprachig" gleichgesetzt wird und auf Arbeiten dieser beiden Nachbarn nicht eingegangen wird.

[2] Auch der vorliegende Beitrag wird das Thema nicht erschöpfen; die Aufarbeitung ist vielmehr in einem Vortrag im Oktober 2001 bei der Konferenz für Geschichtsdidaktik in Kassel fortzusetzen, insbesondere im Hinblick auf die "Entwicklungslogik". Der Vortrag "Fremdverstehen und Moralurteil. Zur Entwicklung historischer Kompetenzen bis zur Sekundarstufe II" dürfte dann im Berichtsband der Tagung "Von der Einschulung bis zum Abitur. Prinzipien und Praxis des historischen Lernens in den Schulstufen" nachzulesen sein.

[3] Ganz nebenbei ist jedoch festzuhalten, dass die langjährigen Bemühungen des Europarates um eine Reform des Geschichtsunterrichts (vgl. jetzt Slater 1995, Pingel 2000, Stradling 2001, Lecomte 2001, Chansel 2001) in Deutschland - außer beim Georg-Eckert-Institut in Braunschweig - nur eine verblüffend geringe Resonanz gefunden haben. Auch die normative Debatte kann also vom Blick auf die Nachbarländer erheblich profitieren.

[4] Auf die sechs Bände aus der Rüsen-Forschungsgruppe "Historische Sinnbildung" im Bielefelder ZiF 1994/95 wird hier nicht eingegangen, weil sie in deutscher Sprache vorliegen. Sie sind im erwähnten Dortmunder Vortrag nachgewiesen (vgl. v. Borries 2002).

r(inn)en. Die spanische Besonderheit liegt darin, dass sich hier professionelle Lern- und Entwicklungspsychologen – in enger Zusammenarbeit mit den USA – um das Geschichtslernen in einem Lande kümmern, dessen diktatorische (falangistische) Vergangenheit noch keine dreißig Jahre zurückliegt. Das Bewältigungs- wie das Demokratisierungsmotiv sind also besonders stark und werden wohl produktiver umgesetzt als um 1970 – und um 2000 – in Deutschland.

Die britische Forschung ist – außer z.b. David Booth (in Wineburg 1994, 61-69) und Peter Rogers (in Dickinson e.a. 1995, 190-208) – vor allem mit drei Forschungsgruppen wichtig, der um Peter Lee (Lee/Dickinson/Ashby in Voss 1997, 233-244, Lee/Dickinson/Ashby in Voss/Carretero 1998, 227-251, Lee in Chang/Liang-kei 1998, 201-226, Dickinson in Chang/Liang-kei 1998, 249-271, Lee/Ashby in Stearns e.a. 2000, 199-222), der um Peter Shemilt (in Stearns e.a. 2000, 83-101) und der um Hilary Cooper (z.B. 1992, 1995). Möglicherweise sind die Briten schon deswegen ungewöhnlich methodenbewusst und intensiv vertreten, weil ihnen die US-amerikanische Forschung durch die gemeinsame Sprache leichter zugänglich ist.

Aus Schweden ist Ola Halldén (in Leinhardt e.a. 1994, 27-46, in Carretero/Voss 1994, 187-200, in Voss 1997, 201-210, in Voss/Carretero 1998, 272-278) in einer Reihe von Sammelbänden beteiligt, aus Finnland ist Sirka Ahonen zu nennen (in Dickinson e.a. 1995, 143-157, vgl. Ahonen 1990). Aus Italien finden sich gelegentlich Artikel von Anna Emilia Berti (in Carretero/Voss 1994, 49-75) und Clotilde Pontecorvo (Girardet e.a. in Voss/Carretero 1998, 132-153). Man darf nicht glauben, in anderen Ländern entstünden keine einschlägigen Arbeiten; wenigstens eine französische Gruppe (Guyon/Mousseau/Tutiaux-Guillon 1993, Tutiaux 2000) möchte ich erwähnen, wenn ich sie auch nicht kurz vorstellen kann. Übrigens gibt es auch in der französischsprachigen Schweiz (Schapira 1990, 1995, 1999) eine einschlägige Forschungstradition.

2. Vom Grundschulalter zum Pflichtschulende[5]

Anders als in Deutschland beginnt in Italien eine systematische Unterweisung in Geschichte schon ab der 3. Klasse; ein erster Durchgang durch die gesamte Weltgeschichte erfolgt bereits in der (allerdings längeren) Primarstufe. Für grundsätzliche Erörterungen über die Chancen und Grenzen historischen Lernens in der Grundschule sollte man dieses Massenexperiment gründlich und umfassend auswerten. Sekundäre Erfahrungen können ja – besonders für Historiker – hohe Kosten beim Erwerb primärer Erfahrungen ersparen. Gerade eine solche Rezeption der italienischen Praxis kann ich allerdings in der

---

[5] In Italien endete die Vollzeit-Schulpflicht bis vor kurzem mit der 8. Klassenstufe.

deutschen Debatte nirgends erkennen, erstaunlicherweise nicht einmal im sonst überaus verdienstlichen zweibändigen Handbuch von Waltraud Schreiber (1999), im gleichzeitigen klugen Abriss von Dietmar von Reeken (1999), im neuen Sammelband von Bergmann/Rohrbach (2001) sowie in den einschlägigen Themenheften der Zeitschriften "Grundschule" ("Historisches Lernen" 2000) und "Geschichte lernen" ("Beginn des Geschichtsunterrichts" 1998).[6] Das ist ein Musterbeispiel für den bloß "nationalen" Charakter der deutschsprachigen Geschichtsdidaktik.

Anna Emilia Berti (in Carretero/Voss 1994, 49-75, vgl. auch Berti/Bombi 1988) setzt sich sehr knapp und präzise mit einem ganzen Fächer von Fragen zur Entwicklung des Geschichtsbewusstseins auseinander, und zwar am Beispiel des Verständnisses von "Staat", "Regierung", "Unterwerfung", "Herrschaft", "Vereinigung" und "Teilung". Ausgangspunkt ist eine Schulbuchuntersuchung von Grundschulbüchern der 3. Klasse. "Staat" und die anderen einschlägigen Begriffe werden stets schon vorausgesetzt und als eindeutig geklärt und leicht erfassbar angenommen. Erklärungen oder Definitionen gibt es nicht, Verständnishilfen aus dem Kontext nur überaus selten (Berti in Carretero/Voss 1994, 51-54).

Eine kurze Interviewstudie mit 50 Drittklässlern nach der unterrichtlichen Benutzung eines eben dieser Bücher zeigte schlagend, dass die Begriffe völlig unklar geblieben sind: Die Reaktion "weiß nicht" fand sich bei einem Drittel bis zwei Dritteln, daneben gab es massenhaft falsche Antworten (54-58). Beim Vergleich der Wirkung zweier recht unterschiedlicher Lehrbücher (N = 96) ließ sich allerdings zeigen, dass nach Einsatz des merklich stärker um Definitionen und Erklärungen der Begriffe "Staat", "Regierung", "Demokratie" usw. bemühten Buches die sinnvollen oder gar korrekten Antworten deutlich häufiger wurden, z.B. beim Wort "Staat" nur 33% "weiß nicht" gegenüber 75% beim anderen Lehrbuch (Berti in Carretero/Voss 1994, 58-60). Das ist erwartungskonform, macht aber den – unvoraussehbar – hohen Grad des Scheiterns nicht ungeschehen und entkräftet die Befürchtung der Überforderung nicht wirksam.

Man könnte erwarten, an dieser Stelle werde die Forschungsreihe abgebrochen; tatsächlich beginnt erst hier ihr spannendster Teil mit Experimenten und Altersgruppenvergleichen, und das vornehmlich zum Komplex Staatsgründung

---

[6] Leider fehlt dort auch jedes Eingehen auf das große britische Forschungsprogramm der Gruppen um Peter Lee, Rosalyn Ashby und Alaric Dickinson (s.u.) sowie um Hilary Cooper und fast jeder Hinweis auf die spanischen und US-amerikanischen Studien. Nur in wenigen stark psychologisch angehauchten Beiträgen des Handbuches (z.B. I, 191ff., I, 270ff.), der Praxisanleitung (Bergmann/Rohrbach 2001, 49f.) und der Zeitschriften (z.B. Historisches Lernen 2000, 31-33) finden sich einzelne Verweise auf englischsprachige Texte - aber gerade nicht die zur empirischen Geschichtsdidaktik. Im Ganzen ist die breite internationale Debatte gar nicht oder allenfalls flüchtig verarbeitet.

("Vereinigung") und Staatszerfall ("Teilung"). Zunächst wird ein neuer (besserer) Text zur "Vereinigung Ägyptens" unter Menes geschrieben und in 2., 3., 5. und 8. Klassen eingesetzt. Die anschließenden Antworten der Kinder lassen sich auf drei Konzepte bzw. Verständnisweisen der Staatsgründung bringen, nämlich "Umsiedlung der Einwohner", "Verbindung der Dörfer" und "politische Union". Die Klassifikation der Antworten aus den einzelnen Klassenstufen ergibt eine verblüffend eindeutige Verteilung (62).

Tabelle 1: Staatliche Vereinigung in Ägypten (unter Menes) (in %)

Stufen	2. Kl.	3. Kl.	5. Kl.	8. Kl.
"Umsiedlung der Einwohner"	83	70	43	27
"Verbindung der Dörfer"	17	15	24	3
"Politische Union"	0	15	33	69

(Berti in Carretero/Voss 1994, 62)

Das gewissermaßen geografische Missverständnis, das in der 2. und 3. Klasse noch stark überwiegt, beruht auf kindlichem Konkretismus. Man kann sich eine Einheit, die nicht aus direkten Beziehungen "face-to-face" – seien sie hierarchisch oder egalitär – besteht, einfach logisch noch nicht denken. Der Übergang zum abstrakten Denken vollzieht sich relativ langsam mit einer Zwischenstufe, die ebenfalls an konkret-räumlichen Verbindungen festhält, sie aber jetzt über Distanzen hinweg denken kann, ohne dass allerdings eigentlich Politisches schon ins Spiel käme. Wichtig ist vor allem, dass – jedenfalls in diesem kleinen Sample – auch in der 8. Klasse die Dreizehnjährigen – ziemlich kurz vor dem Ende der Vollzeit-Schulpflicht – noch zu einem nennenswerten Anteil (30%) am krassen Missverständnis festhalten.[7] Zudem bedeutet die Erkenntnis der politischen Union natürlich noch keineswegs ein zureichendes "Staats"-Verständnis.

Tabelle 2: Staatliche Vereinigung in einem vorgestellten Kontext
            (N = je 20)

Stufen	3. Kl.	5. Kl.	8. Kl.
"Schaffung einer einzigen räumlichen Einheit"	10	4	1
"Räumliche Verbindungen und einheitliche Regierung"	9	5	2
"Herrschafts-Hierarchie"	1	11	17

(Berti in Carretero/Voss 1994, 65)

Das Ergebnis wird mit Hilfe eines Parallelversuches zur politischen Einigung

---

[7] Es sollte erwähnt werden, dass Berti selbst- und methodenkritisch für möglich hält, dass das Beispiel (Bedrohung durch die Nilüberschwemmung) die räumliche Umsiedlung und damit die konkretistischen Missverständnisse/Fehlkonzeptionen begünstigt. Die weiteren Kontrolluntersuchungen bestätigen aber den Befund.

von vier hypothetischen kleinen Königreichen kontrolliert (N = 60). Diesmal (vgl. Tabelle 2) ergeben sich drei ganz ähnliche Konzepte und die entsprechende Verteilung (65). Nur auf der dritten Stufe, die mehrheitlich erst in der 5. und relativ vollständig in der 8. Klasse erreicht wird, sind Herrschaft und Staat einigermaßen klar; sie bedürfen nicht mehr der regionalen Zusammenlegung, sondern können durch abgesandte Gouverneure oder Vizekönige ausgeübt werden. Als weitere Gegenkontrolle wurde mit anderen Kindern untersucht, wie sie sich die Trennung eines Königreiches von einem größeren vorstellen können (N = 60). Kategorien und Verteilungen der "Staatstrennung" ähneln weithin denen der "Staatsvereinigung" (71), nur dass von der (auch) physischen Deutung noch schwerer Abschied genommen wird (vgl. Tabelle 3).

Tabelle 3: Staatliche Sezession in einem vorgestellten Kontext (N = je 20)

Stufen	3. Kl.	5. Kl.	8. Kl.
"Physische Trennung"	13	6	1
"Physische Trennung und politische Aspekte"	6	7	8
"Politische Trennung"	1	7	11

(Berti in Carretero/Voss 1994, 71)

Die Liste der Teiluntersuchungen und Teilergebnisse ließe sich fortsetzen.[8] Wichtiger scheint eine abschließende Beurteilung und die Erwägung von Konsequenzen. Anna Emilia Berti wirft – nach der Feststellung einer entscheidenden Wende zwischen der 3. und 5. Klassenstufe – selbst die Frage auf, ob die gefundenen Verständnisunterschiede mehr auf schulischem Unterricht oder mehr auf allgemeiner Reifung beruhen (74). Sie setzt keineswegs auf eine radikale Reifungstheorie, hält aber fest, dass die Verständlichkeit von Schulbüchern weit sorgfältiger geplant und geprüft werden müsse als bisher. Die didaktisch-methodischen Konsequenzen bleiben ausdrücklich offen.

Persönlich würde ich ein Stück weitergehen. Was in 3. Klassen, aber auch noch in 6. Klassen alles als selbstverständlich vorausgesetzt wird, ist schon erstaunlich. Dabei habe ich den Eindruck, dass die für Einsicht in die Phänomene "Herrschaft", "Eroberung", "Staat" usw. nötigen Abstraktionsleistungen einfach nicht erbracht werden können. Sie werden es übrigens im Alltagsleben auch bei vielen Erwachsenen nicht. Das schließt natürlich frühe "Anbahnung" – oder Versuche dazu – nicht aus: Die "erwachsenen" Konzepte dürfen allerdings

---

[8] Die Interviews zeigten zugleich viele präsentistische Missverständnisse, d.h. die Übertragung heutiger Verhältnisse auf vergangene Prozesse. Es lag nahe, auch an Beispielen der Gegenwart die Vereinigung von Staaten (Einigung Deutschlands, Annexion Kuwaits, Integration der EU) (N = 60) und die Trennung von Staaten (Zerfall Jugoslawiens) (N = 60) zu testen (66-72). Tatsächlich wiederholten sich dabei die bisher beschriebenen Probleme. Vor allem ergab sich zwingend, wie schwierig eine eigentlich historische Begriffsbildung sein muss, wenn sogar angemessene Vorstellungen zum aktuellen Zustand noch nicht realisierbar sind.

nicht vorausgesetzt werden; vielmehr sind die bekannten – z.b. von Berti gefundenen – kindlichen Missverständnisse ("misconceptions") ausdrücklich abzuarbeiten und mit möglichst konkreten Überlegungen zu korrigieren. Wenn auch das – ich möchte sagen: wie zu erwarten – scheitern sollte, wissen wir noch sicherer, dass es eben vor einem gewissen "Lernstand"/"Lernalter" mit historischen Einsichten *"überhaupt nicht geht"*.

Die italienischen Ergebnisse lassen sich durch zahlreiche Parallelstudien absichern. Liliana Jacott e.a. (in Voss/Carretero 1998, 294-306) z.b. machen eine ausgesprochen schlichte, aber wirkungsvolle Übung. Um den Aufbau von Kausalerklärungen im Geschichtsbewusstsein zu erkunden, interviewen sie je 20 Schüler(innen) der 6., 8. und 10. Klasse sowie Psychologie- und Geschichtsstudent(inn)en zum Thema der "'Entdeckung' Amerikas". Die Antworten werden – mit hoher Inter-Rater-Reliabilität – auf Akteure (Individuen, Individuen und soziale Gruppen, soziale Gruppen) sowie auf Motive (persönliche, ökonomische, politische, ideologische etc.) codiert (299, 301). Das Ergebnis ist schlagend (vgl. Tabelle 4):

Tabelle 4: Akteure der "Entdeckung" Amerikas (N = je 20)

Akteure	6. Kl.	8. Kl.	10. Kl.	Psychologie-studenten	Geschichts-studenten
Nur Individuen (Kolumbus, Isabella)	20	19	13	8	4
Individuen/Gruppen (König, Spanien)	0	1	5	9	2
Nur Gruppen (die Krone, die Kirche)	0	0	2	3	14

(Jacott e.a. in Voss/Carretero 1998, 299)

Tabelle 5: Motive der "Entdeckung" Amerikas (N = je 20)
(Mehrfachnennungen)

	6. Kl.	8. Kl.	10. Kl.	Psychologie-studenten	Geschichts-studenten
Entdeckerfreude	18	12	6	2	1
Persönliche Motive	2	3	2	2	1
Politische Motive	0	1	2	6	14
Wirtschaftliche Motive	0	4	11	16	17
Wissenschaftliche Motive	1	4	2	3	0
Religiöse Motive	0	0	1	0	1

(Jacott e.a. in Voss/Carretero 1998, 299, 301)

Die Kleinen nennen nur Individuen, die Großen (hier vertreten durch die

Psychologiestudenten) – nach graduellem Übergang – oft auch Kollektive; die Kleinen betonen "Neugierde", sicher auch Abenteuerlust, die Großen wirtschaftliches Interesse.[9] Das erinnert bis ins einzelne an die Befunde von Küppers (1966) und Roth (1968) in den fünfziger und sechziger Jahren. Damals wurde (vgl. Schörken 1972) eingewandt, hier werde als "Bedingung" (Voraussetzung) interpretiert, was schon "Erzeugnis" (Resultat) vorheriger Lernprozesse unter falschen entwicklungspsychologischen Prämissen sei. In der Tat ist man verblüfft, wie wenig Gedanken Jacott e.a. auf diesen möglichen Einwand verwenden; immerhin betonen sie, dass die Schulbücher sich massiv um strukturelle und kollektive Erklärungen bemühen (305). Jedenfalls folgern Jacott e.a. – wie schon Roth und Küppers –, den jüngeren Schülern sollten mehr Erzählungen angeboten werden (305).

Es bleibt nötig, über unfruchtbare Grabenkämpfe hinauszukommen. Einerseits scheinen die Befunde in Richtung "Reifung" viel zu elementar, um ausschließlich auf irrtümliche Anwendung falscher Entwicklungspsychologie reduziert zu werden (vgl. dazu schon v. Borries 1987). Andererseits zeigen auch die Ergebnisse selbst deutliche Belege für "Sozialisation". Die ökonomische Interpretation (und in ihrem Gefolge die politischen Motive) werden offenbar heute in der spanischen Gesellschaft "beigebracht"; sie wehen die Kinder an (und dürften keineswegs nur aus der Schule stammen, sondern auch aus Fernsehen, Büchern, Ausstellungen etc.).

Die – ebenfalls mehr strukturellen als individuellen, also relativ "schwierigen" – ideologisch-religiösen Motive dagegen werden offenbar "abgewöhnt" und "ausgelöscht". Noch vor wenigen Jahrzehnten, in der mittleren Franco-Zeit, haben die Verhältnisse schon wegen des starken Einflusses der Kirche mit hoher Sicherheit ganz anders gelegen. Die "Konvention" und damit die "Sozialisation" hat sich offenkundig rasch und tiefgreifend geändert. So interpretiert, geht der Streit zwischen "Reifungstheorie" und "Sozialisationstheorie" in der Untersuchung von Jacott e.a. "1 : 1 unentschieden" aus; aber genau das muss die deutsche Geschichtsdidaktik noch im Detail begreifen und umsetzen.

3. Entwicklungslogik des kindlich-jugendlichen Geschichtsverständnisses

Mit den Untersuchungen von Rosalyn Ashby, Alaric Dickinson und Peter Lee landen wir noch in einer anderen Größenordnung an Forschungsaufwand (d.h. vielfältiger Materialsammlung und systematischer Interpretation). Hier, im Projekt "Concepts of History and Teaching Approaches" (Chata), wird mittels des Vergleichs 2., 5., 6. und 8. Klassen – die Entwicklung des Geschichtsbewusstseins unter den Bedingungen des "National Curriculum" (History 1995)

---

[9]   Die Geschichtsstudenten bilden eine völlig getrennte Gruppe für sich; sie stellen erwachsene Experten dar - und sind als Spezialisten keineswegs mit allen Erwachsenen gleichzusetzen.

erfasst (N = 320). Daneben geht es aber auch um eine kurzfristige und eine mittelfristige Längsschnittstudie mit Einzelklassen (vgl. Lee/Ashby in Stearns 2000, 202f.).[10] Die Erträge angemessen abzubilden, ist völlig unmöglich; man muss sie eben selbst kennen lernen.

Ein winziger Splitter (Lee, Dickinson, Ashby in Voss 1997, 233-244) besteht z.b. darin, dass die "Empathiefähigkeit" von Kindern verschiedener Jahrgangsstufen (3., 6., 7., 9. Klasse) untersucht wurde (N = 320).[11] Konkret ging es um die Entscheidung des römischen Kaisers Claudius, trotz der Erfahrungen Caesars und der Warnungen des Augustus Britannien zu erobern. Wie üblich erhielten die Klassen ein reiches Material, und zwar vorwiegend kindgerechte Darstellungen (auch Comics) und nicht "Quellen" im eigentlichen Sinne (die angelsächsisch stets "primary sources" heißen).

Die Äußerungen der Lernenden wurden sorgfältig klassifiziert. Es ergab sich, dass bloße "Wünsche" (Motive einzelner) von "einem Grund" (Ursache), "zwei vernetzten Gründen" und "mehreren vernetzten Gründen" zu unterscheiden waren. Außerdem konnten in diesen Repräsentationen rein "persönliche Motive" des Claudius von solchen des "Kaisers als Kaiser(s)" (Kaiserfunktion) und solchen einer "Situationsanalyse" abgehoben werden. Natürlich entsprechen jeweils erst die höchsten Stufen einer einigermaßen elaborierten und eigentlich historischen Interpretation, in der Multikausalität und Konkretheit ("die besondere Situation unter damaligen Bedingungen") zwingende Voraussetzung angemessener Deutungen sind. Umso wichtiger sind die Befunde (vgl. Grafiken 1 und 2).

---

[10]   Diese Arbeiten stellen ohne Frage das wichtigste qualitativ-empirische Projekt der letzten 15 Jahre in Europa dar; das wichtigste quantitative dürfte "YOUTH AND HISTORY" sein (vgl. Angvik/v. Borries 1997). Wegen deutscher Beteiligung und Vorliegens in deutscher Sprache (v. Borries u.a. 1999) wird das Projekt hier ausgeklammert. Auch auf die landesspezifischen und regionalen Ausgaben und Interpretationen der Daten aus "YOUTH AND HISTORY" (z.B. Tutiaux-Guillon/Mousseau 1998, Machado Pais 1999, Angvik/Nielsen 1999, Klíma e.a. 2001) kann hier aber nicht eingegangen werden.

[11]   Die Studie fand offenbar im Folge-Schuljahr mit der oben erwähnten Population statt; deshalb ergeben sich jeweils um Eins höhere Klassenstufen.

Grafik 1: Persönliche Motive, Herrscherrolle und Situationsanalyse (nach Altersgruppen)

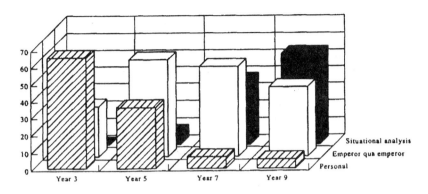

(Lee e.a. in Voss 1997, 239)

Grafik 2: Zahl und Struktur der Invasionsgründe (nach Altersgruppen)

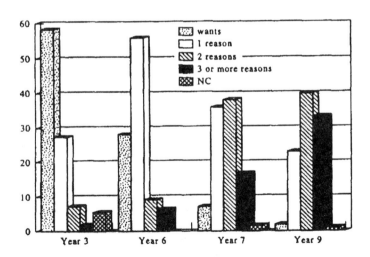

(Lee e.a. in Voss 1997, 239)

Es wird sofort deutlich, dass der Anteil "persönlicher Motive" am Anfang (3. Klasse, 8 Jahre) völlig dominiert, aber steil abnimmt, während "Situationsanalysen" überhaupt erst ab der 7. Klasse auftreten und in der 9. Klasse (14 Jahre) zu überwiegen beginnen. Die – noch nicht eigentlich historischen – funktionalen Überlegungen "Kaiser als Kaiser" dominieren zwischendurch (6. und 7.

Klasse, 11 und 12 Jahre). Dem entspricht, dass die Kleinen im wesentlichen nur "Wünsche" oder "Bedürfnisse" einzelner als Ursachen identifizieren können, während eine gewisse "Monokausalität" das Denken in den mittleren Altersgruppen (Vorpubertät) bestimmt. Erst ab der 7. Klasse (die Probanden sind im Mittel 12 Jahre alt) wird "Multikausalität" häufig, später (nach der Pubertät) zum Regelfall.

In einem späteren Beitrag (Lee e.a. in Voss/Carretero 1998, 227-251) wird die Interpretation der Kausalerklärungen zugespitzt. Diesmal wird ein entwicklungslogisches Modell vorgelegt (250), für das die Autor(inn)en sich aber gleichzeitig geradezu entschuldigen (249) und das sie nicht als lineare Entwicklung missverstanden wissen wollen (vgl. Schema 1).

Schema 1: Kausale Beziehungen und kausale Strukturen: Ein provisorisches schematisches Modell

1	**Addition**
1a	Einzeln
1b	Vielfältig
2	**Narrativierung**
2a	Unstrukturiert
2b	Strukturiert
3	**Analyse**
3a	Linear
3b	Systemisch
3c	Reziprok

(Lee e.a. in Voss/Carretero 1998, 250)

Die Hauptfragestellung von *Chata* besteht darin, nicht Wissen oder Interesse und auch nicht Konzepte (Methoden und Begriffe) zu erfassen, sondern Konzepte zweiter Ordnung, also die Tiefenstrukturen des Geschichtsdenkens, vor allem Erkenntnis/Untersuchung ("Evidenz" und "Erzählung") einerseits und "Erklärung" ("Kausalursache" und "rationales Verstehen") andererseits. Gemeinsam ist beiden Feldern, dass die Operationalisierung – vor allem für jüngere Kinder – eine ausgesprochen schwierige Aufgabe ist, zumal die Befragten/Beobachteten möglicherweise viel mehr praktisch ausüben können, als sie methodisch-begrifflich zu äußern vermögen. Die bisher vorgestellten Teiluntersuchungen sind natürlich auf das Konzept der "Kausalität" bzw. "Erklärung" bezogen, die folgenden gehören zum Versuch, in das Problem der Kompetenz zu "Evidenzprüfung" und damit "Konstruktion" einzudringen (Lee/Ashby in Stearns e.a 2000, 199-222).

Die Kinder erhalten zwei Sachtexte über das Ende des römischen Reiches, einmal 476 und einmal 1453 n. Chr. (217); dann werden sie nach ihrer Einschätzung gefragt.[12] Natürlich treibt ein solches Design die Frage hervor, ob und wie beide Berichte sich vereinbaren lassen. Eine wichtige Randbedingung besteht darin, dass die britischen Forscher(innen) hier keineswegs "Quellen" ("primary sources") einsetzen, sondern ganz kurze und bebilderte Darstellungen. Indem sie auch vielfach Comics statt "Dokumenten" benutzen, zeigen sie, dass sie den "Quellenfetischismus" der deutschen Geschichtsdidaktik seit 1970 keineswegs teilen, sondern glauben, dass es auf die logischen Figuren in der Tiefenstruktur historischen Denkens – und das an sachlich und sprachlich möglichst einfachen Beispielen – ankommt, nicht auf umfangreiche (und ermüdende) Quellenlektüre, die wohl als missverstandene Nachahmung fachwissenschaftlicher Praktiken in der Schule angesehen wird. Allein darin liegt eine beträchtliche – und diskussionswürdige – Provokation für den deutschen Weg.

Die offenen Äußerungen der Probanden werden auf drei Hauptkategorien gebracht. Solange die Berichte als "Fakten" selbst ("factual") angesehen werden, besteht natürlich keine Vereinbarkeit der Enddaten 476 und 1453 n. Chr. Daneben gibt es die Vorstellung einer "vielfältigen Vergangenheit" ("multiple past") und schließlich den Verweis auf unterschiedliche Entscheidungskriterien ("criterial"). Diese drei Lösungen verteilen sich nun sehr altersspezifisch (siehe Grafik 3). In der 2. und auch noch in der 5. Klasse herrscht allein die Auslegung als "Fakten", selbst die Verweise auf "Vielfalt" sind sehr selten. Erst in der 6. Klasse – hier liegt ein Sprung vor – beginnen sich "Vielfalt der Vergangenheit" und sogar schon "Entscheidung gemäß Kriterium" durchzusetzen. Auch in der 8. Klasse aber hängen noch über 30% der Probanden an der Auslegung des Reichsendes als schlichter (und mit verschiedenen Daten unvereinbarer) Tatsache. Die Kinder sind also nicht nur – wie es schon so oft gefunden wurde (z.B. bei Roth und Küppers) – personen-, gegenstands- und ereignisorientiert, sondern auch *auf Faktizität fixiert* und *für den Konstruktionscharakter un-aufgeschlossen.*

---

[12]   In der Studie selbst gibt es zur Kontrolle der Konsistenz zwei historische Parallelfälle (Lee/Ashby in Stearns e.a. 2000, 204).

Grafik 3: Das umstrittene Ende des römischen Reiches: Drei Betrachtungsweisen

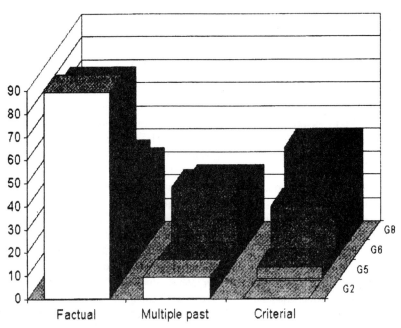

(Lee/Ashby in Stearns e.a. 2000, 208)

In einer gewissen Verallgemeinerung ergibt sich folgende Liste (Schema 2), die man als ein ausgewachsenes entwicklungslogisches Modell ansprechen muss (Lee/Ashby in Stearns e.a. 2000, 212). Nur 10% der Befragten erreichten die oberste Stufe in wenigstens zwei der drei vorgestellten (und überaus schlichten!) geschichtlichen Fälle. Mit anderen Worten: Auch in der 8. Klasse war das einigermaßen elaborierte Verständnis von Historie als mentaler Konstruktion noch durchaus ein Minderheits-Phänomen. Es muß hinzugefügt werden, dass sich – nach Lee/Ashby (2000, 213ff.) – das Verständnis von "(historischer) Untersuchung" und "(historischer) Erklärung" durchaus nicht parallel zueinander entwickelt und dass in beiden Fällen die Streuung innerhalb der jeweiligen Klassen sehr groß ist. Einzelne beherrschen schon in der 2. Klasse Denkformen, die die Mehrheit auch in der 8. Klasse noch nicht erreicht hat. Das spricht natürlich nicht gegen eine Entwicklungslogik, erschwert aber die Feinabstimmung der Lehrstrategie auf eine jeweils optimale Förderung (und legt "innere Differenzierung" nahe).

Schema 2: Fortschritt in den Vorstellungen von Schülern über historische Darstellungen und ihr Verhältnis zur Vergangenheit

1	**Die Vergangenheit als gegeben.** [Verschiedene] Geschichten sind über den gleichen Gegenstand: Die Geschichte ist gleichbedeutend mit etwas "draußen" [nämlich in der Wirklichkeit].
2	**Die Vergangenheit als unzugänglich.** Wir können es nicht wissen - wir waren nicht dabei. Nichts kann man wissen. Unterschiede in Darstellungen sind eine Folge des Fehlens eines direkten Zugangs zur Vergangenheit.
3	**Die Vergangenheit als Geschichten determinierend.** Geschichten werden durch die verfügbare Information festgelegt; es gibt eine Eins-zu-Eins-Übereinstimmung. Unterschiede in Darstellungen sind ein Ergebnis von Informationslücken und Fehlern.
4	**Die Vergangenheit als in mehr oder weniger tendenziöser Weise berichtet.** Verlagerung des Brennpunktes von Geschichte und Berichten zum Autor als einem aktiven Beiträger. Unterschiede zwischen Darstellungen sind eine Folge von Verzerrung (in der Form von Lüge, Tendenz, Übertreibung, Dogmatismus); das Problem liegt nicht nur im Mangel an Information.
5	**Die Vergangenheit als von einem Standpunkt aus ausgewählt und organisiert.** Geschichten werden (vielleicht notwendigerweise) von einer legitimen Position aus geschrieben, die der Autor einnimmt. Unterschiede in Darstellungen sind eine Folge der Auswahl. Geschichten sind nicht Kopien der Vergangenheit.
6	**Die Vergangenheit als (re-)konstruiert und - in Übereinstimmung mit Kriterien - auf Fragen antwortend.** Verlagerung des Brennpunktes von Position und Auswahl des Autors zum Wesen von Darstellungen als solchen. Es ist die Natur von [historischen] Darstellungen, verschieden zu sein.

(Lee/Ashby in Stearns e.a. 2000, 212)

Die Autor(inn)en von Chata behandeln ihre Methoden und Ergebnisse überaus vorsichtig, fast defensiv und ängstlich. Sie betonen den Konstruktcharakter nicht nur von Historie und Geschichtsbewusstsein, sondern eben auch von Wissenschaft über Geschichtsbewusstsein. Vor allem streichen sie die Abhängigkeit von der herrschenden Kultur und ihren Sozialisationspraktiken heraus, glauben also, unter anderen Bedingungen als im England der Gegenwart könnten sich ganz andere Befunde ergeben (Lee e.a. in Voss/Carretero 1998, 230ff., 249f., Lee/Ashby in Stearns e.a. 2000, 203, 213ff.). Das erscheint prinzipiell berechtigt.

Dennoch möchte ich darauf aufmerksam machen, dass man diese Argumentation auch umdrehen kann, ja vielleicht muss. Zunächst ist klar, dass "kulturvergleichende Studien" hier mit empirischen Methoden Klarheit schaffen könnten.[13] Viel wichtiger ist die Tatsache, dass die britischen Ergebnisse unter den besonderen Bedingungen des "National Curriculum" (seit 1990) zustande gekommen sind (vgl. History 1995), das ein ungewöhnliches Ausmaß an "Methodenorientierung", "Konstruktivismus" und "Narrativismus" aufweist, jedenfalls gänzlich über den Verdacht erhaben ist, Geschichte mit "kanonischen Grundkenntnissen" oder mit "nationaler Integrationsideologie" gleichzusetzen (Lee/Ashby in Stearns e.a. 2000, 203, 214f.).

"The changes picked out by Chata took place in a curriculum (partly) designed to encourage the development of students' ideas and that came at the end of a long period of development of techniques in teaching approaches, syllabus design, and assessment that attempted to achieve similar ends. Teaching that systematically builds on prior understandings and assessment that rewards their development are both central to achieving progression." (Lee/Ashby 2000, 215)

Wenn aber die Ergebnisse selbst unter diesen günstigen Umständen so eindeutig auf eine Entwicklungslogik mit ausgesprochen spätem Erscheinen der Reflexion und der Konstruktion verweisen, dann ist es eher unplausibel, große unausgeschöpfte Potentiale zu erwarten. Das Risiko scheinen Lee/Ashby auch zu spüren, wenn sie vor allem "poor teachers" für den Misserfolg verantwortlich machen und bessere Aus- und Fortbildung der Lehrer verlangen. Solche Zusatzforderungen sind – nach nur wenigen Jahren Gültigkeit eines neuen Lehrplanes – gewiss sinnvoll, können aber auch zum Ausweichmanöver werden, sich ernüchternden Schlussfolgerungen zu entziehen.[14] Während verkürzte Verständnisse von Methodenorientierung zurückgewiesen werden, formulieren die Autoren glasklar und unwiderlegbar.

"Debates about the content of history must always end in compromise. What should not be compromised is students' right to be equipped with the tools for making sense of the past." (217)

---

[13] Soweit ich sehe, sind bisher vergleichende Untersuchungen nur mit quantitativen Verfahren unternommen worden (vgl. Angvik/v. Borries 1997, v. Borries u.a. 1999); der Vorschlag eines großangelegten qualitativ-komparatistischen Projekts (v. Borries u.a. 1999, 397ff.) ist nicht umgesetzt worden. Eine entsprechende Studie wurde geplant, ließ sich aber bisher nicht finanzieren.

[14] Noch in einer weiteren Hinsicht enttäuscht Chata die Anhänger "progressiver" Bildungspolitik. Es stellt sich nämlich heraus, dass die Lerngewinne in den historischen Konzepten zweiter Ordnung gerade da deutlich höher ausfallen, wo Geschichte als eigener und abgrenzbarer Gegenstand unterrichtet wird (Lee/Ashby in Stearns e.a. 2000, 213-217); d.h. die Integration in ein Fach "Politik" oder "Gemeinschaftskunde" erweist sich - jedenfalls in England - für das historische Lernen als erheblicher Nachteil.

4. Beobachtung und Erfolgsmessung von Unterricht

Theresa Fernández-Corte und Juan Antonio Garcia-Madruga (in Voss/Carretero 1998, 331-343) beschäftigen sich mit der Entwicklung komplexer Denkstrukturen über Geschichte. Sie testen Kenntnisse und deren Strukturierung vor und nach einem anspruchsvollen Lehrgang über die "Industrielle Revolution in England", der in einer 9. Klasse eingesetzt wird. Genau genommen geht es um den Einfluss des Arbeitsgedächtnisses einerseits, der Motivation andererseits. Für die drei Gruppen mit einem besonders geringen, einem mittleren und einem ausgeprägt starken Arbeitsgedächtnis ergeben sich recht verschiedene Lernprozesse (siehe Grafik 4).

Grafik 4: Lerngewinn des schwächsten, mittleren und stärksten Drittels
(9. Klasse)

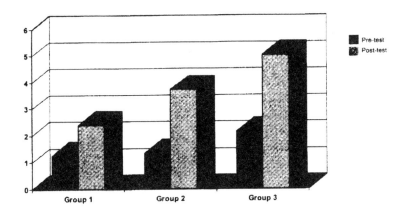

(Fernández-Corte/Garcia-Madruga in Voss/Carretero 1998, 338)

Die schwächste Gruppe (unteres Drittel) weiß nach der Unterrichtssequenz praktisch nicht mehr als die stärkste (oberes Drittel) vor ihr. Ihr Lernzuwachs ist nicht einmal signifikant (würde es aber natürlich bei einer größeren Experimentalgruppe, z.B. fünf Klassen statt nur einer, sein). Die ohnehin vorher am besten informierten Lernenden profitieren – absolut und auch relativ – stärker, aber auch der Zuwachs in der Mittelgruppe ist beachtlich. Bei den schwächsten Probanden handelt es sich möglicherweise um eine Population, die die Mindestbedingungen für ein historisches Lernen eigentlich nicht erfüllt. Wenn man die unmittelbar wieder einsetzende Vergessenskurve mitbedenkt, geht der mittelfristige Lerngewinn gegen Null, so dass die Legitimation für solche Lehrgänge prinzipiell in Frage steht.

Zusätzlich zu prüfen ist natürlich, ob die eindeutige und einseitige Zuschreibung an ein "Arbeitsgedächtnis" die beste theoretische Erklärung darstellt. Man könnte – trotz der speziellen Messmethode "reading span task" (nach Daneman & Carpenter 1980) – durchaus statt dessen die allgemeine Intelligenz, die Sprachgewandtheit und die vorhergehende häusliche Anregung ins Spiel bringen. Besonders der hohe Zusammenhang mit dem Vorwissen spricht entschieden dafür! Das aber macht die Ergebnisse nicht weniger wichtig, sondern eher noch überzeugender. Wenn ein Hauptteil des Interpretationsgeschäftes, das den Kern geschichtlichen Arbeitens ausmacht, in "Kontextualisierung" besteht, dann müssen sich einmal bestehende Vorsprünge – z.B. aus ästhetisch-fiktionalen Zugängen oder begünstigten Elternhäusern – durch Unterricht massiv kumulieren.

Grafiken 5 und 6: Wissen eines Schülers zur "Industriellen Revolution" vor und nach einem Lehrgang

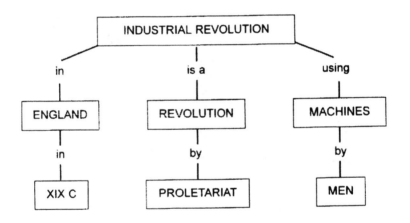

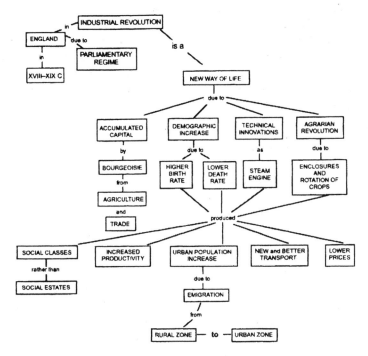

(Fernández-Corte/Garcia-Madruga in Voss/Carretero 1998, 341f.)

Von hohem Interesse ist auch die Strukturierung der mentalen Repräsentation der "Industriellen Revolution". Ausdrücklich gezeigt wird eine grafische Umsetzung der Essays eines Jungen aus der mittleren Gruppe, der einen besonders großen Lernfortschritt erzielte (siehe Grafiken 5 und 6). Tatsächlich ist die gesteigerte Komplexität der strukturellen und kausalen Zusammenhänge schlagend. So sehr also das Lehren über Geschichte für die benachteiligte Gruppe als tendenziell sinnlos erscheint, so überzeugend werden Zugewinne der Mittel- und der Spitzengruppe belegt. Das mag banal klingen. In Deutschland scheinen aber Studien mit exakt gemessenen Lernfortschritten im Fach Geschichte praktisch nicht vorzuliegen. Auch die verschärfte Differenzierung innerhalb einer Klasse durch identische Lehrprozesse ist alles andere als trivial, z.B. für Debatten über die Gesamtschule und das Fach "Politik" (einschließlich "Geschichte") als Integrationsbereich in ihr.

Deutlich über die Messung von Lernständen und Lernwirkungen hinaus geht das Experiment von Jesús Domínguez und Juan Ignazio Pozo (in Voss/Carretero 1998, 344-359); hier nämlich werden verschiedene Lehrstrategien zur Entwicklung von Kausalerklärungen in der Geschichte verglichen, und zwar das Lehren von Konzepten und das Lehren von Erklärungsprozeduren.[15] Die thematischen Beispiele sind die spanische Revolution von 1820 einerseits, die Französische Revolution von 1789 andererseits. Eigentliche Experimentalgruppe sind etwa fünfzehnjährige Schüler(innen) der 9. Klasse, verglichen werden auch Studienanfänger und fortgeschrittene Geschichtsstudenten. Entscheidend ist eine Hierarchie von Kausalerklärungen (nach Shemilt und Pozo) mit fünf Niveaus oder Stufen (350-353):

Schema 3: Fünf Niveaus von Kausalerklärungen in der Geschichte

1	Keine Ursachen, nur Fakten
2	Bloße Serie (Kette) von undifferenzierten Fakten
3	Partielle Verbindungen zwischen Ursachen
4	Vollständige Verbindungen zwischen Ursachen
5	Erklärung verbunden mit einem interpretativen Rahmen und eingeordnet in den historischen Kontext

(Domínguez/Pozo in Voss/Carretero 1998, 350-353)

Das Ergebnis der (reliablen) Messung (vgl. Tabelle 6) ist eindrucksvoll (auch signifikant), obwohl eine der Klassen (die mit Unterricht nur über die Konzepte) erkennbar wesentlich leistungsschwächer ausfällt als die anderen. Absolut entscheidend ist die Feststellung, dass vor dem entsprechenden Unterricht noch in der 9. Klassenstufe die beiden obersten Stufen, die wir ganz selbstverständlich voraussetzen, weitgehend fehlen. Im Alter von etwa 14 Jahren beherrschen keine 10% der Lernenden reiche Relationen vielfältiger Ursachen oder gar einen interpretativen Rahmen.

Tabelle 6: Lerngewinne durch historische Konzepte und/oder Prozeduren (9. Kl.) (in %)

Niveaus von Kausalerklärungen	Unterricht über Konzepte		Unterricht über Prozeduren		Unterricht über Konzepte u. Prozeduren	
	Vortest	Nachtest II	Vortest	Nachtest II	Vortest	Nachtest II
Niveaus I und II	74	54	45	4	48	0
Niveau III	23	43	42	25	48	35
Niveaus IV und V	3	3	13	71	4	65

(abgelesen aus Grafiken: Domínguez/Pozo in Voss/Carretero 1998, 355f.)

---

[15] Verblüffenderweise geschieht das wieder mit einem ganz kleinen Sample von 112 Schüler(inne)n; d.h. die Autoren riskieren es, für jeden Typ von Lehrstrategie im Design nur eine Klasse zur Verfügung zu haben.

Die Kontrollgruppe ohne Unterricht lernt nichts, auch nicht durch die drei Übungsfälle in den Tests (ein Pretest, zwei Posttests) selbst. Mit der Gruppe, die (nur) über die Konzepte unterrichtet wird, steht es kaum besser; ihr Gewinn ist nur gerade signifikant. Völlig anders stehen die beiden Klassen da, die nur über "Erklärungsprozeduren" bzw. über "Konzepte und Erklärungsprozeduren" unterrichtet werden. Bei ihnen zeigt sich ein dramatischer Gewinn an Kompetenz der Kausalerklärung (bei einem neuen thematischen Beispiel). Der Anteil auf den Stufen 1 und 2 schrumpft von knapp 50% auf unter 5%, der Anteil auf den Stufen 4 und 5 wächst von knapp 10% auf über 60%.

Das ist ein plausibles und ermutigendes Ergebnis:

Was man nicht explizit lehrt, wird auch nicht gelernt; was man aber ausdrücklich und kompetent anstrebt, wird von einem großen Teil der Lernenden auch erfasst.[16]

Die Autoren folgern sehr selbstbewusst und sicher in der Sache:

"Both types of data seem to confirm the idea that it is not enough to have knowledge of dates and historical concepts, one must also know how to use them, to apply them to problematic questions, to tasks where the solution is uncertain and serious creative thinking is required. These data do not at all invalidate the teaching of concepts (...) But, it becomes obvious that the teaching of facts and concepts alone is insufficient to be able to explain why certain events of that age happened. This is why our teaching of history, so often limited to declarative knowledge, should also give place to explanatory procedures and should exercise pupils in the application of their historical knowledge." (359)

Grund für diese Sicherheit ist u.a. die Tatsache, dass die Studierenden kaum stärker argumentieren als die über Erklärungsprozesse belehrten Schüler (356f.).[17]

Angel Rivière e.a. (in Voss/Carretero 1998, 214-226) prüfen die Behaltensleistung in Abhängigkeit von persönlichen bzw. unpersönlichen und intentionalen bzw. nicht-intentionalen Handlungen bzw. Erklärungen. Sie lassen einen kurzen – und hoch abstrakten – Text über Gründe der NS-Machtübernahme

---

[16]   Bei dieser Art von psychologischen Feld- und Laborexperimenten ist es immer wieder erstaunlich, wie kurze Lehreinheiten die Psychologen zu messen wagen und wie großes Vertrauen sie in die Dauerhaftigkeit der Effekte setzen. In diesem Falle allerdings geht es immerhin um 13 Unterrichtsstunden.

[17]   Die Belege bleiben auch dann eindrucksvoll, wenn man gewisse Suggestions- und Methodeneffekte für möglich hält, u.a. weil der Hauptautor auch der Lehrer der Klassen war. Aber das ist ein Risiko aller eng auf spezifische Leistungsmessungen bezogenen Unterrichtsexperimente.

1933 nach 25 Minuten und 24 Stunden reproduzieren, und zwar durch insgesamt 144 Schüler(innen) 7., 9. und 11. Klassen. Die Älteren können – verständlicherweise – mehr als doppelt so viele Einzelheiten und Ursachen wiedergeben als die Jüngeren. Von hohem Interesse sind dabei generelle Befunde, die nicht einmal die besonderen Hypothesen betreffen.

Schon nach 24 Stunden sind bei den Siebt- und Neuntklässlern fast 40%, bei den Elftklässlern aber nur 12% des nach einer knappen halben Stunde erinnerten Bestandes verschwunden (berechnet nach 221). Bei den noch wichtigeren Kausalerklärungen selbst sind es in den unteren Klassen sogar fast 50%, in der oberen nur 10% (222). Es mutet seltsam an, dass die Autoren unter diesen Bedingungen von langfristigem Behalten ("long term") sprechen. Nach nur einem Tage kann davon keine Rede sein; eher ist ein ziemlich rasches weiteres Fallen auf das Ausgangsniveau zu vermuten, ganz im Sinne der Ebbinghausschen "Vergessenskurve" (70% in zwei Tagen) für sinnloses Wortmaterial (vgl. Edelmann 1986, 200ff.).

Hier wird noch eine andere Schwäche des Aufsatzes deutlich, bei dem die Autoren keinen Pretest vor Vorlage des Textes, z.B. einen Essay über die "NS-Machtübernahme 1933", schreiben lassen. Die relativ gute Behaltensleistung der Älteren ist mutmaßlich mehr auf ihren – sicherlich auch im spanischen Schulwesen – besseren *vorherigen* Informationsstand zum Thema zurückzuführen, der ein günstigeres Verhältnis zwischen schon Bekanntem und definitiv Neuem, also eine günstigere Redundanzquote und Kontextualisierungschance garantiert. Das gilt umso mehr, als der Mustertext entsetzlich (unzumutbar) abstrakt ausfällt. Eine Abgrenzung des *Sozialisationsvorsprunges* gegenüber dem *Reifungsgewinn durch höheres Lebensalter* und der *Lerneinsicht im Experiment selbst* ist natürlich nicht möglich.

Zur eigentlichen Hypothese ergibt sich, dass tatsächlich die "personbezogenen" Erklärungen deutlich besser behalten werden als die "un-persönlichen", und zwar besonders von den Siebt- und noch den Neuntklässlern (223). Das ist eine neue Bestätigung der altbekannten Tatsache des Klebens der Jüngeren an Individuen. Dagegen wird die zweite Hypothese der besseren Einprägbarkeit der "intentionalen" gegenüber den "nicht-intentionalen" ("strukturellen") Handlungen nicht bestätigt, auch weil einer der entsprechenden Sätze im Mustertext höchst problematisch formuliert ist. Im Detail gibt es also wichtige Einwände gegen diese Untersuchung; sie erscheint zugleich aber auch als vorbildlich, d.h. nachahmenswert. Wir sollten ähnliche Studien in größerer Zahl machen, z.B. um die Verständlichkeit der Schulbücher zu testen. Der Aufwand ist beträchtlich, aber noch zumutbar.

Margarita Limón und Mario Carretero (in Voss/Carretero 1998, 252-271) – auch sie sind beide Psychologen – kümmern sich um die Benutzung von Evidenz aus Dokumenten (wiederum nicht ausschließlich "primary sources").

Sie legen Professoren und Studenten die gleichen Materialien zur Vertreibung der Morisken aus Spanien (1609) vor und lassen die jeweiligen Texte daraufhin auswerten und beurteilen, ob sie den Herzog von Gandia und/oder die regionale Landbesitzerelite jeweils als durch das "ethnic cleansing" begünstigt oder benachteiligt darstellen. Die Messung selbst erfolgt wie üblich mit Aufsätzen und Interviews.

Das Ergebnis bestätigt den Einfluss der vorherigen Überzeugung auf die Benutzung von Evidenz (also eine relative Stabilität der Positionen), aber auch eine erhebliche Konsistenz der Aussagen. Überraschenderweise gibt es zwischen der "Reaktion der Experten" (Professoren) und der "Novizen" (Studenten) praktisch keine Unterschiede. Das mag man für hoch überraschend halten, es sei denn, die Materialien wären für die Professoren viel zu leicht gewesen ("Deckeneffekt").[18] Es leuchtet ein, dass Professoren etwas mehr Dokumente für ihre eigene Position heranziehen und etwas weniger präsentistisch denken als Studenten, d.h. z.B. mentalen Wandel verstärkt berücksichtigen. Genauer gesagt: Sie gehen intensiver auf die Tatsache ein, dass für die Zeitgenossen *"soziales Prestige"* wichtiger war als *"wirtschaftlicher Gewinn"*.

Eigenartigerweise übersehen Limón/Carretero aber ein höchst aufregendes anderes Ergebnis, nämlich die große Streuung der Ergebnisse innerhalb der Professorengruppe (wie der Studentengruppe). Aus den gleichen Dokumenten schließen einige Probanden auf Gewinne, andere auf Verluste beider beteiligten Instanzen, und zwar teilweise in großer Heftigkeit (266).[19] Für den Historiker ist diese Beobachtung eher noch beunruhigender als die bloße Feststellung der Festigkeit von Voreinschätzungen und Überzeugungen. Was eigentlich ist "evident" an der Evidenz von historischen Materialien? Wie intensiv machen wir im Unterricht klar, dass auch gestandene Experten verschiedene Synthesen erstellen ("konstruieren") und dabei mit "Belegen" höchst unterschiedlich verfahren?

Der Unterrichtsbeobachtung hat sich auch der Schwede Ola Halldén gewidmet; er allerdings zählt nicht massenhafte Äußerungen aus, sondern versucht der Mikrostruktur der Kommunikationen auf den Grund zu kommen (z.B. Halldén in Carretero/Voss 1994, 187-200). Dabei werden nicht nur die massiven Verständnisschwierigkeiten bei – für Experten absolut geläufigen – Konzepten und Begriffen deutlich, sondern vor allem auch die Irritationen in

---

[18]   Es sei an den Befund von Jacott e.a. (in Voss/Carretero 1998, 294-306) erinnert, dass Studierende der Geschichte deutlich anders interpretieren als solche der Psychologie (s.o.). Möglicherweise haben wir es also bei Professor(inn)en und Student(inn)en des Faches Geschichte bereits mit zwei ganz ähnlichen Expertengruppen zu tun.

[19]   Im Mittel ergeben sich für den Herzog ungefähr neutrale Werte (aber schwankend zwischen +6 und -5), für die Landbesitzer leicht positive Effekte (jedoch ebenfalls zwischen +8 und -2 verteilt); diese Zahlen beziehen sich auf die Professoren; bei den Studenten ist die Streuung eher noch größer.

der Kommunikationssituation selbst. Zwar versuchen die Lehrenden die Schüler(innen) am Ablauf des Unterrichts und damit an der Erstellung der "bedeutungshaltigen Narration" zu beteiligen. Da aber nur die Lehrenden wissen, worauf sie (notenrelevant!) hinauswollen und wie die Materialien bzw. Fakten (es geht erneut keineswegs nur um "primary sources") dabei einzubringen sind, fahren die Schüler bloß mit der Stange im Nebel herum, sind zum Herumraten gezwungen.

Hier überlagern sich mehrere Phänomene. Einerseits bildet Geschichte ein Feld besonders schlecht strukturierter Problemstellung (das deshalb aus lernpsychologischer Sicht ungewöhnlich schwer zu erlernen ist). Andererseits ergeben nicht die Fakten die Geschichte, sondern erst die Sinnbildungskriterien und Erzählmuster (wie Rüsen [1994] sagen würde). Genau diese Erzählmuster werden aber nicht explizit vorgegeben, sondern verrätselt. Solange die Lehrer gleichwohl allein entscheiden, ist das ein Problem. Erst wenn – wie in der deutschen "Bildungsgangdidaktik" (vgl. Meyer/Reinartz 1998, Meyer 2000, Meyer-Schmidt 2000) oder in der Argumentation von Bergmann (1975) – die historische Sinnbildung ausdrücklich zum Verhandlungs- und Aushandlungsgegenstand in der Schule gemacht wird, lässt sich das Dilemma wenigstens teilweise auflösen. Auch Halldén fordert deshalb mehr Offenheit und Multiperspektivität.[20]

Noch wichtiger scheint mir allerdings ein Gedanke, der aus der ehemaligen Debatte um den "heimlichen Lehrplan" (vgl. Zinnecker 1975) bekannt ist, auf den Halldén aber verblüffenderweise nicht eingeht. Geschichte soll ja nicht nur zu einem orientierenden Dialog zwischen Vergangenheit und Gegenwart im Hinblick auf die Zukunft verhelfen, sondern auch zur Einwurzelung der Demokratie beitragen. Wenn aber die Kommunikationssituation *per se* von den Schülern verlangt, die Wünsche der Lehrenden zu erfühlen, zu erraten und dann zu übernehmen, ohne dass das jemals explizit begrifflich ausgeführt wird, dann ist das eine ausgesprochen anti-demokratische Situation, ja eine klassische "Doppelbindung" oder "Beziehungsfalle" (*"Ich befehle Euch: Werdet Demokraten!", "Äußert Euch jetzt gefälligst spontan!", "Ich verlange, dass Ihr selbst die Verantwortung übernehmt. Sonst hagelt es Fünfen!"*). Daraus kann nur Apathie oder Zynismus erwachsen, wenn nicht – wie die Psychologen behaupten – sogar Schizophrenie (vgl. Watzlawick u.a. 1980, 194-203). Statt

---

[20]   Das Problem wird noch dadurch verschärft, dass - nach Halldéns Analysen - Geschichtswissenschaftler, Geschichtslehrer und Schüler fundamental verschiedene Geschichtsbegriffe haben. Für Historiker ist Geschichte *"ein Dialog mit der Vergangenheit"*, für Lehrende eine *"Interpretation"*, für Lernende dagegen *"vergangene Wirklichkeit in all ihrer Komplexität"*, die *per se* nicht erklärt werden kann (vgl. Halldén in Voss 1997, 201-210). Dieser Befund berührt sich nahe mit den erwähnten Ergebnissen von Lee/Ashby (in Stearns e.a. 2000, 208 ff.), dass ein Verständnis für den Konstruktionscharakter von Geschichte nur spät und mühsam erworben wird.

kritischer und selbstständiger Sinnbildung ist also nicht nur bloßer Anschluss an Konventionen zu erwarten, sondern – schlimmer noch – Einübung in halb unbewusste, halb servile Anpassung an Autoritäten.

5. Sinnbildung über Zeiterfahrung und Identitätsbeitrag von Geschichte

Rosa e.a. (in Voss/Carretero 1998, 61-78) beschäftigen sich empirisch mit Zentralfragen des Geschichtslernens. Sie lehnen nicht nur Geschichte als Ansammlung von Kenntnissen, sondern auch eine dogmatisch-einlinige Methodenorientierung ab. Geschichte trage – ob man das wolle oder nicht – zur Identität bei (60-62), was sicherlich mit Verweis auf die "Sinnbildungsmuster", die Relation von Vergangenheit, Gegenwart und Zukunft präzisiert werden könnte. Auch Rosa u.a. sind Psychologen, keine Historiker oder gar Geschichtsdidaktiker. Sie untersuchen – mit empirischen Mitteln – schlicht die Auswirkung eines intensiven Lehr- und Lernprozesses von Geschichte, nämlich der Geschichte der Psychologie im Psychologiestudium. Die Lehrstrategie besteht in einer Kombination von Lehrgang ("große Erzählung über die Geschichte der Psychologie") und projektartiger Eigenaktivität der Studierenden (eigene Arbeitsaufgaben). Gemäß ihren Überzeugungen legen die Lehrenden besonderen Wert darauf, zu zeigen, dass es verschiedene Zugänge zur Historie und mehrere Interpretationen in der Historie gibt, dass man also seinen eigenen Weg finden, seine eigenen Entscheidungen treffen und sich selbst in der Geschichte wie in der Zukunft orientieren muss.

Die Zahl der (freiwilligen) Teilnehmer(innen) unter den fortgeschrittenen Psychologiestudent(inn)en bleibt recht bescheiden; sie beträgt beim Nachtest nur zehn Proband(inn)en, die Materialerhebung und -auswertung ist aber ausgesprochen elaboriert (qualitative explorative Studie). Zu den Befunden gehört z.B., dass sich durch den Kurs die Menge der in eigenen historischen Erzählungen der Studierenden verwendeten Daten massiv erhöht, *deren logische Struktur aber praktisch unverändert bleibt*. Die Deutungsmuster – sie werden in eher literarischen Termini wie "Roman", "Saga" usw. beschrieben – erweisen sich als fixiert. Eigene abweichende Interpretationen der Lernenden werden nicht vorgelegt, allenfalls in solchen Randgebieten, wo eine kanonische Deutung noch nicht vorgegeben ist.

Man kann die Studie aus zwei Richtungen kritisieren. Zum einen ist das Sample winzig und vielleicht auch die Lage in Spanien anders als anderswo. Das bedarf keines weiteren Kommentars, gilt aber für alle qualitativen Experimente. Zum anderen kann man einwenden, hier gehe es nicht um "allgemeine Geschichte", sondern um einen engen Teil der "Geistesgeschichte", eben die Wissenschaftsgeschichte der Psychologie. Genau dieses Argument kann (ja: sollte) man allerdings umdrehen. Wenn die Identitätsrele-

vanz von Historie untersucht werden soll, eignet sich – wegen der zu vermuten-
den hohen Identifikation aufgrund des professionellen Engagements – dafür
die Wissenschaftsgeschichte der eigenen Disziplin in ganz besonderem Maße.[21]
Rosa u.a. diskutieren ihre Befunde unter der Überschrift *"history of a
failure or a failure of history"* (Rosa e.a. 1998, 75-78), d.h. sie müssen getrennt
prüfen, ob die Lehrstrategie im Kurs "Geschichte der Psychologie" ungeeignet
war oder ob die Effekte von Geschichte selbst auf die Identitätsbildung nicht so
groß wie erwartet ausfallen. Die Antwort kann – angesichts des Umfangs und
fehlender Kontrollgruppen – natürlich nur hypothetisch sein. Sie ist aber dennoch interessant und fällt eher skeptisch aus.

*"This leads us to think that perhaps the role of history in the creation of identity
is not as great as we thought. Perhaps it is misguided to think that the teaching
of history on its own can affect the pervasive view of the past, the picture of the
future and the guide for current actions conveyed by many other courses and by
the culture at large. (...) Psychological research has long claimed that
consciousness and rationality have a much smaller effect on actual behaviour
than what seems apparent to the naïve observer. We believe this is also the case
concerning the role of history teaching learning processes for the creation of
identity and the orientation of action."* (77)

Das allerdings wäre für die deutsche Geschichtsdidaktik eine wichtige
Erkenntnis – und ein herber Rückschlag. Sie ist ja meist mehr erkenntnislogisch
und theoretisch angelegt. Versuche, die reale Wirkung auch nur mittelfristiger
historischer Lernprozesse einigermaßen zuverlässig zu messen, sind absolute
Ausnahmen. Die Identitätsrelevanz von bewusst gemachter ("reflektierter")
Geschichte wird im Regelfall normativ-theoretisch abgeleitet, nicht empirisch
belegt.[22] Die spanischen Forscher haben – vielleicht weil es sie als Psychologen
nicht so existentiell betrifft – die massive Herausforderung durch ihre Ergebnisse sofort erkannt und das Identitätsbildungskonzept zu revidieren versucht.
Naheliegend ist die Feststellung, dass die wenigen expliziten und reflexiven
Lehr- und Lernprozesse gegen die übrigen (affirmativen und dogmatischen)
Botschaften der allgemeinen Fachkultur nicht ankommen.

Man könnte auch von der Übermacht der Konvention gegenüber der
Reflexion sprechen.[23]

---

[21]   Zu erinnern ist an den qualitativ-empirischen Befund, dass sich bei Erwachsenen berufliche
       Richtung und Erfahrung deutlich in Interviewäußerungen zum Geschichtsbewusstsein spiegeln
       (vgl. v. Borries 1982, bes. 191).

[22]   Eine andere Frage ist die objektive Geschichtsgeprägtheit (z.B. in Sprache, Körpertechniken,
       Denkweisen etc.). Aber die ist ja vorbewusst (nicht intentional beeinflusst) und übrigens auch
       nur durch - meist noch fehlende - kulturvergleichende Studien einigermaßen exakt beschreib-
       bar.

[23]   Genau das ist eines der Hauptergebnisse des Kulturvergleichs YOUTH AND HISTORY (vgl.

"(...) the student internalises meanings and values together with factual information, ways of thinking, and speech genres – in other words, a rational discourse that, when asked to be presented in a narrative form, shows a 'narrationality' whose form and components cannot have a single source." (78)

Die dialogische Form, die dem historischen Lernen *per se* zukommt, schlägt zurück, und zwar gegen jene Minderheitskultur, die das historische Lernen selbst kritisch und reflexiv anlegt. Auf dem "mentalen Markt" – Rosa e.a. beziehen sich ausdrücklich auf Bourdieu – erweisen sich die kritischen Angebote als nicht attraktiv (genauer: profitabel) genug. Würde man – aufgrund breiterer Empirie – dieser Deutung folgen, hätte das dramatische Konsequenzen sowohl für das Theoriemodell der deutschen Geschichtsdidaktik wie für die pragmatischen Entscheidungen über die Anlage von historischem Unterricht.

Es könnte der Eindruck entstanden sein, außerhalb Deutschlands würden nur empirische Studien gefertigt. Das ist natürlich keineswegs der Fall; deshalb soll hier wenigstens ein einziger Theoriebeitrag erwähnt werden, der auch auf deutsche Debatten ein interessantes Licht wirft und der anschließend mit einer auch empirischen Arbeit zu vergleichen ist.

Carlos Martínez-Shaw (in Voss/Carretero 1998, 79-91) hält ein leidenschaftliches Plädoyer für "totale Geschichte", wobei er alle Epochen, Regionen, Sektoren und Akteure meint. Geschichte als Wissenschaft besteht demnach erst seit etwa 1920 (Annales-Schule, Wirtschaftsgeschichte und historisch-materialistische Historiografie), seit die Grenzen zu Ökonomie, Soziologie, Anthropologie und anderen Sozialwissenschaften weggefallen sind und auch die unsinnige Abtrennung von Kunstgeschichte, Literaturgeschichte oder Rechtsgeschichte zurückgenommen ist. Interessanterweise geht Martínez-Shaw auf die "narrativistische" Wende nicht ein und setzt sich auch nicht mit den Einwänden gegen die Möglichkeit einer "histoire totale" auseinander. Im Felde der Theorie hält er "Totalgeschichte" für absolut etabliert.

Schwierigkeiten werden eher im Bereich der Erziehung, also des Geschichtsunterrichts, gesehen, z.B. in der radikalen Abtrennung einer "ideologischen Funktion" des Geschichtslernens von der "wissenschaftlichen Struktur" der Disziplin. Als die drei Feinde einer "Totalgeschichte" im Unterricht werden "Präsentismus", "Lokalismus" und "Reduktionismus" bezeichnet. Martínez-Shaw argumentiert, dass in allen drei Fällen gutgemeinte Argumentationen zu verheerenden Konsequenzen führen. Das ist nun allerdings von größtem Interesse für den deutschen Markt, wo ja – mehr als in anderen Ländern – die volle Verwissenschaftlichung ("Wissenschaftsorientierung") programmatisch

---

Angvik/v. Borries 1997, v. Borries u.a. 1999); mit anderen Worten: quantitative und qualitative Empirie stützen sich gegenseitig.

akzeptiert ist, aber "Zeitgeschichte"/"Gegenwartsbezug", "Regionalgeschichte" und "Elementarisierung" in der Tradition der "Pädagogischen Bewegung" einen guten Klang haben.

Um 1950 lag der Median der Weltgeschichte im Unterricht beim Entdeckungs- und Reformationszeitalter 1492/1517 ("Kolumbus und Luther"), seit 1968 hat er sich auf die Demokratische und Industrielle Revolution 1776/1789 ("Washington und Robespierre") verschoben und schickt sich seit 1989 an, sich erneut drastisch zu verlagern, etwa auf den Ersten Weltkrieg 1917 ("Lenin und Wilson").[24] Dass diese Entwicklung tendenziell zu einer größeren Involviertheit der Lernenden beiträgt ("tua res agitur"), ist offenkundig; Martínez-Shaw macht nun aber das Gegenargument stark, dass man die Geschichte – und erst recht die Gegenwart – unter Beschränkung auf die zeitgeschichtlichen Verlaufsstränge (im weiteren Sinne) überhaupt nicht mehr verstehen könne.

Beim Kardinalfehler "Lokalismus" versucht Martínez-Shaw zunächst, Berufungen auf Piaget auszuhebeln.[25] Größere Bedeutung allerdings kommt der fragmentarisierenden Beliebigkeit und der ethnozentrischen Enge zu, die der "Lokalismus" des Geschichtslernens auslösen kann, ja wird:

"In short, the application of the analysed principles means opening the doors to neopositivism, returning to évenementielle history, generating an always fragmentary vision of reality and favouring particularists' reactions of arrogance, insularity and insolidarity. A well-meaning movement may produce negative effects if the recent progresses of historical theory and reflection are lost from sight." (90)

Blickt man auf die starke Stellung, die die Regionalgeschichte theoretisch und praktisch in Deutschland zu gewinnen scheint, so ist ein solcher kritischer Blick von außen gewiss nicht überflüssig.[26]

Der Vorwurf des "Reduktionismus" bedeutet nicht etwa die Illusion, auf Selektion verzichten zu können, sondern das Insistieren auf einer Auswahl, die den wissenschaftlich-historiografischen Errungenschaften der letzten Jahrzehnte entspricht und nicht automatisch alles Neue – als bloß modisch und

---

[24] Man kann diese Schätzung leicht kontrollieren, indem man die Band- und Kapiteleinteilung führender Schulbücher der verschiedenen Jahrzehnte vergleicht. In der Oberstufe verläuft die Entwicklung gegenüber den Verhältnissen in der Sekundarstufe I eher noch etwas beschleunigt.

[25] In diesem Bereich scheint mir die Rezeption Piagets so stark verkürzt und die Kritik an Piaget so stark überschätzt, dass eine nähere Auseinandersetzung sich nicht lohnt.

[26] Die Produktion von Länderausgaben der – ohnehin vielfältigen – Schulbücher in der Bundesrepublik hat ein groteskes und stark kostentreibendes Ausmaß angenommen (bis zu acht Versionen neben der allgemeinen Ausgabe). Mir ist bewusst, dass dabei die vorgeschriebenen regionalgeschichtlichen Anteile nicht der einzige Grund sind. Der Kantönli-Geist der Bundesländer, die jeweils ihre gestern zusammengeschusterten und morgen wieder aufgehobenen Richtlinien auf Punkt und Komma umgesetzt wissen wollen, tut ein Übriges.

daher unwichtig – wieder wegfallen lässt:

"In conclusion, the excesses of reductionism are the door to the deadening, mutilation and even manipulation of reality, if not the ideal alibi for immobilism and exclusion of the most recent conquests of historiographical science. Total history does not only allow its insertion into the pedagogical patterns, but it is, also, the only one permitting a correct, complete and critical teaching of our past." (91)

So volltönend – und auch ohne Rücksicht auf erziehungswissenschaftliche Einwände, Verwässerungen und Restriktionen – wird die Trompete der Reform in Deutschland nicht mehr oft geblasen.[27] Man kann sich vorstellen, dass Martínez-Shaw den Bedenken Pandels (1999) gegen Trivialisierung und Banalisierung durch fehlverstandene sogenannte "Handlungsorientierung" des Geschichtslernens lebhaft zustimmen würde.

Dass die Briten seit Jahren ein "National Curriculum" haben, das mehr "methodenorientiert" als "stoffzentriert" angelegt ist, ist mittlerweile wohl allgemein bekannt (History 1995). Weniger klar dürfte aber sein, dass ein großes Experimentalprogramm "SHP" ("School History Project") – außerdem das "Cambridge A-Level History Project" – vorausging. Und die empirische Evaluation des Großversuches wie der Curriculumrevision wird kaum wahrgenommen. Peter Shemilt, zweifellos eher Historiker und Pädagoge als Psychologe, war maßgeblich an Experimenten und deren Auswertung beteiligt (in Stearns e.a. 2000, 83-101) und zitiert auch ausgiebig aus Interviews. Insgesamt ist er mehr an Theoriefragen der Historie und fachdidaktischen Konsequenzen interessiert als an psychologischer Grundlagenforschung.

Es beunruhigt den Evaluations-Experten, dass Schüler zwar den methodensicheren Umgang mit einzelnen Quellen und Ereignissen lernen, nicht aber die Fähigkeit, sinnvolle Geschichten über größere Zusammenhänge aufzunehmen, zu verarbeiten und selbst zu produzieren. Methoden- und Quellenorientierung – so unhintergehbar sie sind – lösen offenbar nicht das Problem der Fragmentierung und Partikularisierung, wenn sie es – durch Zerstörung der großen (gleichsam fiktionalen und mythischen) nationalen Meistererzählungen nicht gar verschärfen. Dieses Dilemma ist – denke ich – auch für deutsche Verhältnisse hoch relevant, wo die Klagen über mangelndes Überblickswissen von Jugendlichen – es hat sie immer gegeben – zweifellos zunehmen und das kritisch-methodische Arbeiten ununterbrochen an Grenzen stößt, die in fehlender Fähigkeit zur "Kontextualisierung" liegen. Selbst beim "Schülerwettbewerb

---

[27] Der Aufsatz von Martínez-Shaw wird nicht etwa deshalb genannt, weil ich ihm voll zustimmen könnte (die lernpsychologischen Argumente für Totalgeschichte und gegen Regionalgeschichte nehme ich allerdings ganz ernst), sondern um zu zeigen, wie Beiträge aus anderen Ländern die deutsche Debatte beflügeln könnten.

Deutsche Geschichte", also einem ausgesprochenen Minderheiten- und Elite-
Phänomen, bleibt die Einbettung der selbst untersuchten Mikrogeschichten in
die notwendig vorausgesetzte Makrogeschichte oft ziemlich unzureichend.
Shemilt stellt – unter Verzicht auf quantitative Angaben – typische
Fehlformen theoretisch unzureichender Durchdringung dar, z.b. den Mangel,
aufgelistete Tatsachen auch als sinnvolle Geschichte zu erzählen, die Unfähigkeit, wenigstens rein logisch einen anderen Verlauf als möglich zu denken, oder
die Fehlvermutung, bestimmte Epochen seien geschichtsleer gewesen.[28] Diese
Teile des Beitrages sind deshalb besonders interessant, weil nicht – wie bei
manchen anderen Autor(inn)en – allgemeine Denkoperationen auf Historie
angewendet werden, sondern fachspezifische Denkmuster und Fehlschlüsse –
aus der Sache Geschichte selbst heraus – entwickelt werden. Shemilt legt dann
sogar ein – von ihm selbst mit einiger Bescheidenheit als roh und tentativ ge-
kennzeichnetes – entwicklungslogisches Modell vor (vgl. Schema 4), das nicht
wie sonst üblich aus Nachbarwissenschaften importiert und angepasst wird,
sondern einheimische Termini verwendet (93-98).[29]

Schema 4: Stufen narrativer Kompetenz

1	Eine chronologisch geordnete Vergangenheit
2	Zusammenhängende historische Erzählungen
3	Multidimensionale (historische) Erzählungen
4	Polythetische (sic!) narrative Rahmengerüste

(Shemilt in Stearns e.a. 2000, 93-98)

Es wird deutlich, in welcher Intensität "narrativistische" und "konstruktivistische" Ansätze in Großbritannien schon seit Jahrzehnten diskutiert werden und
wie detailliert sie auch für die höheren Anspruchsstufen bereits kleingearbeitet
sind. Mehr als deutsche Autoren ist sich Shemilt auch der Herausforderung
bewusst (er spricht von einer *"unconscionable number of reverse somersaults"*,
d.h. *"unerhört vielen Purzelbäumen rückwärts"*), die für Lernende in den
verlangten Grundeinsichten historischen Denkens liegen müssen:

*"First we say that there is no single right answer to any of the really significant
questions in history and that pupils must work out things for themselves. Than
we say: 'But not any answer will do. Some answers are indefensible even if no
one answer is clearly right! And some admissible answers are not as good as*

---

[28] Man fühlt sich durchaus an Pandels (1994) empirische Feststellung mühsamer Schülerleistungen beim Erwerb narrativer Kompetenz erinnert.

[29] Etwas lästig ist es, dass Shemilt als gebildeter Mensch mehrfach Zentralbegriffe benutzt (z.B.
"polythetic"), die in den meisten Wörterbüchern, aber auch in geläufigen "Encyclopaedic
Dictionaries" nicht zu finden sind.

*other admissible answers.' Pupils then spend considerable time and effort
learning how to determine which answers and accounts are better than others.
If they succeed we say: 'But even though some accounts are better because
more valid or coherent or parsimonious than others, there is no one best
account, since we find it useful to vary questions, assumptions, and perspec-
tives.' This is difficult to appreciate unless – to recycle a convenient simile –
pupils are able to view the past as through a kaleidoscope: the patterns are
ordered and determinate but do not yield a single stable picture."* (98)

Dennoch wagt Shemilt zum Schluss fünf didaktische Konsequenzen, die auch
hier am Schluss der Darstellung stehen sollen (98f.):

Schema 5: Fünf didaktische Konsequenzen für das Geschichtslernen

1	Geschichte soll als "Form des Wissens", also methodenorientiert und reflexiv beigebracht werden.
2	Geschichte muss mehrfach (wenn auch nur in Teilen der Lernzeit) als ganze Geschichte, als "Menschheitsgeschichte" gelehrt werden.
3	Lehrpläne sollen thematische Längsschnitte über große Zeiträume vorsehen; zu berücksichtigen sind der materielle, der soziale und der organisatorische (politische) Aspekt.
4	Es genügt nicht, chronologisch voranzuschreiten, sondern es muss das ganze Geflecht größerer Abschnitte (20, 160 oder 700 Jahre) betrachtet werden, und zwar unter Bezug auf narrative Gerüste.
5	Fundamentaldaten von entscheidender Bedeutung für die entstehenden Erzählungen (und Deutungen) sollen von bloßen Motivations-, Illustra-tions- und Arbeitsdaten unterschieden werden; sie müssen häufig verstärkt und wiederholt werden.

(Shemilt in Stearns e.a. 2000, 93-98)

Das ist einerseits – wie bei Martínez-Shaw, an den die Position erinnert –
anspruchsvoller als bloßer "quellenorientierter" Unterricht, ohne zur "Stoff-
orientierung" zurückzukehren. Es trägt andererseits – und das auf empirische
Evaluation umfangreichen qualitativen Materials gestützt – der Tatsache
Rechnung, dass "Deutung" bzw. "Synthese" (nicht "Quellenauswertung") das
Hauptgeschäft der Historie darstellt. Das Deuten aber lernt man nicht von allein
oder nebenbei durch Dokumentenstudium. Gelernt wird – da ist auch Shemilt
sicher – nur, was auch gelehrt wird: *"And what we fail to teach adolescents they
are unlikely to develop for themselves."* (99).
     Darin liegt gewiss eine Grenze für enthusiastische Formen von "Projektar-
beit" und "Handlungsorientierung"; man sollte insgesamt die Warnung des

Fachvertreters ("Historikers") vor Verkürzungen der Psychologen und Pädagogen hören, seien sie auch noch so gut gemeint und entwicklungslogisch legitimiert. Es lohnt sich auch, an die erbitterte Polemik von Grell/Grell (1979) gegen die Verabsolutierung von "Induktion" und "Erarbeitungsmustern" im Unterricht zu erinnern. *Man muss das Rad nicht in jeder Klasse und jeder Stunde neu erfinden lassen.* Auch Formen der "Darbietung" und "Demonstration" sind – nicht nur als Abwechslung, sondern auch zur Verknüpfung – zulässig, wenn die Lernenden diese deduktiven Zugänge dann auch zu befragen, zu prüfen und anzuwenden lernen.

Shemilt selbst meint keineswegs, die hehren – und notwendig bleibenden – Ziele ließen sich ohne Übergänge und Abstufungen schon bei den Jüngsten erreichen; er bietet Hilfen für Zwischenziele und Handhaben für Lernstandsbeobachtungen. Mit anderen Worten: Shemilts Daten und Deutungen sind gut geeignet, einer *Standortbestimmung* und *Weiterentwicklung* der Post-'68-Geschichtsdidaktik in Deutschland zu dienen. Meine eigene Position, die großenteils aus der Gegenkontrolle von Normen und Theorien durch quantitative Empirie erwachsen ist (vgl. v. Borries 1999b, 2001), sehe ich zu großen Teilen bestätigt und in wichtigen Schritten weiter entfaltet.

6. Schlussvergleich

Auch die Ergebnisse empirischer Studien in unseren Nachbarländern sprechen dafür, dass am Ansatz des "historischen Denkens", des "Konzepterwerbs", der "Sinnbildung", der "historischen Kompetenz" usw. – statt bloßer kanonischer Stoffkenntnis – festzuhalten ist: *"Weniger, aber gründlicher!"* Freilich gibt es auch für diese Strategie eine Grenze, die vielleicht schon bald erreicht wird: Wo es praktisch überhaupt kein Wissen und keine Verankerung der winzigen Inselchen und Splitterchen (mehr) gibt, scheitert auch die "Methodenorientierung", weil keinerlei "Kontextualisierung" mehr möglich ist. Gerade diese Verankerung und Erklärung durch Einordnung in Hintergrundgeschichten ist aber eine entscheidende Teiloperation des historischen Deutungsgeschäfts selbst.

In Deutschland ist die empirische Erkundung des Geschichtsbewusstseins gewissermaßen von oben heruntergebrochen worden (so bei Rüsen u.a. 1991, Jeismann u.a. 1987). Die Briten dagegen haben stufenweise von unten aufgebaut, von Kenntnissen, Interessen und Fähigkeiten über Konzepte wie "Herrschaft" und "Nation" zu Konzepten zweiter Ordnung wie "historische Untersuchung" (Evidenz und Erzählung) und "historische Erklärung" (Kausalität und Rationalität). Das ist wahrscheinlich methodisch die bessere Zugriffsweise, weil eine sauberere Operationalisierung gelingen kann und man sich weniger im Gestrüpp der Unterschiede zwischen "historischer Kompetenz" und "historischer Performanz" verstrickt. Andererseits fällt es auf, dass Briten, Spanier und Italiener zwar die Perspektivität historischer Betrachtungen und Deutungen betonen, dass aber die moralischen Fragen und die Tücken des Fremdverstehens kaum ins Bild kommen, wodurch die historische Orientierung und die Abständigkeit von Vergangenheit und Gegenwart etwas aus dem Blick geraten.

Blickt man vergleichend und resümierend auf die untersuchten bzw. vorgestellten Studien, dann gewinnt man den Eindruck, dass vielleicht knapp 80% der Befunde zwar an "Geschichte" gewonnen worden sind, aber in anderen Fächern ähnlich hätten gezeigt werden können, also wichtige allgemeine Lehr- und Lernforschung am fachspezifischen Beispiel darstellen. Dazu gehören etwa die Vergessenskurve bei "trägem" oder "totem" Wissen, die Unverständlichkeit von Schulbüchern, die Notwendigkeit von Strukturierung und der späte, mühsame oder vielfach ganz fehlende Erwerb von Abstraktionsfähigkeit.

Dennoch gibt es vielleicht 25% fachspezifische Besonderheiten: Der Gegenstand der Geschichte selbst besitzt als "Vergangenheit" unvermeidlich eine verminderte Realität und unmögliche Erreichbarkeit ("Grauschleier", "Nebelwand", "Dämmerlicht", "Halbdunkel"). Die fehlende Kontrollmöglichkeit an einer zuhandenen Wirklichkeit macht alle "historischen Denkprozesse" *per se* zu "formalen Operationen" im Sinne Piagets. Das erschwert Geschichtslernen für Jüngere natürlich massiv. Angebotene sinnlich-anschauliche Lern-Hilfen (vgl. Dehne/Schulz-Hageleit 1989) können nur "quasi-konkrete Operationen" sein. Die Lücke kann zwar auch durch Fiktion, Fantasie, Imagination und Projektion aufgefüllt werden, was zweifellos unvermeidlich ständig geschieht (vgl. v. Borries 1996, 1998, 2002). Die darin investierte triebdynamische Energie allerdings kann das rationale historische Erkennen nicht nur antreiben, sondern auch blockieren.

Vorgestellt wurden eine ganze Reihe von kleineren Fragmenten empirischer Forschung aus verschiedenen Regionen und Dimensionen eines mehrdimensionalen Puzzles, wobei vor allem zwischen quantitativen Laborexperimenten mit konfirmatorischer Prüfung enger Hypothesen und qualitativen Unterrichtsbeobachtungen mit explorativem Charakter erhebliche Spannungen auftreten. Natürlich kann man die Frage aufwerfen, ob sich daraus schon die Umrisse eines Gesamtbildes erahnen lassen oder ob diese Befunde ohne Zusammenhang bleiben. Ich selbst vertrete mehr die optimistische Variante: Auch wenn eine solche Synthese nicht Aufgabe dieses kurzen Beitrages sein kann, glaube ich, dass die Kombination der empirischen Studien im Ausland – wenn sie nur gründlich genug gesammelt und verglichen werden – bereits eine ziemlich realistische Abbildung der Möglichkeiten und Grenzen historischen Lernens im schulischen Kontext bietet.

So gesehen, ist die bisher fehlende Rezeption fremdsprachiger Geschichtsdidaktik nicht nur ein Gebot der Wissenschaftlichkeit (vgl. v. Borries 2001),
sondern auch eine wichtige pragmatische Aufgabe, um aktuelle Richtlinienund Schulbuchentscheidungen schon jetzt auf besser gesicherten Grundlagen
treffen und eigene Detailstudien gezielt und angeleitet anstellen zu können.
Diese Aktivität der Dokumentation und Verarbeitung dürfte die Kraft
eines/einer einzelnen zur Zeit übersteigen, müsste also umsichtig organisiert
werden. Das gilt umso mehr, als jeweils eine Prüfung der möglichen Abhängigkeit von Befunden aus anderen Ländern von ganz spezifischen kulturellen
Bedingungen der Historie, des Schulwesens, der Geschichtskultur und der
Öffentlichkeit – und damit der Übertragbarkeit auf deutsche Verhältnisse –
geboten ist.

Literatur

1. Vorwiegend englischsprachige Sammelbände, Themenhefte und Beiträge[30]

Ahonen, Sirkka: The Form of Historical Knowledge and the Adolescent Conception of it. Helsinki (Yliopistapaino) 1990.

Angvik, Magne/**Borries**, Bodo v. (Eds.): YOUTH and HISTORY. A Comparative European Survey on Historical Consciousness and Political Attitudes among Adolescents. Volume A: Description, Volume B: Documentation (containing the Database on CD-ROM). Hamburg (edition Körber-Stiftung) 1997.

Angvik, Magne/**Nielsen**, Vagn Oluf (red.): Ungdom og historie i Norden. Bergen (Fagbokverlaget) 1999.

Berti, Anna Emilia/**Bombi**, Anna Silvia: The Child's Construction of Economics. Cambridge/New York etc. (Cambridge University Press) 1988.

Carretero, Mario e.a.: Cognitive Development, Historical Time Representation and Causal Explanations in Adolescence. In: Carretero, Mario e.a. (Eds.): Learning and Instruction, Vol. 3, European Research in an International Context. Oxford (Pergamon Press) 1991, S. 27-48.

Carretero, Mario/**Voss**, James F. (Eds.): Cognitive and Instructional Processes in History and the Social Sciences. Hillsdale N.J. (Lawrence Earlbaum) 1994.

Chang Yuan/Liang-Kai Chou (Eds.): Proceedings of the International Conference on Methodologies: Historical Consciousness and History-Textbook Research. Hsin-chu/Taiwan (Tsing Hua University) 1998.

Chansel, Dominique: Europe on-screen. Cinema and the teaching of history. Strasbourg (Council of Europe Publishing) 2001.

Cooper, Hilary: The Teaching of History. London (David Fulton Publishers) 1992.

Cooper, Hilary: Removing the scaffolding: a case study investigating how whole-class teaching can lead to effective peer group discussion without the teacher. In: The Curriculum Journal, Vol. 4, No. 3, 1993, S. 385-401.

Cooper, Hilary: History 5-11, in Bourdellen, Hilary (Ed.): Teaching History. London (Routledge) 1994, S. 76-86.

Cooper, Hilary: History in the early years. London/New York (Routledge) 1995.

Dickinson, A. K./**Lee**, P. J./**Roges**, J. (Eds.): Learning History. London 1984.

Dickinson, Alaric/**Lee**, Peter/**Slater**, John (Ed.): International Yearbook of History Education; Vol. 1. London (Woburn) 1995.

---

[30] In Einzelfällen sind auch französischsprachige und weitere Titel aufgenommen, soweit englische Übersetzungen oder Auszüge nicht greifbar waren.

Guyon, Simone/**Mousseau**, Marie-José/**Tutiaux-Guillon**, Nicole: Des nations à la Nation. Apprendre et conceptualiser. Paris (Institut National de Recherche Pédagogique) 1993 (= Didactiques des Disciplines).

Guyver, Robert/**Nichol**, Jon/**Watson**, Kate (Eds.): International Journal for History Teaching, Learning and Research, Vol. 1, No. 1, December 2000 (Internet version also).

History in the National Curriculum. England. London (HMSO) 1995.

Klíma, B(ohuslav) a. kol.: Mládež a dějiny. Publikace výsledku mezinárodního dotazníkového šetřeni a výzkumu historického vedomí adolescentú se zaměřením na Českou republiku. Brno (Akademické nakladatelství, s.r.o.) 2001.

Lecomte, Jean-Michel: Teaching about the Holocaust in the 21st century;.Strasbourg (Council of Europe Publishing) 2001.

Leinhardt, Gaea/**Beck**, Isabel L./**Stainton**, Catherine (Eds.): Teaching and Learning in History. Hillsdale, N.J. (Lawrence Earlbaum) 1994.

Létourneau, Jocelyn (Ed.): Le lieu identitaire de la jeunesse d'aujourd'hui. Études de cas. Paris/Montréal (L'Harmattan) 1997.

Machado Pais, José: Consciência Histórica e Identidade. Os Jovens Portugueses num Contexto Europeu. Oeiras (Celta editora) 1999.

Pingel, Falk: The European home: representations of 20th century Europe in history textbooks. Strasbourg (Council of Europe Publishing) 2000.

Schapira, Anca Lucia: Le cours ... du temps. Genève (Centre de recherches psychopédagogiques) 1990.

Schapira, Anca Lucia: Le commerce. Représentation des élèves de 10 à 16 ans, Volume I et II. Genève (Centre de recherches psychopédagogiques) 1995.

Schapira, Anca Lucia: Que pensent les élèves de l'enseignement de l'histoire? Recherche exploratoire chez les pré-adolescents. Genève (Service de la recherche en éducation) 1999.

Slater, John: Teaching History in the New Europe. London (Cassell) 1995.

Stearns, Peter N./**Seixas**, Peter/**Wineburg**, Sam (Eds.): Knowing, Teaching, and Learning History. New York/London (New York University Press) 2000.

Stradling, Robert: Teaching 20th-century European history. Strasbourg (Council of Europe Publishing) 2001.

Torney-Purta, Judith/**Schwille**, John/**Amadeo**, Jo-Ann (Eds.): Civic Education Across Countries: Twenty-four National Case Studies from the IEA Civic Education Project. Amsterdam/Delft (IEA-Secretariat/Eburon) 1999.

Tutiaux-Guillon, Nicole (direction): L'Europe entre projet politique et objet scolaire au collège et au lycée. o.O. (Lyon) (Institut National de Recherches Pédagogique) 2000.

Tutiaux-Guillon, Nicole/**Mousseau**, Marie-José: Les jeunes et l'histoire. Identités, valeurs, conscience historique. Enquête européenne "Youth and

History". Paris (Institut National de Recherche Pédagogique) 1998 (= Documents et travaux de recherche en education 30).

Voss, James F. (Guest Ed.): Explanation and Understanding in Learning History (= International Journal of Educational Research Vol. 27, 1997).

Voss, James F./**Carretero**, Mario (Eds.): Learning and Reasoning in History;.London (Woburn) 1998 (= International Review of History Education 2).

Wineburg, Samuel S. (Guest Ed.): The Teaching and Learning of History. Hillsdale N.J. (Lawrence Earlbaum) 1994 (= Educational Psychologist Vol 29, No. 2, Spring 1994).

2. Sonstige Nachweise

Beginn des Geschichtsunterrichts (= Geschichte lernen 11 [1998]).

Bergmann, Klaus: Geschichtsunterricht und Identität. In: Aus Politik und Zeitgeschichte. Beilage zum "Parlament", B39/1975, S. 19-25.

Bergmann, Klaus/**Rohrbach**, Rita: Kinder entdecken Geschichte. Theorie und Praxis historischen Lernens in der Grundschule und im frühen Geschichtsunterricht. Schwalbach/Ts. (Wochenschau) 2001.

Borries, Bodo v.: Zum Geschichtsbewußtsein von Normalbürgern. Hinweise aus offenen Interviews. In: Bergmann, Klaus/Schörken, Rolf (Hrsg.): Geschichte im Alltag - Alltag in der Geschichte. Düsseldorf (Schwann) 1982, 182-209.

Borries, Bodo v.: "Reifung" oder "Sozialisation" des Geschichtsbewußtseins? Zur Rekonstruktion einer vorschnell verschütteten Kontroverse. In: Geschichtsdidaktik 12 (1987), S. 143-159.

Borries, Bodo v. (unter Mitarbeit von Weidemann, Sigrid, Baeck, Oliver, Grzeskowiak, Sylwia und Körber, Andreas): Das Geschichtsbewußtsein Jugendlicher. Erste repräsentative Untersuchung über Vergangenheitsdeutungen, Gegenwartswahrnehmungen und Zukunftserwartungen in Ost- und Westdeutschland. Weinheim/München (Juventa) 1995 (= Jugendforschung).

Borries, Bodo v.: Imaginierte Geschichte. Die biografische Bedeutung historischer Fiktionen und Phantasien. Köln (Böhlau) 1996 (= Beiträge zur Geschichtskultur 11).

Borries, Bodo v.: Erlebnis, Identifikation und Aneignung beim Geschichtslernen. In: Neue Sammlung 38 (1998), S. 171-202. Wiederabdruck in: Fauser, Peter/Wulffen, Dorothee v. (Hrsg.): Einsicht und Vorstellung. Imaginatives Lernen in Literatur und Geschichte. Seelze/Velber (Kallmeyer) 1999, S. 71-122.

Borries, Bodo v. (unter Mitarbeit von Körber, Andreas, Baeck, Oliver und Kindervater, Angela): Jugend und Geschichte. Ein europäischer Kulturvergleich aus deutscher Sicht. Opladen (Leske & Budrich) 1999 (= Schule und Gesellschaft 21).

Borries, Bodo v.: Notwendige Bestandsaufnahme nach 30 Jahren? Ein Versuch über Post-'68-Geschichtsdidaktik und Post-'89-Problemfelder. In: GWU 50 (1999), S. 268-281.(b)

Borries, Bodo v.: Geschichtsdidaktik am Ende des 20. Jahrhunderts. Eine Bestandsaufnahme zum Spannungsfeld zwischen Geschichtsunterricht und Geschichtspolitik. In: Schneider, Gerhard/Pandel, Hans-Jürgen (Hrsg.): Wie weiter? Zur Zukunft des Geschichtsunterrichts. Schwalbach/Ts. (Wochenschau) 2001, S. 9-34 (im Druck).

Borries, Bodo v.: Fiktion und Fantasie im Prozeß historischen Lernens. Befunde aus qualitativen und quantitativen Studien. In: Schönemann, Bernd/ Schreiber, Waltraud (Hrsg.): Geschichtsdidaktische Sektionen des Aachener Historikertages. Weinheim (Deutscher Studien Verlag) 2002 (angenommen).

Borries, Bodo v.: Angloamerikanische Lehr-/Lernforschung - ein Stimulus für die deutsche Geschichtsdidaktik? In: Schönemann, Bernd/Demantowsky, Marko (Hrsg.): Neue geschichtsdidaktische Positionen. Dortmund 2002 (angenommen).

Dehne, Brigitte/**Schulz-Hageleit**, Peter: "Handeln ist keine Einbahnstraße". Anregungen zur Belebung des Geschichtsunterrichts im Alltag. In: Geschichte lernen 2 (1989) 9, S. 6-14.

Dickinson, Alaric e.a. (Eds.): Raising Standards in History Education. London (Woburn) 2001 (= International Review of History Education 3). (noch nicht herangezogen, da erst im Februar 2002 erschienen)

Edelmann, Walter: Lernpsychologie. Eine Einführung. München/Weilheim (Urban & Schwarzenberg/Psychologie Verlags Union) 2. völlig neu bearb. Aufl. 1986.

Grell, Jochen/**Grell**, Monika: Unterrichtsrezepte. München (Urban und Schwarzenberg) 1979.

Historisches Lernen. Was sollen Grundschulkinder lernen (= Grundschule 32 [2000] 9).

Küppers, Waltraud: Zur Psychologie des Geschichtsunterrichts. Bern/Stuttgart. Eine Untersuchung über Geschichtswissen und Geschichtsverständnis bei Schülern (Huber/Klett) 2. erg. Aufl. 1966.

Meyer, Meinert A.: Didaktik für das Gymnasium. Grundlagen und Perspektiven. Berlin (Cornelsen Scriptor) 2000.

Meyer, Meinert A./**Reinartz**, Andrea (Hrsg.): Bildungsgangdidaktik. Opladen (Leske & Budrich) 1998.

Meyer, Meinert A/**Schmidt**, Ralf (Hrsg.): Schülermitbeteiligung im Fachunterricht. Englisch, Geschichte, Physik und Chemie im Blickfeld von Lehrern, Schülern und Unterrichtsforschern. Opladen (Leske und Budrich) 2000.

Pandel, Hans-Jürgen: Zur Genese narrativer Kompetenz. In: Borries, Bodo v./ Pandel, Hans-Jürgen (Hrsg.): Zur Genese historischer Denkformen. Qualitativ-

und quantitativ-empirische Zugänge. Pfaffenweiler (Centaurus) 1994, S. 99-121.

Pandel, Hans-Jürgen: Postmoderne Beliebigkeit? Über den sorglosen Umgang mit Inhalten und Methoden. In: GWU 50 (1999), S. 282-291.

Reeken, Dietmar von: Historisches Lernen im Sachunterricht. Didaktische Grundlegungen und unterrichtspraktische Hinweise. Seelze (Kallmeyer) 1999.

Roth, Heinrich: Kind und Geschichte. Psychologische Voraussetzungen des Geschichtsunterrichts in der Volksschule. München (Kösel) 5. erg. Aufl. 1968.

Rüsen, Jörn: Historisches Lernen. Grundlagen und Paradigmen. Köln (Böhlau) 1994.

Schörken, Rolf: Lerntheoretische Fragen an die Didaktik des Geschichtsunterrichts. In: Süssmuth, Hans (Hrsg.): Geschichtsunterricht ohne Zukunft?, Bd. L. Stuttgart (Klett) 1972, S. 65-86.

Schreiber, Waltraud (Hrsg.): Erste Begegnungen mit Geschichte. Grundlagen historischen Lernens, 2 Bde. Neuried (ars una) 1999.

Watzlawick, Paul u.a.: Menschliche Kommunikation. Formen, Störungen, Paradoxien. Bern (Hans Huber) 5. Aufl. 1980.

Zinnecker, Jürgen (Hrsg.): Der heimliche Lehrplan. Untersuchungen zum Schulunterricht. Weinheim & Basel (Beltz) 1975.

Marko Demantowsky

Geschichtsmethodik als anwendungsbezogene Erfahrungswissenschaft – Erscheinung und Herkunft

Der Titel mag überraschen. Eine Geschichtsmethodik als anwendungsbezogene Erfahrungswissenschaft durfte bis vor kurzem als unbekannt gelten. Mit diesem Terminus wird eine im Kern erziehungswissenschaftliche Disziplin begriffen, die sich auf der Grundlage sozialempirischer Verfahren bemüht, historische Lehr- und Lernprozesse im Schulunterricht zu analysieren und zu optimieren. Sie betreibt – mit anderen Worten – pragmatisch inspirierte Unterrichtsforschung.[1] Der Terminus impliziert einen weiteren Sachverhalt, nämlich den, dass diese Verfahren das methodologische Selbstverständnis einer solchen Disziplin bestimmen. Wolfgang Hasberg kommt das Verdienst zu, eine solche anwendungsbezogene Erfahrungswissenschaft in der Geschichtsmethodik der DDR entdeckt und benannt zu haben.[2]

Bevor sich die folgenden Ausführungen der eigentlichen Fragestellung nach der Herkunft zuwenden, ist es notwendig, einen allgemeinen Überblick über die empirischen Forschungen der DDR-Geschichtsmethodik zu geben.

Zunächst ist festzuhalten, dass die Geschichtsmethodik in der DDR anwendungsbezogene Erfahrungswissenschaft nicht nur im Sinne sozial-empirischer Forschung war. Vielmehr stand ihr dieses Attribut von Anfang an auch und – wenn man so will – sogar primär im Sinne historisch-empirischer Forschung zu. Unterrichtsfach- und disziplinhistorische Arbeiten bilden den Schwerpunkt der Forschungen v.a. in den fünfziger Jahren. Mit dem Diagramm hat man ein Panorama der geschichtsmethodischen Forschung in besagtem Zeitraum vor sich.[3]

---

[1] Auf die oft missverständliche Unterscheidung von qualitativer und quantitativer sozialempirischer Forschung wird hier verzichtet. Zur Problematik der Differenzierung siehe u.a. Erwin K. Scheuch: Skalierungsverfahren in der Sozialforschung. In: René König (Hrsg.): Handbuch der Empirischen Sozialforschung. Bd. 1. Stuttgart 1967, S. 349f.

[2] Vgl. Wolfgang Hasberg: Empirische Forschung in der Geschichtsdidaktik. Nutzen und Nachteil für den Geschichtsunterricht. Teil II. Neuried 2001, S. 30. Es ist hier nicht der Ort, darüber nachzudenken, wie der bundesdeutschen Geschichtsdidaktik das methodologische Forschungsparadigma ihrer DDR-Schwesterdisziplin über viele Jahrzehnte unbekannt bleiben konnte.

[3] Die Graphik gibt lediglich Aufschluss über monographisch dokumentierte Forschungsprojekte; unabgeschlossene oder solche, die einen anderen als monographischen Niederschlag fanden, sind nicht berücksichtigt. Diese Einschränkung trifft vor allem auf historisch-empirische Konzepte zu. Weiterhin sind der besseren Übersicht halber normativ-fachdidaktische Forschungen nicht aufgenommen. Sie fallen rein quantitativ auch nicht ins Gewicht. Ein sehr frühes Beispiel für ein unabgeschlossenes sozial-empirisches Forschungsprojekt ist Bernhard Stohrs Vorhaben aus dem Jahre 1956. Vgl. Rudolf Bonna: Die Erzählung in der Geschichtsmethodik von SBZ

**Abgeschlossene sozial- und historisch-empirische
Forschungsprojekte im Zeitraum 1946-1970
(Projekte insg. 53 – sozial-emp.: 38, histor.-emp.: 15)**

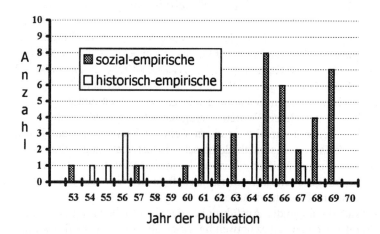

Jahr der Publikation

Auffällig sind die gegenläufigen Tendenzen der beiden empirischen Forschungstypen. Einer Dominanz der historisch-empirischen Arbeiten in den fünfziger Jahren steht ein relativer Ausgleich Anfang der sechziger und die eindeutige Dominanz sozial-empirischer Verfahren ab Mitte der sechziger Jahre gegenüber. Daraus könnte man die Hypothese eines methodologischen Paradigmenwechsels um 1960 entwickeln. Das soll aber an dieser Stelle nicht die Aufgabe sein. Es geht um die eine, die sozial-empirische Linie der geschichtsmethodischen Forschung in der DDR. Das Panorama soll in diesem Sinne noch durch einige Angaben ergänzt werden. Wer sich die 38 sozial-empirischen Untersuchungen zwischen 1953 und 1970 im einzelnen vornimmt,[4]

---

und DDR. Nebst einem Quellenband. (= Dortmunder Arbeiten zur Schulgeschichte und zur historischen Didaktik; 27). Bochum 1996, S. 348.

[4]   Was sehr viel weniger schwierig ist, als allgemein vermutet. In der Regel sind die Dissertationen über Fernleihe aus ihren Heimat-Universitätsbibliotheken zu beziehen. Wenn nicht, muss ein Besuch der Leipziger oder Frankfurter Nationalbibliothek in Kauf genommen werden. Für die bibliographischen Angaben sei verwiesen auf Marko Demantowsky: Das Geschichtsbewußtsein der SBZ und DDR. Historisch-didaktisches Denken und sein geistiges Bezugsfeld (unter besonderer Berücksichtigung der Sowjetpädagogik). Bibliographie und Bestandsverzeichnis 1946 – 1973. Berlin 2000, Titel 647, 706, 710, 715, 719, 728, 739, 820, 1060, 1120, 1131, 1189, 1201, 1232, 1242, 1341, 1509, 1548, 1587, 1592, 1697, 1777, 1809, 1945, 1983, 1992, 1997, 2066, 2073, 2083, 2086, 2088f., 2180, 2184, 2194, 2197f. sowie Wolfgang Dick:

stößt auf die verschiedensten Untersuchungsaspekte: Das Spektrum reicht von weltanschaulichen Einstellungsfragen über Medienforschung bis zur Methodenevaluation. Wer sich darüber hinaus für Untersuchungspopulationen interessiert, wird in den 38 Studien eine Grundgesamtheit von rund 24.000 erfassten Schülern und Lehrern feststellen. Die Spannweite liegt dabei zwischen n = 60 und n = 3000. Das angewendete Methodeninstrumentarium besteht aus fragebogengestützten Meinungserhebungen, Werkanalysen, Leistungsmessungen, konventionellen Beobachtungen und Beobachtungen mittels Tonbandprotokollen.[5] Die besseren Arbeiten enthalten Vor- und Nachuntersuchungen, arbeiten mit Kontrollgruppen, vernetzen die Ergebnisse der verschiedenen Instrumentarien und kommen durch statistische Reflexion über eine rein deskriptive Veranschaulichung der erhobenen Daten hinaus. Die angewendete Grundmethode besteht im sogenannten „pädagogischen Experiment", das für die viel betriebene Medienforschung und Methodenevaluation geradezu prädestiniert ist. Wer sich für die Herkunftsinstitutionen der einzelnen Projekte interessiert, wird eine Konzentration der Sozial-Empirie an der Karl-Marx-Universität Leipzig, der Friedrich-Schiller-Universität Jena, der Pädagogischen Hochschule Potsdam, der Universität Rostock und der Ernst-Moritz-Arndt-Universität Greifswald sowie dem DPZI in Berlin feststellen.

Sozial-empirische Forschungen nach ihren wissenschaftlichen Betreuern

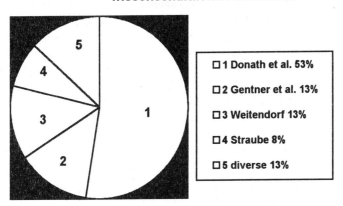

1 Donath et al. 53%

2 Gentner et al. 13%

3 Weitendorf 13%

4 Straube 8%

5 diverse 13%

Die Bedeutung und die Gestaltungsmerkmale von Umrißkarten für den Geschichtsunterricht der sozialistischen Schule. Diss., KMU 1966.

[5] Für eine erste Übersicht des zeitgenössischen Instrumentarientableaus vgl. Hans-Dieter Schmidt (unter Mitarbeit von Hans-Jürgen Lander): Empirische Forschungsmethoden der Pädagogik. Berlin 1961.

Weiter nach den wissenschaftlichen Betreuern, den spiritus rectores, gefragt, sieht sich die Herkunftsanalyse auf wenige Namen eingeschränkt: Donath und seine Leipziger Schüler Hans Wermes und Alfried Krause[6] waren für mindestens zwanzig Projekte verantwortlich (d.h. für mind. 53% aller im Zeitraum bis 1970 zu Ende geführten), Bruno Gentner und sein Potsdamer Schüler Dieter Behrendt[7] für mindestens fünf (bzw. 13%), Friedrich Weitendorf vom DPZI für ebenfalls mindestens fünf, Edith Straube aus Jena für drei (8%).[8]

Man hat also – wie zu zeigen war – bei genauerem Hinsehen ein durchaus beeindruckendes Feld sozial-empirischer Forschung vor sich, das, wenn man den Blick auf das geschichtsmethodische und –didaktische Forschen anderer Staaten im gleichen Zeitraum richtet, durchaus seines Gleichen sucht.

Die erste einschlägige und für 1953 ausgewiesene Monographie ist wegen der in ihr dokumentierten sehr unausgereiften Methode, nämlich kumulativer subjektiver Unterrichtsbeobachtung, als sozial-empirisch nur unter Einschränkung zu benennen.[9] Im gleichen Jahr allerdings wurde ein methodisch elaboriertes Projekt an der Leipziger Universität unter Leitung von Friedrich Donath in Angriff genommen, das aus vielerlei Gründen und auch nicht unmittelbar, sondern mittelfristig einen grundlegenden methodologischen Wechsel einleitete.[10] Wermes, seit den sechziger Jahren einer der führenden Köpfe in der Geschichtsmethodik der DDR und damals Assistent bei Donath, fasst 1957 sein Konspekt der Donathschen Monographie folgendermaßen zusammen: „So weit ich überblicken kann, stellt die Arbeit zumindest in der DDR ein Novum dar. Sie geht von der unverfälschten Praxis aus und spiegelt diese unbestechlich wider."[11] Die Einschätzung des ansonsten Donath gegenüber recht kritischen Wermes[12] indiziert im übrigen eine keineswegs durchgängige Affirmation des seinerzeit real existierenden Geschichtsunterrichts. Auch die heutige Lektüre entdeckt in den Arbeiten ein zum Teil auch schonungsloses Bild der geschichtsunterrichtlichen Wirklichkeit. Man wird also vor einer diesbezüglichen gründlichen Meta-Auswertung der empirischen Forschungen nicht mehr ohne weiteres

---

[6]   Donath war seit 1961 Lehrstuhlinhaber an der Universität Rostock, später an der DHfK Leipzig; Krause war seit 1957 Abteilungsleiter an der Ernst-Moritz-Arndt-Universität Greifswald und Wermes wurde Donaths Nachfolger an der Karl-Marx-Universität Leipzig.

[7]   Behrendt war seit 1965 Abteilungsleiter am Pädagogischen Institut Dresden, der späteren Pädagogischen Hochschule „Karl Friedrich Wilhelm Wander".

[8]   Wie gesagt, es geht hier um den Zeitraum bis 1970.

[9]   Vgl. Friedrich Weitendorf: Über das richtige Verhältnis von Bildung und patriotischer Erziehung im Geschichtsunterricht der Grundschule – Ein Beitrag zur Verwirklichung des Bildungs- und Erziehungsziels der deutschen demokratischen Schule. Diss., EMAU 1953.

[10]   Vgl. Friedrich Donath: Untersuchungen zur Erlangung maximaler Bildungsergebnisse im Geschichtsunterricht der 7. Klassen. Habil., KMU 1957.

[11]   Vgl. Hans Wermes: Zu: Dr. Donath, Untersuchungen (...) (Konspekt, 21.-23.2.1957), S. 4. Im Bestand des Verfassers.

[12]   Ebd., S. 1-4.

behaupten können, die Unterrichtswirklichkeit in der DDR bleibe dem Nach-betrachter *per se* verschlossen.

Woher rührt die mit Donaths Projekt 1953 einsetzende erstaunlich intensive und methodisch ausgebaute geschichtmethodische Unterrichtsforschung? Darin stecken eigentlich zwei Fragen. Erstens: *Haben* Donath und seine Nachfolger ihre Forschungsmethode selbst entwickelt oder – wenn nicht – von wem wurde sie übernommen?[13] Und zweitens: Wie kam die Geschichtsmethodik eigentlich dazu, sich dem historischen Lehren und Lernen in der Schule, durchaus inno-vativ, auf sozial-empirische Weise zu widmen, und warum entwickelte dieser Ansatz eine gleichsam paradigmatische Bedeutung? Dieser zweiten, sehr um-fassenden Frage wird an dieser Stelle nicht nachzugehen sein. Es bleibt die erste, im engeren Sinne rezeptionsgeschichtliche Frage.

Folgende These soll plausibel gemacht werden: Die Rezeption sowjetischer Ansätze war *nicht* die treibende Kraft der geschichtsmethodischen Forschungs-entwicklung in der DDR. Es gab aber in der Sowjetpädagogik eine explizite Affinität zur professionellen Unterrichtsforschung – und diese wurde zu einer Bedingung der Möglichkeit breiter DDR-geschichtsmethodischer Sozial-Empi-rie.

Dass sowjetische Ansätze nicht die treibende Kraft waren, lässt sich leicht zeigen; man muss die Monographien lesen, die Fußnoten und Literaturlisten studieren, die Referenzen verfolgen. Bei der Bedeutung, die Donaths Ansatz sowohl in seiner zeitlichen Stellung als auch in seiner unmittelbaren Nachwir-kung zuzukommen scheint, bietet er sich vor allen anderen zur Analyse an. Wer Donaths Pilotstudie liest, stößt zunächst auf den Namen Pawel Wassiljewitsch Kopnins, mithin auf sowjetische Literatur.[14] Von diesem Autor bezieht Donath allerdings nur die Erkenntnis, dass in der Wissenschaft das Experiment einer einfachen Beobachtung vorzuziehen sei.[15] Die Rezeptionskraft dieses Verwei-ses ist auch deshalb als gering einzuschätzen, weil Kopnins Artikel erst 1956 veröffentlicht worden ist. Zu diesem Zeitpunkt waren Donath und seine Assi-stenten bereits in der Phase der Auswertung ihrer experimentell erhobenen Daten. Es handelt sich also offenbar um Einleitungsstukkatur. „Wenn man sich auf sowjetische Literatur stützen konnte, dann war man ein bisschen abgesi-

---

[13] Wolfgang Hasberg erklärt die Sachlage in Anlehnung an Wendelin Szalai: Es ginge das „Selbstverständnis auf Entscheidungen (...) (zurück), die in der unmittelbaren Nachkriegszeit gefällt worden waren. Es waren dies die konsequente Anlehnung an die sowjetische Ge-schichtsmethodik einerseits, die an die sozialistische Pädagogik andererseits. Bei genauerer Be-trachtung erweist sich der Import der sowjetischen Geschichtsmethodik als federführend, mit dem notwendig die pädagogische Ausrichtung verbunden war." Vgl. Hasberg (Anm. 2), S. 29.

[14] Vgl. P.W. Kopnin: Das Experiment und seine Rolle in der Erkenntnis. In: Sowjetwissenschaft. Gesellschaftswissenschaftliche Beiträge (1956)1, S. 72.

[15] Vgl. Friedrich Donath: Untersuchungen zur Erlangung maximaler Bildungsergebnisse im Geschichtsunterricht der 7. Klassen. Habil. (2. Fassung), KMU 1960, S. 8.

chert. Nicht immer, aber ein bißchen schon." – so kommentiert Bruno Gentner dieses Verfahren auf seine lakonische Art in einem Interview.[16] Liest man weiter, stößt man immer wieder auf den Namen einer Autorin, deren Arbeit für Donath konkrete Handlungsvorlage gewesen ist: Else Müller-Petersen.[17] Das Buch, auf das sich Donath bezieht, trägt den Titel „Kleine Anleitung zur pädagogischen Tatsachenforschung und ihrer Verwendung" und ist 1951 – nota bene – in Marburg an der Lahn erschienen. Donaths Instrumentarium war also keine Eigenschöpfung, sondern ein Import – allerdings nicht aus der fernen Sowjetunion, sondern aus dem nahen Hessen, wenn man vom Erscheinungsort des Titels ausgeht.

Hier tut sich ein Feld auf, das an dieser Stelle gründlich zu bearbeiten nicht möglich ist. Es soll in der gebotenen Kürze eine auch vielen späteren Geschichtsmethodikern in der DDR verborgene methodologische Tradition zumindest skizziert werden.[18] Jeder sozial-empirisch forschende Geschichtsmethodiker lebte in selbstverständlicher Weise von ihr, kaum einer, vielleicht gar keiner, wusste mehr um sie. Dieser Befund ergibt sich nicht nur aus einer weiterführenden Analyse der Literaturverweise in den einschlägigen Monographien, sondern v.a. auch aus einem Dutzend in den letzten beiden Jahren geführten Intensivinterviews.

Else Müller-Petersen war die Gattin und engste Mitarbeiterin des weithin bekannten Pädagogen Peter Petersen. Dieser wird oftmals mit dem sogenannten Jena-Plan und der Reformpädagogik identifiziert, was seine wissenschaftliche Leistung verkürzt. Sein Lebenswerk bestand nämlich nicht zuletzt in einem gewichtigen Beitrag zur wissenschaftlichen Emanzipation der Pädagogik von der Philosophie und der Psychologie. Die Konstituierung der Pädagogik als Erziehungswissenschaft ist eng mit seinem Namen verbunden.[19] Petersen, seit 1923 Ordinarius für Erziehungswissenschaft an der Universität Jena,[20] war 1945 Gründungsdekan der ersten Pädagogischen Fakultät in der damaligen SBZ in Jena,[21] 1945/46 gleichzeitig Ordinarius an der Universität Halle-Witten-

---

[16]   Vgl. Marko Demantowsky: Interviews mit vierzehn DDR-Geschichtsmethodikern. Dortmund 2001 (Ms.), S. 228, Z. 15-17.

[17]   Vgl. Donath (Anm. 15), S. 9-12. Man stößt des weiteren auf die Namen Friedrich Winnefeld, Karl Schrader und Walter Radzioch. Diese Autoren der Jenenser Universität stehen in unmittelbarem geistigen Kontext mit Else Müller-Petersen.

[18]   Ein ähnliches Phänomen unausgesprochenen Weiterlebens trotz politisch-offizieller Verfemung hat Bonna (1996) im Umgang mit der älteren geschichtsmethodischen Erzähltradition (Scheiblhuber) in der DDR erkannt. Im Falle der Geschichtserzählung allerdings scheint diese Inkonsequenz nicht aus dem Bewusstsein der Akteure geschwunden zu sein. Vgl. Bonna (Anm.3), S. 333, 335, 353.

[19]   Vgl. u.a. Winfried Böhm: Wörterbuch der Pädagogik. 14. Aufl. Stuttgart 1994, S. 535.

[20]   Vgl. Theodor Rutt: Peter Petersen. Leben und Werk. In: Peter und Else Petersen: Die Pädagogische Tatsachenforschung. Paderborn 1965, S. 579.

[21]   Vgl. Universitätsarchiv Jena O 26, unpag.

berg, Direktor der Franckeschen Stiftungen und Mitbegründer der Pädagogischen Fakultät in Halle.[22] Schon aus diesen dürren Angaben wird seine überragende Stellung im erziehungswissenschaftlichen Diskurs der SBZ deutlich. Im Gefolge der offenen Sowjetisierung des Bildungswesens in der SBZ und DDR ab 1948/49,[23] wird Petersens Stellung, der aus seiner christlich geprägten Sozialismus-Auffassung nie einen Hehl gemacht hat, systematisch untergraben.[24] Dieser Vorgang findet seinen Höhepunkt in der Schließung der berühmten Jenaer Universitätsschule zum 1. August 1950. Petersen zieht sich darauf in die Bundesrepublik und die Schweiz zurück, kehrt ein Jahr später zurück und stirbt schließlich im März 1952.[25] Seit Mitte 1950 war Petersen im bolschewistischen Herrschaftsbereich öffentlich nicht mehr zitierfähig.[26] Das bedeutete einen tiefen Einschnitt in die erziehungswissenschaftliche Diskurs*kultur* der nun bestehenden DDR, denn zu seinem empirisch-analytischen Programm zeigte sich keine erkenntnistreibende Alternative – weil nämlich diejenigen seiner Schüler und Schülerinnen, deren Wendigkeit durch den politisch-ideologischen Umschwung nicht überfordert worden war, nach wie vor wissenschaftliche Schlüsselpositionen einnahmen und ansonsten an den Lehrerbildungseinrichtungen die entweder praxeologische oder didaktisch-normative Seminarleiteratmosphäre der Weimarer Republik herrschte.[27] Das methodologische Konzept

---

22 Vgl. Rutt (Anm. 20), S. 580.

23 Vgl. zum sachgeschichtlichen Verlauf der offenen Sowjetisierung: Marko Demantowsky: Geschichtspropaganda und Aktivistenbewegung in der SBZ und frühen DDR. Eine Fallstudie. (= Zeitgeschichte – Zeitverständnis; 9). Münster 2000, S. 86-110; den zeitgenössischen Konstruktcharakter von 'Sowjetpädagogik' und die damit verbundene Ambivalenz des Vorgangs der „Sowjetisierung" vermochte Lost (2000) aufzuzeigen. Der Verfasser vermag sich der Lostschen Lesart, die bis zur theoriegeleiteten Verwerfung des Begriffs des Sowjetisierung als „Interpretament" reicht, jedoch nicht anzuschließen. Vgl. Christine Lost: Sowjetpädagogik. Wandlungen, Wirkungen, Wertungen in der Bildungsgeschichte der DDR. Baltmannsweiler 2000, S. 22f. u.a.O.

24 Zu den konkreten Vorgängen in dieser Periode an der Jenenser Universität vgl. den aufschlussreichen Rechenschaftsbericht aus dem Jahre 1959 von Karl Schrader, dem Nachfolger Petersens als Dekan der Pädagogischen Fakultät, v.a. S. 5 und 13f. In: Universitätsarchiv Jena M 786, unpag.

25 Vgl. Rutt (Anm. 20), S. 581.

26 Es verzichtet z.B. sogar Friedrich Winnefeld, schon seit etwa 1930 Mitarbeiter an Petersens Institut und sein Schüler (Vgl. Universitätsarchiv Jena O 11, unpag.), in seiner im Wintersemester 1951/52 publizierten Kurzgeschichte der pädagogischen Tatsachenforschung auf eine explizite Nennung seines Lehrers. Vgl. Friedrich Winnefeld: Von der pädagogischen Psychologie zur pädagogischen Tatsachenforschung. In: Wissenschaftliche Zeitschrift der Friedrich-Schiller-Universität Jena 1(1951/52)2, S. 85-89. Auch die spätere methodologische Standardreferenz der geschichtsmethodischen Unterrichtsforschung nennt sowohl die Lehrer (Wilhelm Wundt, Ernst Meumann) als auch einige Schüler Petersens (Friedrich Winnefeld, Karl Schrader, Walter Radzioch, Hans Hiebsch), ihn selbst anzuführen, wird aber tunlichst vermieden. Vgl. Schmidt (Anm. 5), S. 108-110.

27 Hier muss für eine ausführlichere Darstellung auf das laufende Dissertationsprojekt des Verfassers verwiesen werden.

Petersens sollte, nicht nur wegen der ihm eigenen Überzeugungskraft, sondern auch wegen der hier leider nicht darzustellenden Affinität zu Überlegungen in der Sowjetpädagogik, unter anderer weltanschaulicher Einbettung und politischer Zweckbestimmung sowie einer gewissen inhaltlichen Akzentverschiebung weiterleben. In einer der entscheidenden Phasen der Entwicklung der Erziehungswissenschaft in der DDR, und zwar von 1953 bis 1957, wird Petersens „Pädagogische Tatsachenforschung" politisch korrekt umcodiert, ja, man möchte fast sagen: sozialistisch „aufgehoben".[28] Das Konzept lässt sich wie folgt charakterisieren:

> Zunächst ganz abstrakt ist die „Pädagogische Tatsachenforschung (...) (eine) Methode, die vorgegebene erzieherische Wirklichkeit auf ihre Tatsachen und Strukturen hin zu erfassen und von dieser Grundlage aus Modellvorstellungen für die Unterrichts- und Erziehungspraxis zu entwerfen."[29] Die logische Grundlage für die notwendige Verallgemeinerung bilden dabei induktive Schlüsse, mit deren theoretischer Legitimation sich Petersen ausführlich beschäftigt hat.[30] Die Pädagogische Tatsachenforschung lebt aus einer breiten und institutionell abgesicherten Arbeits- und Diskursgemeinschaft von akademisch eigenständiger Erziehungswissenschaft und Erziehungspraktikern.[31] Gleichzeitig erhebt das Konzept in Bezug auf die Praxis einen starken normativen oder –

---

[28]   Vgl. Werner Kath/Hubert Manthey: Zur Frage der „Pädagogischen Tatsachenforschung" an der Universität Jena. Eine kritische Stellungnahme. In: Pädagogik 8(1953), S. 145-155; Karl Schrader/Walter Radzioch: Grundlegung zu einer Unterrichtsforschung. Entwicklung eines exakten Aufnahmeverfahrens und von Arbeitsgängen der Analyse. In: Wissenschaftliche Zeitschrift der Friedrich-Schiller-Universität Jena 3(1953/54), S. 253-274; Werner Dorst: Besonderheiten des pädagogischen Experiments. In: Pädagogik (1954), S. 629-641; Friedrich Winnefeld: Zur Methodologie der pädagogischen Tatsachenforschung. In: Wissenschaftliche Zeitschrift der Martin-Luther-Universität Halle/Wittenberg 4(1954/55), S. 475-484; Karl Schrader/Walter Radzioch: Die Unterrichtsaufnahme und das Unterrichtsprotokoll als Teile des Verfahrens der Unterrichtsforschung. In: Pädagogik 10(1955), 188-213; Walter Radzioch: Besonderheiten des pädagogischen Experiments. Bemerkungen zu einer Arbeit von Werner Dorst. In: Pädagogik 10(1955), S. 292-300; Helmut Breuer: Zum Problem der Unterrichtsforschung. In: Pädagogik 10(1955), S. 463-467; Walter Wolf: Zu einigen Fragen pädagogischer Forschungsmethoden. In: Pädagogik 10(1955), S. 762-775; Hans Hiebsch: Einige Bemerkungen zur Diskussion um die Methoden der pädagogischen Forschung. In: Pädagogik 11(1956), S. 103-107; Günther Schmidt: Tagung über Probleme der Unterichtsforschung in Jena. In: Pädagogik 12(1957), S. 196-200; Alfred Dietz: Betrachtungen zur Anwendung moderner statistischer Verfahren in der pädagogischen Tatsachenforschung. In: Wissenschaftliche Zeitschrift der Friedrich-Schiller-Universität Jena 7(1957/58), S. 337-343. Vgl. zu diesem Diskurs auch die Analyse von Dietrich Benner/ Horst Sladek: Vergessene Theoriekontroversen in der Pädagogik der SBZ und DDR 1946 - 1961. (= Bibliothek für Bildungsforschung; 11). Weinheim 1998, S. 127-182.

[29]   Vgl. Böhm (Anm. 19), S. 524.

[30]   Vgl. Peter Petersen: Von der Logik und der Psychologie der Induktion. In: Peter und Else Petersen: Die Pädagogische Tatsachenforschung. Paderborn 1965, S. 114-126.

[31]   Vgl. Peter Petersen: Von der Lehrprobe zur Pädagogischen Tatsachenforschung. In: Peter und Else Petersen: Die Pädagogische Tatsachenforschung. Paderborn 1965, S. 7-126, hier S. 8.

um es etwas neutraler zu formulieren – einen starken Gestaltungsanspruch, der die Totale des Erziehungsprozesses in all seinen Aspekten umfasst.[32] Das hat im Sinne Petersens den guten Grund, die Erziehungsakteure gegenüber gesellschaftlichen Mächten autonom über die Gestaltung ihrer Praxis bestimmen zu lassen. Der Ansatz konnte aber in einem politischen System, das seinen dogmatischen ideologischen Anspruch lückenlos durchzusetzen suchte, durchaus diametral gegen den Geist seines Schöpfers gewendet werden. Das von Petersen in Anschlag gebrachte Forschungsinstrumentarium wies selbstverständlich zunächst die konventionelle Form der schriftlich protokollierten direkten Beobachtung auf.[33] Die langfristig angelegten Projekte zeichneten sich durch eine beständige und systematische schriftliche Selbstreflexion des Forschers aus,[34] es wurde also gleichsam ein Logbuch geführt. Petersen und seine Mitarbeiter studierten die Unterrichtsvorbereitungen der Lehrenden und auch deren Nachbereitungen,[35] zu denen sie an der Jenaer Universitätsschule angehalten worden sind. An dieser Universitätsschule – die in anderen Zusammenhängen schon im 19. Jahrhundert entstanden war[36] – sollte unter pädagogischen Laborbedingungen der natürliche Prozess des kindlichen Lernens und Sich-Bildens wissenschaftlich erfassbar gemacht werden.[37] Analysiert wurden darüber hinaus Schülerleistungen als vorläufige Indikatoren des stattgehabten subjekt-internen Wandlungsprozesses,[38] Meinungen der Lernenden und ihres Umfeldes sowie regelmäßige pädagogische Gruppendiskussionen des Lehrkollegiums. Im Zentrum stand der natürliche Prozess des kindlichen Lernens und Sich-Bildens – dieser sollte wissenschaftlich erfassbar gemacht werden. Vier Forschungsfelder werden im Rückblick reklamiert: Verhaltensforschung, Handlungsforschung, Leistungsforschung und als eindeutig wichtigstes Feld: Forschungen zur sog. Pädagogie;[39] letztere „sucht bis in die letzten Feinheiten die Aktivitätsform und die Aufgaben aufzufinden, zu beschreiben und zu bewerten, die den Lehrer, insbesondere den wahren Lehrer-Erzieher, den rechten Jugendführer charakte-

---

[32] „Was sich im Pädagogischen zu wandeln habe, einerlei in welchem Bezirk, ob im Stoff oder in der Methode, in der Zucht oder in der inneren wie äußeren Organisation, *alles* erhält seine Weisungen aus einem, der der pädagogischen Wirklichkeit übergeordnet ist. Das konnte nur eine allgemeine Wissenschaft von der Erziehung selbst sein." Ebd., S. 96.

[33] Ebd., S. 102.

[34] Ebd., S. 104f.

[35] Die verschiedenen Instrumentarien werden bündig skizziert ebd., S. 105f.

[36] Vgl. Else Müller-Petersen: Die Methoden der Pädagogischen Tatsachenforschung. In: Peter und Else Petersen: Die Pädagogische Tatsachenforschung. Paderborn 1965, S. 252.

[37] Dieser empirisch-analytische Ansatz und diese Lernorientierung stehen von Anfang an im Mittelpunkt der Pädagogischen Tatsachenforschung. Vgl. dazu im – wenn man so will – Gründungsmanifest: Ernst Meumann: Abriß der experimentellen Pädagogik. Berlin/Leipzig 1914, S. 5.

[38] Zum Leistungsbegriff der Petersenschen Schule vgl. Petersen (Anm. 31), S. 107f.

[39] Ebd., S. 108-113.

risieren."[40] Die Anknüpfungsmöglichkeiten für bolschewistische Erziehungs-
vorstellungen liegen auf der Hand. Petersen selbst hat die Instru-
mentalisierungsgefahr am Ende seiner Schaffenszeit wohl erkannt, ohne allerdings dem Übel entgegen steuern zu können.[41] Methoden verhalten sich zu dem
Zweck, dem sie dienen, weitgehend neutral.[42]

Es kann an dieser Stelle nicht im einzelnen geschildert werden, inwieweit
die in den fünfziger Jahren nach und nach einsetzende Rezeption der sowjetischen Pädagogik und Psychologie in der Geschichtsmethodik der DDR zu einer
leichten Modifikation des Petersenschen Forschungsansatzes auch auf untersu-
chungsmethodischer Ebene geführt hat bzw. überhaupt führen konnte.

Es waren in der Mitte des 20. Jahrhunderts verschiedenste, auch heute über-
raschende Mixturen wissenschaftlicher Kultur möglich. Gemeinsam war allen
diesen Ansätzen ihre szientistische Weltsicht, die sich am wissenschafts-
theoretischen Modell des Positivismus orientierte. Das lag im Geist der Zeit.
Petersen war als Schüler von Wilhelm Wundt von der notwendigen wissenschaftlichen Emanzipation seines pädagogischen Faches nach dem Muster der
Naturwissenschaften überzeugt. Ebenso wie es unter der Herrschaft der „einzig
wahren und wissenschaftlichen Weltanschauung" für die Geschichtsmethodik
zu einem Postulat wurde, sich im positivistischen Sinne und in durchaus pathe-
tischem Duktus zu verwissenschaftlichen.

Zusammenfassend lässt sich feststellen, dass der Aufnahme sozial-empirischer Forschung durch die Geschichtsmethodik in der DDR tatsächlich ein
methodologischer Import zugrunde lag. Dieser war aber nicht interkultureller
und nur bedingt internationaler, sondern wesentlich interdisziplinärer Natur.

---

[40] Ebd., S. 109f.
[41] Ebd., S. 7.
[42] Ironischerweise hat die DDR-Geschichtsmethodik diese Tatsache – wenn auch in anderem
       Kontext – gerade nicht anerkennen wollen. Womit man ein schönes Beispiel für einen perfor-
       mativen Widerspruch zur Hand hat. Vgl. die Diskussion um die Dissertation von Hans Baer am
       Ende der 50er Jahre.

Manfred Seidenfuß

Was denken erfolgreiche Geschichtslehrer bei der Unterrichtsplanung? Expertiseansatz und empirische Forschung in der Didaktik der Geschichte

Empirische Unterrichtsforschung innerhalb der Didaktik der Geschichte ist auch nach dem Erscheinen der in Umfang und Qualität gewichtigen Habilitationsschrift von W. Hasberg untrennbar mit Bodo von Borries verbunden.[1] Mit den bekannten quantitativen Methoden der empirischen Sozialforschung, die bisweilen sogar das Kriterium der Repräsentativität erfüllen (!), förderte er wichtige Informationen zum Geschichtsunterricht aus Lehrersicht zu Tage.[2] Die Anwendung von geschichtsdidaktischen Wissensbeständen in unterrichtlichen Anwendungssituationen kam jedoch nur am Rande vor. Ein anderer methodischer Ansatz, von Lehrplänen, Schulbüchern, Unterrichtsmaterialien auf Geschichtsunterricht zu schließen, mag aus analytischer Sicht bestechend sein.[3] Ob die Lehrkräfte sich allerdings daran halten und wie sie diese Vorgaben interpretieren, steht auf einem anderen Blatt.

Das Wespennest dieses Forschungsinteresses hängt weniger an den großen und bahnbrechenden Studien der 1990er Jahre, sondern an der Auswertung von nahezu 100 Wortprotokollen von Unterrichtsmitschnitten und Sekundäranalysen publizierter Unterrichtsstunden. Hier kam von Borries sehr ernüchternd zu dem Schluß, daß die „aufklärerische und identitätserweiternde Potenz von Geschichtsunterricht (...) als recht bescheiden anzusehen" sei. Die „normativen und theoretischen Aussagen geschichtsdidaktischer Standardliteratur heben – notwendigerweise – in 'didaktische Stratosphäre' ab und dürfen nicht mit der alltäglichen Unterrichtswirklichkeit verwechselt werden."[4] Seine dort

---

[1] Wolfgang Hasberg: Empirische Forschung in der Geschichtsdidaktik. Nutzen und Nachteil für den Geschichtsunterricht. 2 Bde. Neuried 2001.

[2] V. a.: Bodo von Borries: Das Geschichtsbewußtsein Jugendlicher. Weinheim/München 1995, bes. S. 277-344.

[3] Dieses analytisch-hermeutische Verfahren findet sich u. a. bei Horst Kuss: Geschichtsdidaktik und Geschichtsunterricht in der Bundesrepublik Deutschland (1945/49-1990). Eine Bilanz, Teil I. In: GWU 45 (1994), S. 735-758, Teil II: GWU 46 (1995), S. 3-15; Ulrich Meyer: Neue Wege im Geschichtsunterricht. Studien zur Entwicklung der Geschichtsdidaktik und des Geschichtsunterrichts in den westlichen Besatzungszonen und der Bundesrepublik Deutschland 1945-1953. Köln u.a. 1986.

[4] Bodo von Borries: Geschichtslernen und Geschichtsbewußtsein. Empirische Erkundungen zu Erwerb und Gebrauch von Historie. Stuttgart 1988, bes. S. 176-197. Zitate S. 176 und 185.

aufgestellten Hypothesen und weitere Fragen werden in dieser Untersuchung weiter verfolgt werden müssen, u. a.:

- fachdidaktische Überlegungen spielen im Unterrichtsalltag nur eine untergeordnete Rolle,
- bei der Stundenvorbereitung leisten fachdidaktische Schriften nur einen rudimentären Beitrag,
- die Bedingungen des Lernortes Schule werden von der Fachdidaktik zu wenig berücksichtigt,
- „Geschichte" wird in den wenigsten Fällen im Geschichtsunterricht unterrichtet.

Ist es so, daß

- der Unterricht überwiegend von den Bedingungen des Lernortes Schule mit seinen spezifischen Zwängen heraus konzipiert wird,
- die Lehrkräfte sich sukzessiv und linear von einem fachdidaktisch-orientierten Geschichtsunterricht verabschieden,
- die Lehrkräfte fachdidaktischen Theorien trotz der Dignität der Praxis zustimmen, diese aber aufgrund der Belastungen oder Rahmenbedingungen des Unterrichtsalltags nicht umsetzen können,
- die Lehrkräfte in bestimmten Situationen auf fachdidaktische Theorien und Wissensbestände zurückgreifen,
- sie ihre fachdidaktische Kenntnisse und Theorien auf der Folie ihres Erfahrungswissens zu Subjektiven Theorien verändern,
- sie fachdidaktischem Spezialwissen eine praktische Relevanz geben oder nicht?

I. Das Forschungsinteresse

Das Forschungsinteresse zielt prinzipiell auf die Relevanz, die Inhalte und die Modellierungen geschichtsdidaktischer Wissensbestände in der Praxis und in Anwendungssituationen. Sehr eindrücklich ließe sich das Zusammenspiel von Wissensbeständen bei ausgesuchten Lehrkräften in bestimmten Abschnitten der Professionalisierung durch Längsschnittstudien und in Anlehnung an die Lehrerbiographieforschung *in wissenssoziologischer Ausrichtung* nachzeichnen.[5] Die Risikovariable 'langer Zeitraum' mit ihren Parametern 'langfristige

---

[5] Wissenssoziologische Fragestellungen und eine distributionsorientierte Methodik finden sich bei Hans-Jürgen Pandel: Historik und Didaktik. Das Problem der Distribution historiographisch erzeugten Wissens in der deutschen Geschichtswissenschaft von der Spätaufklärung bis zum Frühhistorismus (1765-1830). Stuttgart-Bad Cannstadt 1990.
Zur Lehrerbiographieforschung seien u. a. die Arbeiten von Terhart und Huberman genannt: Ewald Terhart: Lehrerbiographieforschung. In: Eckard König/Peter Zedler (Hrsg.): Bilanz qualitativer Forschung. Bd. 1. Weinheim 1995, S. 225-264. Ders.: Unterrichten als Beruf. Neuere

Bereitschaft', 'erfolgreiche Professionalisierung' der Lehrkräfte und 'Übernahme in den Schuldienst' sind allerdings nicht zu unterschätzen.

In Anbetracht der derzeit relativ günstigen Einstellungssituation in den Schuldienst der Hauptschule wäre der Zeitpunkt für eine Fragestellung günstig, die bestimmte Konstellationen von Theorie und Praxis der Institution Schule mit ihren Ausbildungsvehikeln und ihren systemimmanenten Professionalisierungstendenzen bearbeiten könnte. Theorie und Praxis bilden bekanntlich ein dynamisches Verhältnis, das in verschiedenen sozialen Kontexten spezifische Leistungen und Erwartungen zu erfüllen hat und bestimmter Modellierungen von Wissensbeständen bedarf. Lange Untersuchungszeit und Risikovariablen sind jedoch bei Qualifikationsarbeiten zu minimieren.

Wenngleich das Interesse an Wissenstransfer und Wissensmodellierungen weiterhin besteht, soll stärker der Anwendungsbereich fachdidaktischen Wissens auf eine *wissenspsychologische Perspektive* konzentriert werden. Dabei sind folgende Prämissen richtungsweisend:
1. Die Unterrichtsplanung ist der Ort, an dem die zentralen Entscheidungen für Unterricht gefällt und die Wissenssyteme unterschiedlicher Provenienz in eine gewisse Kohärenz überführt werden. Im Unterschied zu den adhoc-Befragungen von Leinhardt/Greeno[6] vor dem Klassenzimmer gestatten die Methode des 'Lauten Denkens' bei der konkreten Unterrichtsplanung für Einzelstunden und der Ansatz der dialogischen Hermeneutik, dieses Zusammenspiel zu erheben. Reliabilität und Validität, nicht aber das Kriterium der Repräsentativität können erfüllt werden.
2. Unterrichtsplanung läßt sich nach Yinger und Bromme nach dem klassischen Stadienmodell der Psychologie zum Problemlösen begreifen.[7]
3. Zweifelsohne läßt sich Unterrichtsplanung aus entscheidungstheoretischer Perspektive und nach der älteren Problemlöseforschung als Abfolge von einzelnen Ziel-Mittel-Analysen darstellen. Bei einer Aufzeichnung einer Referendarin (10. Juli 2001) konnten über einen Zeitraum von 35 Minuten 117 explizite Entscheidungen beobachtet werden! Einzelne Entscheidungsprozesse und Entscheidungen sind automatisiert, zu Sequenzen

amerikanische und englische Arbeiten zur Berufskultur und Berufsbiographie von Lehrern und Lehrerinnen. Frankfurt a.M./Köln 1991. Michael Huberman: The Professional Life Cycle of Teachers. In: Teachers College Record 91 (1989), S. 31-57 (übersetzt bei Terhart 1991).

[6]   Gaea Leinhardt/James Greeno: The cognitive skill of teaching. In: Journal of Educational Psychology 77 (1986), S. 247-271.

[7]   Robert J. Yinger: A study of teachers planning: Description and a model of preactive decision making. Paper presented at AREA Conference. Toronto 1978. Ders.: Routines in teacher planning. In: Theory into Practise 18 (1979), S. 163-169. Rainer Bromme: Das Denken von Lehrern bei der Unterrichtsvorbereitung. Eine empirische Untersuchung zu kognitiven Prozessen von Mathematiklehrern. Weinheim/Basel 1981, S. 27-31.

zusammengefaßt. Bromme spricht hier von modularisierten Wissensbeständen. Trotz dieser Module ist die Tätigkeit bei der Unterrichtsplanung in einem theoriegeleiteten und erfahrungsorientierten System angelegt, das nach Kohärenz dringt: Späte Entscheidungen, selbst nach einer Stunde, verändern frühere. Unterrichtsplanung wird dementsprechend mit der Methode des 'Lauten Denkens' erstens in der Analyse von solchen Modulen und Einzelentscheidungen sowie zweitens mit der Anwendung des Forschungsbereiches Subjektive Theorien (FST)[8] untersucht. Im Unterschied zu dem lange dominierenden behavioristischen Menschenbild werden beim FST nicht Reiz-Reaktion-Korrelationen konstruiert, sondern die Theorien der planenden und handelnden Menschen. Solche Theorien nennt man auch Alltagstheorien, naive Verhaltenstheorien oder Subjektive Theorien.[9]

Die Kopplung dieser Prämissen an den Expertenansatz ist von heuristischem, forschungsmethodologischem und erkenntnistheoretischem Nutzen:

(1)   Durch den kontrastiven Vergleich von erfolgreichen Lehrkräften in unterschiedlichen Professionalisierungsabschnitten können unterschiedliche, vielleicht typische Konstellationen von Wissensagglomerationen herausgearbeitet werden.

(2)   Grundsätzlich sollen Modelle für qualitative Erhebungen im Bereich modellierter Wissensbestände entwickelt werden.

(3)   Durch die Validierung der Ergebnisse mittels dialogischer Hermeneutik wird ein Verfahren gewählt, von dem Theorie und Praxis gleichermaßen profitieren und das die beiden auseinanderschreitenden Scheren zusammenführt.

(4)   Die Präferenz auf erfolgreiche Lehrkräfte – das ist ein triviales, aber entscheidendes Attribut – verspricht effiziente Wissensmodellierungen zu Tage zu fördern, die wiederum für die Aus- und Fortbildung genutzt werden und die auch von Interesse für die Didaktik des Geschichtsunterrichts sein können. Um eine Effektivierung des Unterrichts und auch eine Professionalisierung von Geschichtslehrern erklären zu können, überzeugen die Standpunkte nicht, welche von einer reinen Anhäufung von wissenschaftlichen Wissensbeständen oder von einer bereits von Gage vermuteten fruchtbaren Kombination von angewandter

---

8   Grundlegend immer noch: Norbert Groeben u.a.: Forschungsprogramm Subjektive Theorien. Eine Einführung in die Psychologie des reflexiven Subjekts. Tübingen 1988. Eine Weiterentwicklung findet sich bei Brigitte Scheele (Hrsg.): Struktur-Lege-Verfahren als Dialog-Konsens-Methodik. Ein Zwischenfazit zur Forschungsentwicklung bei der rekonstruktiven Erhebung Subjektiver Theorien. Münster 1992.

9   Eine knappe Zusammenfassung: Ludwig Haag: Die Qualität des Gruppenunterrichts im Lehrerwissen und Lehrerhandeln. Lengrich u.a. 1999, S. 75-82.

Wissenschaft und handwerklicher Kunstlehre ausgehen.[10] Stattdessen wird eine besonders effektive und reflektierte kognitive Durchdringung von unterrichtlichem Handeln vermutet. Selbstverständlich ist nicht nur der Zusammenhang von Wissen und Denken bei der Planung, sondern der von Wissen und Handeln im Klassenzimmer von Bedeutung, was in dieser Arbeit jedoch nicht in gleichem Gewicht zu untersuchen ist. Die Konzentration auf die Hauptschule ist auf den ersten Blick problematisch und vielversprechend. Während die fachdidaktischen Ausbildungsinhalte dieser Schulart nach Studien- und Ausbildungsordnungen von Universitäten, Hochschulen und Seminaren besonders ausgeprägt sind, weicht das Paradigma des Klassenlehrersystems diese fachdidaktische Konturierung zugunsten von allgemeindidaktischen und disziplinübergreifenden Reverenzen auf. Das Fach Geschichte wird in großer Zahl fachfremd und in einer interdisziplinären Ausrichtung unterrichtet; ein längst bekannter Punkt, dem sich die Didaktik des Geschichtsunterrichts bisher systematisch entzogen hat. Darüber hinaus bieten Folgeuntersuchungen zu Geschichtslehrerkognitionen Vergleichsmöglichkeiten mit anderen Schularten.

II. Zum Untersuchungsdesign

1. Telephonische Befragung von Geschichtslehrkräften nach dem Zufallsprinzip
2. Bildung von zwei Untersuchungsgruppen nach dem kontrastiven Vergleich:
- Gruppe der Novizen (erfolgreiche Referendare am Ende des Vorbereitungsdienstes): Kriterien: sehr gute Prüfungsergebnisse, Urteil von Ausbildern, Schulleitern und Mentoren; n=5
- Gruppe der Lehrerexperten, zudem differenziert nach fachfremd unterrichtenden Lehrkräften: Kriterien: mindestens 10-jährige Berufspraxis nach dem Vorbereitungsdienst, Urteil von Ausbildern, Kollegen, Schulleitern und Schulaufsicht, n=10
3. Aufzeichnung der Unterrichtsplanung für eine Einzelstunde nach der Methode des 'Lauten Denkens'
4. Erstellen von Subjektiven Theorien durch den Versuchsleiter
5. Validierung bzw. Revalidierung nach dem Ansatz der dialogischen Hermeneutik; Einsatz eines standardisierten Fragebogens
6. Befragung der Probanden nach einem zeitlichen Intervall von mindestens einem halben Jahr.

---

[10] Nathaniel L. Gage: Unterrichten – Kunst oder Wissenschaft. München 1979.

III. Methodische Überlegungen

Expertise ist eine bestimmte wissenspsychologische Forschungsrichtung mit einer entsprechenden Methodologie und Theorie. Expertise meint auch den Stand von bzw. die Entwicklung zu Expertise (also im Sinne von Expertentum). Expertise und Methoden von Expertise forschungsgeschichtlich und forschungsmethodologisch darzustellen, kann hier nicht geleistet werden.[11] Deshalb nur einige wesentliche Punkte. Zunächst ein grober Überblick. Gemeinsam ist Expertise eine qualitative Ausrichtung:

- Hermeneutik: Interview, Biografieforschung von herausragenden Persönlichkeiten und Experten (hier liegt auch der Ansatzpunkt von Oral History), hermeneutische Interpretation oder dialogische Hermeneutik von Aufzeichnungen des 'Lauten Denkens', von adhoc, posthoc, simultanen Ansätzen und stimulated recalls,
- experimentelle Versuchsordnungen und
- partiell: quantitative Erhebungen.

Die Drosophila von Expertise ist das Schachspiel. Die Arbeit von de Groot „Thought and Choice in Chess"[12] wirkte für zahlreiche Psychologen katalytisch. De Groot setzte mit seiner Methodologie, mit seinen experimentellen Anordnungen und mit seinen theoretischen Erklärungen bis heute reichende Standards, so daß Expertise inzwischen in weniger gut definierten und komplexen Domänen (Musiker, Lehrer, Mediziner, Physiker etc.) ein eigenes Forschungsfeld innerhalb der Psychologie und Pädagogischen Psychologie geworden ist. Wie wird bei Novizen und Experten Wissen bei Problemlöseprozessen eingesetzt, wie ist das Wissen organisiert, wie wird es verarbeitet und abgerufen?

Die Gedächtnisleistungen bei experimentellen Versuchsanordnungen (Erinnern bestimmter Schachpositionen, bestimmter Schaltpläne bei Physikern, von Unterrichtssituationen bei Lehrkräften), biographisch-retrospektivische Ansätze sowie die qualitativ-biographischen Ansätze kommen in dieser Untersuchung in dieser Tiefe nicht zum Einsatz; nur ansatzweise während der Validierung, wenn Subjektive Theorien mit den Probanden besprochen werden und wenn ein standardisierter Fragebogen eingesetzt wird.

Grundgedanken von Expertise sind die Ermittlung des Zusammenspiels unterschiedlicher Wissensarten im kontrastiven Vergleich und die Erklärung

---

[11] Siehe dazu die beiden Arbeiten: Hans Gruber/Albert Ziegler (Hrsg.): Expertiseforschung. Theoretische und methodische Möglichkeiten. Opladen 1996; Hans Gruber: Expertise. Modelle und empirische Untersuchungen. Opladen 1994.

[12] Adriaan D. de Groot: Thought and Choice in Chess. The Hague 1965 (Orig. 1946).

des Prozesses von Expertise. Der kontrastive Vergleich lebt von Versuchsgruppen mit maximaler Leistungsdifferenz. In der Regel werden wie in den
Untersuchungen zu einzelnen Professionen (etwa bei Medizinern, Physikern,
Lehrern) mindestens zwei Gruppen gebildet: Die Gruppe der Novizen (in der
Regel am Ende der Ausbildung) und die der anerkannten Experten. Es handelt
sich um eine querschnittliche Erhebung, die interindividuelle und auch
intraindividuelle Differenzen aufzeigt. Der kontrastive Vergleich findet sich u.
a. bei den Arbeiten zu Lehrerexpertise von Berliner und Mitarbeitern (dort
drei Leistungsgruppen), bei Leinhardt/Greeno, Bromme und Lingelbach.[13]

Ein methodisches Grundproblem – besser gesagt das Grundproblem dieser
Arbeit und zugleich der zentrale Inhalt bei der folgenden Diskussion des Kolloquiums in Bommerholz – ist die Ermittlung des Expertisegrades. Anders als
bei dem nationalen und weltweiten Ranking der Schachspieler sind klare
Leistungsgruppen von Geschichtslehrern nicht ohne weiteres in dieser Klarheit zu erfassen. Bromme entschied sich für ein systemimmanentes Verfahren
(Urteil von Kollegen, Rektor, Schulaufsicht, Aus- und Fortbildnern), das sich
durchaus als reliabel erwies.[14] Ähnlich verfuhren übrigens Berliner und Mitarbeiter (Benennung von Schuldirektoren und anschließende unabhängige Beurteilung durch drei Mitarbeiter). Heike Lingelbach konnte mit ihrem an
Leistungsvariablen orientierten Verfahren (Lernzuwachs von Grundschulklas-
sen) vom SCHOLASTIK-Projekt von Weinert et al. profitieren.[15] Hier stand
wohl das Verfahren von Leinhardt und Mitarbeitern Pate, welche auf die in

---

[13]   David C. Berliner/K. J. Carter: Differences in processing classroom information by expert and
       novice teachers. Paper presented at the conference of the International Study Association on
       Teachers Thinking (ISATT). Leuven 1986. David C. Berliner: Der Experte im Lehrerberuf:
       Forschungsstrategien und Ergebnisse. In: Unterrichtswissenschaft 15 (1987a), S. 295-305. Ders.:
       Ways of thinking about students and classroom by more and less experienced teachers. In: James
       Calderhead (Hrsg.): Exploring teachers thinking. London 1987, S. 60-83. David C. Berliner u.a.:
       Implications of research on pedagogical expertise and experience for mathematics teaching. In:
       Douglas Grouws/Thomas Cooney (Hrsg.): Perspectives on research on effective mathematics
       teaching. Reston 1987b, S. 67-95. Gaea Leinhardt: Math lessons: A comparison of novice and
       expert competence. In: Joost Lowyck (Hrsg.): Teachers thinking and professional action.
       Proceedings of the third ISATT Conference. Leuven 1986, S. 472-500. Gaea Leinhardt/James
       Greeno: The cognitive skill of teaching. In: Journal of Educational Psychology 78 (1986), S. 75-
       95. Gaea Leinhardt/C. Weidmann/K. Hammond: Introduction and integration of classroom
       routines by expert teachers. In: Curriculum Inquiry 17 (1987), S. 135-176. Gaea Leinhardt/D.
       Smith: Expertise in mathematics instruction: Subject matter knowledge. In: Journal of Educational
       Psychology 77 (1985), S. 247-271. Bromme (Anm. 7). Rainer Bromme: Der Lehrer als Experte.
       Zur Psychologie des professionellen Wissens. Bern u.a. 1992. Heike Lingelbach:
       Unterrichtsexpertise von Grundschullehrkräften und ihr Einfluß auf die Mathematikleistung der
       Schüler einer 4. Jahrgangsstufe. Hamburg 1995.
[14]   Bromme (Anm. 7).
[15]   Lingelbach (Anm. 13)

den USA landesweit eingesetzten standardisierten Schulleistungstests zurück-
gegriffen hatten.

Die reliable Erfassung des Experten und der in verschiedenen Studien
uneinheitlich gebrauchte Expertisebegriff ist m. E. der wesentliche Schwach-
punkt dieses Ansatzes für die Erforschung der Geschichtslehrerkognitionen.
Das Kriterium, externe Leistungsklassen wie bei Schach-, Bridge- oder Go-
Spielern auszunutzen, wird bei zahlreichen professionellen Untersuchungen
zugunsten eines Verfahrens modifiziert, das Wissen (meist reduziert auf wissenschaftliches Wissen), Erfahrung und soziale Anerkennung bündelt. Deshalb ist es nicht schlüssig, das Zusammenspiel von deklarativem, prozedura-
lem und metatheoretischem Wissen bei Kellnern, Medizinern, Musikern,
Spielern und Lehrern domänenübergreifend zu generalisieren, obwohl Studien
in unterschiedlichen Berufsfeldern durchaus Validität bei Chunking-Prozes-
sen, bei Problemlösestrategien und bei der Operationalisierung von Theorie-
wissen in Anwendungssituationen feststellen. Wenngleich durch die unabhängig vom Versuchsleiter zusammengestellten Leistungsgruppen nicht nur Wissen, sondern auch Können berücksichtigt wird, respektiert eine solche Eintei-
lung eher den vom 'System' anerkannten Experten und nicht den guten Lehrer
aus Schüler- oder Elternsicht.

Die Vorteile des kontrastiven Ansatzes sind andererseits nicht von der
Hand zu weisen. Gruppen mit unterschiedlichen Expertisegraden führen zu
relativ homogenen Gruppen und damit zu großen Effektstärken. Damit lassen
sich qualitative Unterschiede und Entwicklungen innerhalb der Professionalisierung herausstellen. Im Gegensatz zu anderen Expertiseforschungen ist der
Einfluß dispositionaler Merkmale als gering zu veranschlagen. Das Kriterium
der externen Validierung der Versuchsgruppen ist realisiert, aber durch eine
Systemimmanenz ausgebeult.

Ohne nun detailliert auf Expertiseforschung mit ihren experimentellen
Anordnungen einzugehen, soll ein wesentlicher und zentraler Aspekt vorgestellt werden, die 'Chunkingtheorie'. 'Chunking' meint den Prozeß zur Bildung bedeutungstragender Informationen im Arbeits- oder Kurzzeitgedächt-
nis, der sich bei Experten und Novizen qualitativ unterscheidet. Dadurch werden Informationen verdichtet. Informationen werden „durch allgemeine Ord-
nungsprinzipien oder durch Einbeziehen von Vorwissen rekodiert und zu
größeren Informationseinheiten ('Chunks') zusammengefaßt."[16] Schachexper-
ten bilden nicht mehr Chunks als Novizen (Anzahl 8). Sie packen aber mehr
Informationen dank ihres Vorwissens und dank effizienter Ordnungskatego-

---

[16] Hans Gruber: Wissen. In: Christoph Perleth/Albert Ziegler (Hrsg.): Pädagogische Psychologie.
Grundlagen und Anwendungsfelder. Bern u.a. 1999, S. 94-102, hier: S. 97.

rien (Bauernpositionen, Angriffpositionen etc.) in diese Chunks. Experten lagern pro Chunk bis zu 20 Bits ein, Anfänger dagegen nur zwei. Experten verfügen in ihrer Domäne anscheinend über leistungsstarkes Chunking.

Auch bei der Untersuchung erfolgreicher Geschichtsreferendare zeigen sich solche effiziente Chunkingprozesse mit hoher Informationsdichte. Eine Probandin spulte folgenden Heurismus inklusive Leseanalyse zur Auswahl eines Arbeitstextes in atemberaubendem Tempo (2 Minuten) ab.

Vorüberlegungen		
Zeitbudget von 10 Minuten	Arbeitsteiliger Gruppenunterricht	Auswahl der Texte für bestimmte Schüler

Anwendungsbezogene Analyse von Schulbuchtexten	
1. Inhalt: <u>ja</u>-nein	4. Schwierigkeiten: <u>angemessen</u>
2. Formal: Karte/Text: <u>ja</u>-nein	5. Text verändern? <u>Ja</u>-nein
3. Leistungsstand der Schüler: <u>ja</u>-nein	6. Überprüfen des Zeitrahmens: s. 5.

IV. Zusammenfassung der Diskussion

Der erste Komplex der Diskussion bezog sich auf die Unterschiede bzw. Charakteristika von 'Subjektiven Theorien' und 'Didaktischen Handlungsmustern'. Letzterer am Vortag vorgestellte Terminus entspricht den von Bromme festgestellten modularisierten Wissensbeständen, während 'Subjektive Theorien' (ST) kohärente Systeme sind, die sich durch individuelle Sinnzuschreibung von wissenschaftlichen und erfahrungsorientierten Wissensbeständen auszeichnen. Dann nennt folgende fünf Definitionsmerkmale:[17]

1. ST sind relativ stabile kognitive Strukturen, die durch Erfahrung veränderbar sind.
2. ST sind partiell implizit, teilweise aber dem Bewußtsein zugänglich.
3. ST haben ähnliche strukturelle Eigenschaften wie wissenschaftliche Theorien (implizite Argumentationsstruktur). Damit grenzen sie sich von Einzelkognitionen ab.

---

[17] Hans-Dietrich Dann: Pädagogisches Verstehen: Subjektive Theorien und erfolgreiches Handeln von Lehrkräften. In: Kurt Reusser (Hrsg.): Verstehen. Psychologischer Prozeß und didaktische Aufgabe. Bern 1994, S. 163-182, S. 164 ff.

4. ST erfüllen wie wissenschaftliche Theorien folgende Funktionen: Situationsdefinition, nachträgliche Erklärung eingetretener Ereignisse, Vorhersage bzw. Erwartung künftiger Ereignisse, Generierung von Handlungsentwürfen oder Handlungsempfehlungen.

5. Über die Funktionen wissenschaftlicher Theorien hinaus zeichnen sich ST durch handlungsleitende oder handlungssteuernde Funktionen aus.

Das zweite Problembündel führte auf den Ansatz der dialogischen Hermeneutik, der bislang in der Empirie der Didaktik der Geschichte keine Rolle spielte. Nach der Aufzeichnung des 'Lauten Denkens' und der Ermittlung der Subjektiven Theorien erfolgt die Validierung der Ergebnisse durch Konsens zwischen Probanden und Versuchsleiter. In dieser Phase findet der Prozeß der Interpretation über die zentralen Entscheidungen (aufsteigende Wertigkeit von 1-3) und über die Provenienz der Wissensbestände (fachwissenschaftlich, fachdidaktisch, allgemeindidaktisch) statt. Es handelt sich richtigerweise um eine Re-Validierung (Körber), da bereits durch das 'Laute Denken' während der Unterrichtsplanung wichtige Verortungen vorgenommen werden. Dieses Validierungsgespräch schätzten im übrigen bisher beide Parteien (kostenlose Supervision für die Lehrkraft, Daten für den Versuchsleiter), was wiederum nicht überrascht, da ST überwiegend zur Veränderung und Effektivierung von Lern- und Kommunikationsprozessen eingesetzt werden (z. B. Konstanzer Trainingsmodell).

Der dritte Komplex zielte auf das Verfahren der reliablen Erfassung von Geschichtslehrerexperten. Was ist ein Experte und worin unterscheidet er sich vom 'guten Lehrer' (Jacobmeyer)?[18] Auch die Übernahme eines von der Psychologie entwickelten Konzeptes samt Methodologie ohne fachdidaktische Füllung stieß auf Kritik (Schönemann). Diese Kritikpunkte konnten und wollten nicht ausgeräumt werden, da sich der Verfasser hinter eine inzwischen in fachdidaktischen und psychologischen Kreisen bewährte und im internationalen Maßstab anerkannte Konzeption stellt, die ihre Ergebnisse nach den ausgehandelten Standards zur Diskussion stellt. Das übliche Verfahren wird in gewisser Weise auf den Kopf gestellt. Die transparenten normativen und pragmatischen Kriterien legen Externe für die Auswahl von Experten an, und erst im zweiten Schritt wird das Zusammenspiel der Wissensbestände untersucht. Grundsätzlich herrschte Übereinstimmung darüber, daß dieses neue Methodeninstrumentarium die Methodologie der Didaktik der Geschichte bereichert.

---

[18] Gruber (Anm. 11), S. 9-11, geht gründlich auf den Begriff des Experten ein. *Die* Definition des Experten sucht man allerdings vergeblich.

Michele Barricelli

Narrative Kompetenz als Ziel des Geschichtsunterrichts – Eine empirische Studie zu Erfahrungen von Schülern, Geschichte zu erzählen

I. Narrative Kompetenz als Gegenstand geschichtsdidaktischer Unterrichtsforschung

Die gezielte Förderung *narrativer Kompetenz* bei Schülerinnen und Schülern im Geschichtsunterricht ist seit einiger Zeit ein intensiv formuliertes Desiderat der Fachdidaktik. Abgeleitet wird dieses Ziel vom narrativistischen Paradigma der Geschichtswissenschaft als wesentlicher Bezugsdisziplin des Schulfaches, dem zufolge alle Modi historischen Wissens und Denkens eine narrative Struktur aufweisen: die erklärende, „wahre" Aussage (als modernistisches Erkenntnisideal), die Darstellung oder besser: Repräsentation (als postmoderne Organisationsform des Wissens), der wissenschaftliche Diskurs, aber auch das „Geschichtsbewußtsein" als zentrale Kategorie historischen Lernens.[1] Zudem scheint die Handlungs-, Produkt- und Subjektorientierung narrativer Unterrichtspraxis Abhilfe zu versprechen gegen einen inhaltlich und methodisch schülerfernen, in seinem Ertrag zunehmend fragwürdigen, ständig in der „Krise" befindlichen Geschichtsunterricht.[2]

Wenn man (historisch-) *narrative Kompetenz* ganz unterrichtspraktisch bestimmt als *die Fähigkeit der Schülerinnen und Schüler, mit erzählter und zu erzählender Geschichte sinnvoll umzugehen,*[3] ergeben sich als Leitfragen:

---

[1] An dieser Stelle wäre „*narrativ*" als Terminus technicus definitionsbedürftig, denn er wird, da in die Fachsprache der Historiker nicht eingeführt, gerade von diesen oft mißverstanden. Festzuhalten gilt, daß er stets auf den Gesamtbereich der historischen Sinnbildungen abzielt und jene mentalen Operationen charakterisiert, durch die „die Erfahrung von Zeit (...) zu Orientierungen in der Lebenspraxis verarbeitet wird", vgl. Jörn Rüsen: Historische Orientierung. Köln u.a. 1994, S. 6.

[2] Die Konrad-Adenauer-Stiftung meldet, 80% der Schulabgänger wüßten nichts mit den Daten 1848, 1789 oder 17.6.1953 anzufangen, und fordert im Rahmen einer Bildungsoffensive auch wieder die stärkere Hereinnahme „narrativer Elemente" in den Geschichtsunterricht in Form von „Geschichte durch Geschichten", vgl. FAZ v. 9.8.2001, S. 4; das hier zugrundeliegende Verständnis von Narrativität ist allerdings ein naives.

[3] Es gibt natürlich auch eine Reihe wissenschaftsorientierter Definitionsansätze, die insgesamt den Aspekt der Konstruktion von Wirklichkeit als temporaler Ordnung betonen. Zuweilen wird narrative Kompetenz (nur) aktivisch im Sinne des Beherrschens von Erzählhandlungen bestimmt. Vgl. z.B. Jörn Rüsen: Geschichtsdidaktische Konsequenzen aus einer erzähltheoretischen Historik. In: Ders.: Historisches Lernen. Grundlagen und Paradigmen. Köln u.a. 1994, S. 25-63; dagegen sind bei Wolfgang Hasberg: Klio im Geschichtsunterricht. Neue Perspektiven

- Wie muß sich der („postmoderne") Begriff von der Geschichte als narrativem Konstrukt in der sich beschleunigt wandelnden Lebenswelt der Jugendlichen auswirken?
- Wie verläuft bei Jugendlichen der Weg von der Wahrnehmung von „Geschichte" über subjektive mentale Operationen hin zu eigenen Erzählleistungen?
- Welches wären mithin bei der Planung von Geschichtsunterricht Instrumente zur systematischen Förderung von narrativer Kompetenz?

Unterschiedliche Wissenschaftskulturen greifen mit unterschiedlichen Forschungsansätzen auf die Problematik der *Kompetenz*modelle zu. Die deutsche universitäre Geschichtsdidaktik widmet sich hauptsächlich auf theoretisch-deduktivem Wege und zielend auf präskriptiv-normative Aussagen der Frage: Was *sollen* Schüler *können*? Die angelsächsische Lehr-Lern-Forschung ist seit jeher wesentlich stärker empirisch orientiert und an den neuronalen Grundlagen von Kognition sowie, in konsequenter Beachtung des Konstruktcharakters der Geschichte, an der Psychologie narrativer Sinnbildung interessiert. Sie fragt: Was *können* Schüler *können*?[4] Beide Seiten verlieren dabei zuweilen die Merkmale aus den Augen, die den Geschichtsunterricht innerhalb des schulischen Fächerkanons gänzlich allein stellen: die fehlende Sachlogik der Inhalte, den Status von „Wahrheit" als Ergebnis eines temporären Konsenses der Diskursgemeinschaft und schließlich, als Wesentliches, die unter keinen Umständen mögliche *Prä*sentation (also wörtlich: Vergegenwärtigung) der eigentlichen Lerngegenstände. Zuhanden sein mögen Quellen, manifeste Überreste, Bilder, Datenreihen als Spuren von vergangenem Geschehen – doch geschichtliches „Wissen" kann in den Klassenraum (oder das Oberseminar) nur als in Texten kodierte *Re*präsentation[5] eingebracht werden, hinter denen sich das Repräsentierte, *an dem* etwas zu lernen wäre, unerreichbar verbirgt.[6] Das beklagenswerte

---

für die Geschichtserzählung im Unterricht? In: GWU 48 (1997), S. 708-726, beide auch in diesem Aufsatz betonten Komponenten der Konstruktion und Dekonstruktion enthalten.

[4] Man denke insbes. an die Arbeiten von Peter Seixas und Samuel S. Wineburg. Zuletzt Peter N. Stearns (Hrsg.): Knowing, Teaching and Learning History. New York 2000.

[5] Zum Verhältnis von Aussage, Repräsentation und Erzählung vgl. den luziden Aufsatz von Frank R. Ankersmit: Die drei Sinnbildungsebenen der Geschichtsschreibung. In: Klaus E. Müller/Jörn Rüsen (Hrsg.): Historische Sinnbildung. Reinbek 1997, S. 98-117.

[6] Dies verhält sich gänzlich anders mit den natürlichen Dingen der Naturwissenschaften, der Erdoberfläche in der Geographie, den künstlerischen Artefakten im musischen Bereich, die, zumindest versuchsweise, der direkten „Anschauung" und Bearbeitung zugänglich sind; in den Sprachfächern sind Sprache und literarischer Text selbst Gegenstand, indem sie nicht auf etwas Dahinterliegendes verweisen, sondern eigene Wirklichkeit setzen. Das Versprechen an Schüler, durch raffinierte Medienarrangements, bspw. Film oder Rollenspiel, eine „Begegnung" mit der Historie herbeiführen zu können, ist (be-)trügerisch. Geschichte kann man nicht schauen – im Hinblick auf die biblisch-archaische Kraft des Schauens ein unerhörtes Manko des Faches.

empirische Defizit[7] hängt also zusammen mit der Ungewißheit darüber, worauf denn bei der erfahrungswissenschaftlichen Erforschung der subjektiven Innenseite geschichtlichen Wissens überhaupt der Blick zu richten sei. Die Antwort kann, da selbstverständlich mentale Zustände nie als ein Tatsächliches abgefragt werden können, nur lauten: Geschichtsdidaktische Forschung, indem sie den *Umgang* mit Geschichte untersucht, muß mit dafür tauglichen Methoden die Kluft zwischen der unerreichbaren historischen „Realität" und ihren (gesamtgesellschaftlichen oder individuellen) *Objektrepräsentationen* produktiv umwerten können. Geschichtsunterricht als komplexer Handlungszusammenhang ist dann ein besonders lohnendes Forschungsfeld, weil in ihm das Repräsentationsproblem sogar in doppelter, quasi institutionalisierter Gestalt auftritt, wie nachstehend in Kap. II kurz erläutert wird.

II. Das Problem der „doppelten Repräsentation" im Geschichtsunterricht

Der Text der Geschichte, die *historia rerum gestarum*, steht als erste Repräsentation am Ursprung jeder Geschichtsstunde. Er entsteht als *„logificatio post festum"*[8] und bringt, da alles Geschehene von seinem nunmehr bekannten Endpunkt her gedeutet wird, als gegenwärtiges Denken Licht ins Dunkel der Vergangenheit[9]. Das heißt aber auch, daß geschichtliche Darstellung durch Professionals – und vielleicht besonders jene, die in Texten ad usum scholarum entgegentritt – gegenwärtige, wertgesättigte, Ansinnungen vorgebende *Projekte*[10] verfolgt.[11] Wenn Geschichte im wesentlichen Erzählung ist, macht also erst die Narrativierung aus einem Wust ungeordneter, amorpher, für sich sinnloser „Fakten" einen bedeutungsvollen historischen Text. Entscheidend sind die konstruktive Einbildungskraft des Historikers und seine rhetorischen Mittel: das gewählte Referenzsubjekt (das Relevanz oder Irrelevanz aller Geschehnisse

---

[7]   Spezieller mit narrativer Kompetenz hat sich mehrfach Hans-Jürgen Pandel befaßt; zuletzt aus seinem Umkreis: Gabriele Magull: Sprache oder Bild? Unterrichtsforschung zur Entwicklung von Geschichtsbewußtsein. Schwalbach/Ts. 2000. Hasberg hält diese (u.a.) Untersuchung(en) bezüglich Konzeptualisierung und Aussagevalidität für „unausgegoren", vgl. Wolfgang Hasberg: Empirische Forschung in der Geschichtsdidaktik. Neuried 2001 (Bayerische Studien zur Geschichtsdidaktik. Bd. 3), Teil II, S. 133; überhaupt liest sich sein Werk streckenweise als Rundum-Abwatschung der theorieverliebten Didaktiker, die keine korrekte (quantitative) Empirie zu betreiben vermöchten und nicht einmal das wenige gültig Erhobene für eine Methodik und Pragmatik ihrer Disziplin umsetzten (wovon sich der Autor natürlich ausnimmt).

[8]   Reinhart Koselleck: Vom Sinn und Unsinn der Geschichte. In: Müller/Rüsen (Hrsg.) (Anm. 5): S.79-97, hier S. 88 (kursiv im Orig.).

[9]   Und dies ist das genaue Gegenteil der wohlfeilen Darstellung der *historia* als *lux veritatis* für die Gegenwart.

[10]   Der Begriff „*Projekt*" (frz. *projet*) ist hier dem Gebrauch in der französischen Kulturwissenschaft entlehnt.

[11]   Auf der Projektseite sind auch Rüsens ubiquitäre Erzähltypologien anzusiedeln: Es sind ja kaum Sinnbildungsleistungen der Lernenden, sondern Ansinnungen der erzählten und vorgedeuteten Geschichte.

festlegt), die Modellierung in Form eines „Plots"[12], die narrative Markierung
(Exposition, Problematisierung, Auflösung), die Entscheidung für „erklärende"
Metaphern, schließlich das Zulaufenlassen der Geschichte auf einen valorativen
Endpunkt. So wie der Tanz nicht vom Tänzer ist Historie nicht vom Historiker
zu trennen.

Die scheinbare Allmacht des Worts auf der Projektseite wird allerdings
dadurch konterkariert, daß der Umgang mit Geschichte, gerade auch der lernende, über eine *zweite,* nämlich *mentale Repräsentation* abgewickelt wird,
welche eine bildhafte ist. Wenn Schüler als Lernende an den Tänzen der Historiker ihre *Erfahrung*[13] der Geschichte machen, ist das ein höchst selektiver,
immer schon interpretativer, hypothesengesteuerter Prozeß, der die (womöglich
bereits narrativen)[14] Wahrnehmungen entlang vorgängigen Deutungsmustern
de- und rekontextualisiert. Im Falle des Geschichtsunterrichts wird dies dadurch erleichtert, daß in Ermangelung einer genuin historiographischen Begrifflichkeit geschichtliches „Wissen" – im Unterschied zu den Wissensformen der
meisten anderen Schulfächer – nicht in einer aus eindeutigen Symbolen, Formeln, Ikonographien gebauten Kunstsprache, sondern nur in einer common-
sense-Sprache kodiert werden kann. Durch Verclusterung oder „passive Synthesen"[15] mit den latenten Präfigurationen entstehen im als Assoziativspeicher
arbeitenden menschlichen Gedächtnis[16] immer neue un(ter)bewußte Vorstellungskomplexe. So mutiert der Fluß der Worte um Ereignisse und Gestalten zu
einem Strom innerer Bilder (*Imaginationen*), die *Wirk*lichkeit im eigentlichen
Wortsinne konstituieren, indem sie jeden weiteren Denk- und Verstehensakt
*wirk*sam bestimmen.[17] Wenn also bei der An*eignung* eines historischen Textes

---

[12]   Vgl. Hayden White: Auch Klio dichtet oder die Fiktion des Faktischen. Stuttgart 1991. (dt.
        zuerst 1986). White postulierte insbesondere, daß die Form der Erzählung ihren Inhalt (mit-)
        strukturiere; im Grunde gäbe es nur eine geringe Zahl möglicher „*emplotments*". Ich halte Whi-
        tes Konzept, auch wenn es seit 30 Jahren unter ständigem Beschuß argumentativ allerdings in-
        suffizienter Kritik steht, für bis heute diskussionswürdig.

[13]   Daß auch Wehler neuerdings den Begriff der „*Erfahrung*" benutzt, um seine im Gefängnis
        sozialer Strukturen sitzenden historischen Subjekte zu befreien, besagt viel, vgl. Hans-Ulrich
        Wehler: Die Herausforderung der Kulturgeschichte. München 1998.

[14]   Die narrative Wahrnehmung wird kontrovers diskutiert: Vermögen wir, da „in Geschichten
        verstrickt", Erfahrungen nur in den jeweiligen „Stories we are?" zu machen? Vgl. Wilhelm
        Schapp: In Geschichten verstrickt. Zum Sein von Mensch und Ding. Hamburg 1953 u. William
        L. Randell: The Stories We Are. An Essay on Self-Creation. Toronto 1995. So wechseln wir
        vom strukturalistischen ins narrativistische Gefängnis.

[15]   Zum Begriff „passive Synthesen" (wenn auch für die Leseforschung) vgl. zuerst Wolfgang
        Iser: Der Akt des Lesens. Theorie ästhetischer Wirkung. 3. Aufl. München 1990, v.a. S. 175-
        256.

[16]   Zum derzeitigen Kenntnisstand vgl. den als Memento gestalteten Eröffnungsvortrag des Neu-
        robiologen Wolf Singer auf dem 43. Dt. Historikertag (!), abgedr. in FAZ v. 28.9.2000, S. 10.

[17]   Für den Geschichtsunterricht damit beschäftigt hat sich Rolf Schörken: Historische Imaginati-
        on und Geschichtsdidaktik. Paderborn 1994; Gerhard Henke-Bockschatz: Überlegungen zur

durch 30 Schüler einer Klasse 30 *eigene* Versionen des Geschehens repräsentiert werden,[18] soll die im folgenden Kap. III vorgestellte Studie dazu beitragen, gleichwohl beobachtbare Regelhaftigkeiten im Bemühen der Schüler um Bedeutung sichtbar zu machen.

III. Untersuchungsdesign und ausgewählte Befunde

Eine Geschichte, die Schüler über die Vergangenheit erzählen, muß zwischen der „Treue" zu den genannten Repräsentationspolen, dem zugemuteten Projekt und der subjektgebundenen Erfahrung, vermitteln. Bei aller Unsicherheit über die Genese historischen Denkens wird man sich diese Leistung nicht als vorgängige, autonome Fähigkeit denken dürfen. In der Unterrichtspraxis kann deshalb nur eine „Erzähldidaktik" erfolgreich sein, die vor und neben das produktive Erzählen Phasen der Dekonstruktion bereits erzählter Geschichte setzt. Das Forschungsprojekt[19] war dementsprechend eingebettet in eine Art Erzähllehrgang aus 15 Einzellektionen zum Thema „Deutsche Geschichte 1871-1933", jeweils durchgeführt an drei 9. Oberschulklassen in Berlin über den Zeitraum von ca. einem Jahr hinweg. Form und Funktion historischer Erzählungen wurden an zugeordneten Inhalten zum Thema, z.B.: Perspektivität (gesellschaftliche Entwicklung aus der Sicht des Bürgertums und der Dienstmädchen), Selektivität der Quellen (zur Person Wilhelms II.), Modellierung nach Plot-Strukturen (Unterzeichnung des Versailler Vertrages), historische Topoi (Ausrufung der Republik durch Scheidemann[20]), Metaphern („Krise" der Weimarer Republik 1923). Parallel verfertigten die Schüler eigene Erzählungen – von der einfachen Nach- über die Umerzählung[21] zur veritablen Konstruktion (nie: *Re*konstruktion) aus Quellen –, die später das eigentliche, heterogene Untersuchungsmaterial bildeten. Obgleich sich diese qualitative Zugangsweise, die Elemente phänomenologisch-hermeneutischer wie experimenteller Unterrichtsforschung einschließt, auf ein relativ schmales Sample stützt (max. n = 89), war es doch möglich, induktiv zu einer Typisierung auf der Produktebene

---

Rolle der Imagination im Prozeß des historischen Lernens. In: GWU 51 (2000), S. 418-429, liefert keine eigenen Erkenntnisse.

[18]   Insofern ist Bodo v. Borries´ als Aufsatztitel gestellte Frage „Do teachers and students attend the same lessons?" In: Joke v.d. Leeuw-Roord (Hrsg.): The State of History Education in Europe. Hamburg 1998, S. 103-118, mit „No they don't" zu beantworten.

[19]   Dissertationsvorhaben an der Freien Universität Berlin, Abschluß etwa Ende 2002 (Prof. Horst Gies).

[20]   Die von Scheidemann selbst stammende Beschreibung des Vorgangs am 9.11.1918 ist in der Tat ein charmantes Beispiel historischer Stilisierung und hat wohl ebenso wie die als Muster dienenden Erzählungen (Cincinnatus, Heinrich I. am Finkenherd u.a.) nichts mit der Wirklichkeit zu tun.

[21]   Vgl. zu diesen (und anderen) Erzählhandlungen Hans-Jürgen Pandel: Historisches Erzählen. In: Geschichte Lernen 2 (1988), S. 8-12, hier S. 11.

zu gelangen: Historisches Erzählen pendelt auf einer *Typenachse* zwischen den
das strukturelle Feld einspannenden Extrema „*Projekttreue*" und „*Erfahrungstreue*".

Hier soll nur exemplarisch die Lektion zum Thema „Gründung des Deutschen Kaiserreiches (18.1.1871)" im Hinblick auf relevante Befunde ausgewertet werden. Es ist die im Rahmen der Untersuchungsreihe zweite Stunde (vo-
rangegangen ist eine Lektion zu Leben und Wirken Otto v. Bismarcks bis
1871). Zur historischen Situation aus narrativer Sicht soviel: Sie markiert, wenn
man die Zeit von 1871 bis 1933 als Vorgeschichte,[22] das Kaiserreich als „Kindheitsgeschichte"[23] des Dritten Reiches ansieht, in dem der deutschen Gesellschaft deformierte Züge anerzogen wurden, in der Tat die „Geburt" eines historischen Wechselbalgs.

Die Projektseite der Geschichte wird repräsentiert in einem aus Platzgründen nicht abgedruckten anderthalbseitigen Autorentext (mit Informationen zum
Deutsch-Französischen Krieg, zur Situation in Versailles am Jahreswechsel
1870/71, auch zur Person Wilhelms I. und Bismarcks) und einem Bildmedium:
dem berühmten Gemälde Anton v. Werners „Die Proklamierung des Deutschen
Kaiserreiches", und zwar in der dritten, sogen. Friedrichsruher Fassung von
1885, die das Ereignis in einer quasi offiziellen Version darstellt. Das Bild
gehörte in seiner Entstehungszeit zu den meistreproduzierten Gemälden in
Deutschland überhaupt und ist auch heute noch in annähernd jedem Schulgeschichtsbuch zu finden. Man kann mit Fug und Recht behaupten, es form(t)e
ein Element des kollektiven Bildgedächtnisses der Deutschen. Entstehungsge-
schichte und Ikonographie des Werks sind gut dokumentiert und häufig beschrieben worden.[24] Wie jedes Historiengemälde enthält es selbstverständlich
Elemente vorsätzlicher Fälschung.[25]

Aufgabe der so instruierten Schüler war, eine Erzählung zu gestalten, und
zwar in Form eines Briefes oder Tagebucheintrages aus der frei zu wählenden
Perspektive einer von fünf Personen: Wilhelm I., Bismarck, v. Werner, ein
einfacher, bei der Zeremonie anwesender Soldat, die Ehefrau des einfachen
Soldaten (sogen. „perspektivisches Schreiben").

Es wird sich zeigen, daß die Jugendlichen in der Lage sind, Erzählungen zu
produzieren, die wie jede historische Darstellung fiktiv und imaginativ, allemal

---

[22] So führen die Kontinuitätslinien bei Hans-Ulrich Wehler: Das deutsche Kaiserreich 1871-1918,
      6. Aufl. Göttingen 1988 (zuerst 1973), unter Verzehrung jeder Zufälligkeit mit Notwendigkeit
      von Bismarck zu Hitler.
[23] Die NS-Zeit wäre dann die „Erwachsenengeschichte" des Deutschen Reiches; diese Metaphern
      aus individualphysiologischem Kontext bei Ute Daniel: Kompendium Kulturgeschichte. Frank-
      furt a.M. 2001, S.423.
[24] Vgl. Dominik Bartmann (Hrsg.): Anton von Werner. Geschichte in Bildern. 2. Aufl. München
      1997, S. 332ff.
[25] Z.B. die weiße Uniforms Bismarcks und sein Orden „Pour le mérite".

jedoch wirklich und wahrhaftig sind. Dazu folgen Beobachtungen aus der er-zähltheoretischen Detailanalyse von vier Textbeispielen aus einer Gymnasial-klasse (vgl. T1-T4 im Anhang; gekürzte Auszüge; solche von den Schülern gewählten Formulierungen, die nicht im Ausgangstext enthalten waren und einen *semantischen Zuwachs* oder eine *Veränderung* anzeigen, sind unterstri-chen):

⇒ Die Verteilung der Referenzsubjekte streute breit über die vorgeschlagenen Figuren. Ausnahme: Die Rolle „Frau eines Soldaten" wurde nicht ein einzi-ges Mal gewählt, und zwar aufgrund der angeblichen Unmöglichkeit, von ihrer Warte aus eine authentische Geschichte über die Ereignisse zu verfas-sen. Offensichtlich schrieben die Schüler die Kategorie „Wahrheit" (fälsch-licherweise) der direkten Zeugenschaft zu.

⇒ Eine Auszählung der reproduzierten Einheiten ergibt drei *semantische Ka-tegorien*: (annähernd) immer[26]/ durchschnittlich oft/ nie reproduziert.[27] Der kontextuelle Bezug auf die vorangegangene Stunde ist der große Ausnah-mefall: T2 Z55-56.

⇒ Die bei Pandel beschriebene *Entspezifizierung* der Geschehnisse (Weglas-sen von Eigennamen, Daten) ist nur schwach ausgeprägt: T1 Z12: „Mär-chenkönig"; T4 Z15: „Kaiser".[28]

⇒ Die Erzählungen sind nach einer Handvoll *Plots* modelliert, und zwar durchaus solcher im Sinne Whites (s.o.): T1 (Bismarck) modelliert im Stil einer *Romanze*, d.h. einer Geschichte, die sich, bei gutem Ausgang, mit der Anziehungskraft zwischen Personen (Bismarck/Wilhelm) in Momenten der Bewährung und Bedrohung befaßt;[29] T2 (Wilhelm I.) gestaltet die Vorgänge als *Tragödie*, d.h. als krisenhaften Entscheidungsfall zwischen zwei Höchstwerten (preußische Königs- gegen deutsche Kaiserwürde; Z77: „kei-ne andere Wahl mehr" als reinster tragischer Moment). Beide Texte befin-den sich in der Mitte zwischen Projekt- und Erfahrungstreue. Anders die Modellierungen von T3 und T4 über den „einfachen Soldaten": T3 ist deut-lich projekttreu und imaginationsarm; das Wir-Gefühl der Truppe vermittelt trotz Leid und Entbehrung Anklänge einer *Idylle*. T4 dagegen ist stark er-

---

[26] So reproduzierten fast alle Bismarck-Erzählungen den Umstand der „falschen" Uniform, die Soldaten-Erzählungen die schlechten Sicht- und Hörverhältnisse im Saal.

[27] Zu den Kategorien vgl. Hans-Jürgen Pandel: Zur Genese narrativer Kompetenz. In: Bodo v. Borries/ders. (Hrsg.): Zur Genese historischer Denkformen. Pfaffenweiler 1994, S. 99-122, hier S. 103ff.

[28] Vgl. ebd., S.113. Dieses Merkmal macht aus Schülererzählungen oft seltsam zeit- und ortlose Geschichten, in denen sich allerdings die verallgemeinerten Handlungs- und Wertschemata um so deutlicher ausdrücken.

[29] In Anbetracht der zahlreichen Zerwürfnisse zwischen Wilhelm I. und Bismarck, die sich letztlich immer in Harmonie auflösten, hat der Schüler den Text geradezu paradigmatisch ge-staltet.

fahrungstreu und entwirft ein ich-bezogenes (Helden-)*Epos* mit dem Erzähler als Einzel- und Vorkämpfer der in Rede stehenden Sache. In ihrer Polarität sind T3 und T4 mit den Worten Whites „konkurrierende Erzählungen".[30]

⇒ *Imaginationen*, sofern sie überhaupt erkennbar zum Ausdruck gebracht werden, erfüllen folgende *narrative Funktionen*:

- *Stabilisierung der Identität* des Referenzsubjekts: In T2 hat Wilhelm als Gegner der Kaiserwürde (Z62) „die ganze Zeit (...) gehofft", daß die Idee scheitern würde. Die Annahme des Titels trotz (Z77) „Erniedrigung" und (Z80) „Schande" wird vom Schüler als widersprüchliche Handlungsweise erfahren und mit einen stark eingeschränkten Bewußtseinszustand „erklärt" (T2 Z76: „im Vollrausch", Z87: „langsam senil");
- Kennzeichnung von *intentionalem Verstehen*: In T1 folgt tatsächlich ein Ding aus dem anderen; Wilhelm versetzt sich in T2 (Z57-58) sogar in Bismarck, um dessen Verhalten motivational zu erklären. In T3 und T4 überwiegt dagegen der Eindruck von Kontingenz. Narratives Verstehen ist offenbar stets eine kreative, interpretative Konstruktionsleistung;[31]
- *Konstruktion von Kontinua* und Rekurrentem, um davor den Wandel, das gegen das Kanonische Verstoßende erkennbar zu machen: T1 Z13-14: „immer die Bayern", Z25-26 „nur diese überbezahlten Beamten"; T3 Z117-119: „wieder einmal waren es wir Soldaten";[32]
- *Narrative Profilierung*, insbes. durch die Technik des Verflachens (*flattening*, T4 Z19: „weiß nicht, wie spät es war"), des Überhöhens (*sharpening*,[33] in T4 erhöht der Schüler [Z22 u. 24] sogar wissentlich die im Ausgangstext genannten Zahlen der Anwesenden um je ein Viertel) und des *Highpoints* (wörtlich in T4 Z13; sogar der sonst nüchterne T3 läßt sich hier [Z99ff] hinreißen);

---

[30] Hayden White: Historische Modellierung (*emplotment*) und das Problem der Wahrheit. In: Rainer Maria Kiesow/Dieter Simon (Hrsg.): Auf der Suche nach der verlorenen Wahrheit. Zum Grundlagenstreit in der Geschichtswissenschaft. Frankfurt a.M. 2000, S. 142-167, hier S. 144ff.

[31] Den nicht erst durch postmoderne Einwürfe unlauter gewordenen Idolen „Kausalität/Zusammenhang" der Historiographen (und Geschichtslehrer) stehen Schüler zum Glück skeptisch gegenüber: Wer wollte entscheiden, wessen Anteil am Entstehen des Deutschen Kaiserreiches so *ursächlich* war, daß es so kommen *mußte*?

[32] Vgl. Hans Michael Baumgartner: Kontinuität und Geschichte. Zur Kritik und Metakritik der historischen Vernunft. Frankfurt a.M. 1997 (erst. 1971), der historische Kontinua ebenso als narrative Konstrukte bestimmt.

[33] Donald E. Polkinghorne: Narrative Psychologie und Geschichtsbewußtsein. Beziehungen und Perspektiven. In: Jürgen Straub (Hrsg.): Erzählung, Identität und historisches Bewußtsein. Die psychologische Konstruktion von Zeit und Geschichte. Frankfurt a.M. 1998, S. 12-45, hier S. 25.

- Erfüllung (oft naiver) *Schemata*[34] von Handlungsverläufen: Da zum Schema der Königserhebung (hier: Kaisererhebung) eben eine Krönung gehört, fällt der Begriff, ohne im Ausgangstext genannt zu sein, mehrfach (T4 Z5,18; in T1 Z41ff wird die Krönung angeblich nur durch den Ausruf des Großherzogs v. Baden verhindert);[35]

- Ausschmückung bzw. *„Veranschaulichung"* von im Ausgangstext nicht zur Anschauung Gebrachtem (z.b. T2 Z74: „Kälte", T4 Z9: „massakrierten", „quälten", Z19: „rumsten").

⇒ Alle Imaginationen entspringen der Lebenswelt der Schüler und also, narrativitätstheoretisch, den Geschichten, in die sie „verstrickt" sind (s.o.) – ganz gleich ob individuelle Dispositionen oder soziokulturelle Vermittlungen zugrundeliegen. Bspw. T1 Z13f: „immer die Bayern", Z25f: „die überbezahlten Beamten", Z32f: „Verfassung, die dem Volk vorgaukelte";[36] der sich durch T1 ziehende intergenerationelle Konflikt zwischen Bismarck und dem „alten Willi". Die in T2 und T4 ausgedrückte Abneigung gegen die (schlecht verständliche) Predigt des Pfarrers und die Ansprache Bismarcks verweisen womöglich auf die ähnlich quälend empfundene Erfahrung des Schulalltags.

⇒ Die eigentlich „imaginären", also gegen empirische, normative oder narrative Triftigkeit verstoßenden Imaginationen sind eine quantité négligeable (z.B. T1 Z14), oder sie haben wie T2 Z67 (Anachronismus) und T4 Z22, 24 (überhöhte Zahlen) sogar narrative Funktionen.

⇒ Eine (spontane) Projektion des Ereignisses auf die Entwicklung dieses neugegründeten Reiches ist nirgendwo versucht. Offensichtlich lesen die Schüler die Szene (ganz im Gegensatz zur Ansinnung der Schulbücher) nicht unbedingt als Beginn von „etwas anderem".

Als Fazit kann nun die anfangs gegebene Definition von narrativer Kompetenz durch Ersetzung der sehr allgemeinen Ausdrücke präzisiert und operationalisierbar gemacht werden: als Fähigkeit zur kritischen Annäherung von (triftiger?) *An*sinnung und lebensbedeutsamem *Eigen*sinn („zu erzählende Geschichte"). Auch den formulierten Leitfragen kommt man so näher: Die Vorstellung vom hauptsächlich rezeptiven „Lernfach" Geschichte, das auf die Vermittlung

---

[34] Zur Schematheorie vgl. Jürgen Bredenkamp: Lernen, Erinnern, Vergessen. München 1998, S. 82f.

[35] Auch von vielen Teilnehmern der Veranstaltung ist überliefert, daß sie sie als zu nüchtern und wenig feierlich empfanden – offensichtlich wurde ihre narrative Erwartung an die sich abspielende Geschichte enttäuscht.

[36] Da kaum eine tiefere Kenntnis der Reichsverfassung anzunehmen ist, muß hier wohl ein allgemeiner Skeptizismus gegenüber wohlklingenden, auch modernen Gesetzestexten vermutet werden.

verlautbarten historischen „Wissens" abzielt, ist lernpsychologischer Unsinn und auch ein Anachronismus in unserer durch Pluralität gekennzeichneten Welt. Anders als bei einem Computer[37] ist das unhintergehbare Schicksal jeden Informationseintrags in das menschliche Erfahrungssystem Dissoziierung, Rekontextualisierung, Moduswechsel, Refiguration. Insofern historisches „Wissen" also eine einzigartige, intellektuell herausfordernde, immer subjekt-gebunde Struktur hat, ist Geschichtsunterricht, um ihn als Ort sinnvollen histo-rischen Lernens zu erhalten, als konstruktivistische Lernumgebung zu gestal-ten, in der durch geeignete narrative Arrangements die trägen bzw. latenten Vorstellungskomplexe der Non-Professionals an die Oberfläche gehoben und so ins historische „Deutungsgeschäft"[38] eingebracht werden. Erhebt man die „Bauformen der Narrativität" – quasi die *historia historiae rerum gestarum* – selbst zum Thema, wird man sogar einen entwicklungs(psycho)logisch dem jeweiligen (Lern-)Alter der Schüler Rechnung tragenden historischen „Lehr-gang" konzipieren können, der ähnlich wie in anderen Schulfächern Phasen der Übung, Wiederholung und Anwendung enthält.[39] Für eine Fachdidaktik, die sich (auch) als praxisorientierte Handlungswissenschaft versteht, muß das Her-ausforderung und Ansporn sein.

---

[37]   Vor den Zeiten der elektronischen Datenverarbeitung wurde das Gehirn oft als Abakus vorge-stellt. Der Wille zur (falschen) Metaphorisierung ist offenbar trotz fehlenden geeigneten Sinn-bildes übermächtig.

[38]   Bodo v. Borries: Notwendige Bestandsaufnahme nach 30 Jahren. Ein Versuch über Post-'68-Geschichtsdidaktik und Post-'89-Problemfelder. In: GWU 50 (1999), H. 5/6, S. 278-279, hier S. 278.

[39]   Ein konsequenter Schritt in diese Richtung ist das ab den 1990er Jahren schrittweise veränderte britische National Curriculum – mit dem bemerkenswerten Ergebnis, daß das Fach Geschichte plötzlich als schwerer empfunden wird als Mathematik, vgl. Martin Booth: Cognition in Histo-ry. A British Perspective. In: Educational Psychologist 29 (1994), S. 61-70. Ich werte dies auch als Zugeständnis der Schüler, daß in einem narrativistisch ausgerichteten Geschichtsunterricht *contents* und Kompetenzen gelernt werden, die unter strikter Kontrolle alltagsweltlicher Taug-lichkeit stehen.

T1 Otto von Bismarck

Einleitung zum Dt.-Frz. Krieg

Nachdem wir dann Napoleon III. gefangen ge-
5 nommen hatten, stand der endgültigen Einigung
Deutschlands, vor allem dank mir, endlich nichts
mehr im Wege.
Meine Fortschritte zur deutschen Einigung verlie-
fen, durch die Begeisterung der Fürsten, Herzöge
10 und Könige, schneller, als ich es mir im meinen
kühnsten Träumen hätte vorstellen können. Nur
unser Märchenkönig wollte wieder eine Extra-
Wurst gebraten bekommen, aber ich sag's ja immer, die Bayern. Ich musste ihm fast ein Viertel des
15 gesamten Staatshaushaltes unseres preußischen
Königreichs zahlen um ihn zu einer Unterschrift zu
bewegen.
Vor allen Dingen interessierte ein geeinigtes Deutsches Reich den Alten überhaupt nicht mehr, aber
20 der stand ohnehin schon mit einem Bein im Grab
und sein Sohn ließe sich bestimmt besser beeinflussen als dieser alte, sture Bock.
Allerdings war die Stimmung zu Hause auch kurz
davor, von Begeisterung in das genaue Gegenteil
25 umzuschlagen, woran allerdings nur diese überbezahlten Beamten Schuld waren, die die Militärkas-
sen plünderten.
Beinahe hätte der Alte alles versaut, indem er sich
weigerte seinen Kaisertitel von Zivilisten entgegen
30 zu nehmen, und die Abgesandten aus Berlin zwei
Tage warten ließ, aber wir hatten zu dem Zeitpunkt
wenigstens eine Verfassung, die dem Volk vorgaukelte ebenfalls an wichtigen Entscheidungen beteiligt zu sein.
35 (...) Um Wilhelm zu zeigen, wer der eigentliche
Einiger Deutschlands war, habe ich nicht die politisch korrekte weiße, sondern die dunkelgraue Uniform getragen, aber der Maler wagte es, mich auf
einem seiner Gemälde in der weißen Uniform dar-
40 zustellen. (...) Als es dann aber zur Proklamation
ging und ich die Urkunde verlesen hatte, ließ der
Badener Großherzog „Kaiser Wilhelm" hochleben
und nahm dem Alten so die Gelegenheit, sich als
„Kaiser von Deutschland" krönen zu lassen.
45 Einige Tage später sprach ich mich auch mit Willi
aus, so hatte ich mein Ziel erreicht.

T2 Wilhelm I.

50

Seit Oktober 1870 sitze ich schon untätig in Versailles, nur weil Bismarck seiner idiotischen Idee
eines vereinten Deutschen Reiches hinterherträumt.
Manchmal überlege ich, ob ich mit Bismarck die
55 richtige Wahl getroffen habe. Er hat mir bei meinem Problem mit dem Parlament geholfen, doch
seitdem scheint ihm diese Idee mit dem „Deutschen
Reich" gekommen zu sein - doch wozu braucht ein
preußischer König die Krone eines Reiches, hinter
60 dem die einzigartige Würde Preußens verblassen
würde?

Verdammt, die ganze Zeit habe ich gehofft, dass
Bismarcks Idee vielleicht scheitern würde, doch
heute (23.11.) hat er es geschafft, den bayerischen
65 König Ludwig II. davon zu überzeugen, der
Reichsgründung zuzustimmen. Er konnte ihn sogar,
wahrscheinlich mit ein Bisschen Geld überzeugen,
dass er im Namen Ludwigs eine Brief verfasste, in
dem er mir den Titel „Deutscher Kaiser" antrug.
70 Oh Gott, was soll aus diesem Land werden? Am
30.12.1870 sind ein paar Zivilisten aufgekreuzt, die
mir den Titel überreichen wollten. Doch ich habe
sie einfach nicht empfangen und jetzt müssen sie
draußen in der Kälte stehen. Bismarck hat es aber
75 geschafft, mir im Vollrausch das Versprechen abzu-
ringen, den Boten zu empfangen. Ich habe wohl
keine andere Wahl mehr als die Erniedrigung, von
Zivilisten einen Titel entgegenzunehmen, aber
wenigstens konnte ich sie zwei volle Tage hinhal-
80 ten. Es ist eine Schande: Bismarck will mir nicht
einmal den Titel „Kaiser von Deutschland" zuge-
stehen, einfach unglaublich. Am 18.1. soll die Proklamation im Spiegelsaal stattfinden.
Mein Sohn hat noch irgend einen Maler kommen
85 lassen, ich kann mir seinen Namen aber nicht mer-
ken, er heißt Werner von Anton oder so. Ich glaube,
ich werde langsam senil. (...)

90 **T3 Einfacher Soldat**

Einleitung des Briefes

Als erstes möchte ich euch erzählen, wie wir die
Franzosen besiegt haben. Frankreich erklärte uns
95 Mitte 1870 den Krieg. Doch die Franzosen hatten
nicht erwartet - zugegeben, ich auch nicht -, dass
sie gegen ganz Deutschland kämpfen mussten. (Das
war die Folge der Begeisterung aller Deutschen für
ein einheitliches Deutschland.) (...) Unser größter
100 Sieg gegen die Franzosen war bei Sedan. Denn dort
haben wir den französischen Kaiser Napoléon III.
gekidnappt/gefangen genommen. (...) Es war zwar
eine gute Idee, Landgewinn zu machen, aber deshalb musste ich mit anderen Soldaten, darunter
105 auch älteren Männern, einen Winter mit bis zu -25
Grad C durchhalten und bekam jeden Tag nur immer Reis, Bohnen und verdorbenes Fleisch zu essen, weil ich ja ein „einfacher Soldat" war. Doch
wir haben nichts gesagt und uns alles gefallen las-
110 sen um ein einheitliches Deutsches Reich zu haben.
Schließlich war der Zeitpunkt gekommen und man
setzte die Ausrufung des neuen Kaiserreiches für
den 18.1.1871 an. Man wählte dazu den großen
Spiegelsaal im Schloss von Versailles.
115 Das klang alles gut und schön, doch dieser Saal
wurde von den Truppen noch als Lazarett genutzt
und bis zur Feier war es noch ein Tag. Und wieder
einmal waren es wir Soldaten, die die Drecksarbeit
machen mussten.
120 *(folgt Beschreibung der Proklamationsfeier, der
Soldat bemerkt den Maler, der sich Skizzen macht,
und spricht mit ihm.)*

T4 Aus dem Leben eines einfachen Soldaten von 1870-71

Ach ja, das waren noch Zeiten. Der Krieg gegen die
5   verdammten Franzosen und die Kaiserkrönung. Es
waren schöne, aber anstrengende Zeiten. Ich war
von Anfang an dabei. Ich war einer der Ersten, der
der Möchtegern-Supermacht in den Arsch trat. Wir
überrannten sie, massakrierten sie und quälten sie.
10 Die Franzosen, sie hatten keine Chance. Wir waren
in allem überlegen, im Nahkampf und mit der Rei-
terei, in allem haben wir sie geschlagen. Und dann
kam einer der Höhepunkte in dem Krieg, ein Höhepunkt, welcher nicht nur unser Regiment verwun-
15 derte. Der französische Kaiser wurde gefangen
genommen. (...)

Die Krönung war auf den 18.1 1871 angesetzt. (...)
Ich weiß nicht, wie spät es war, aber draußen rum-
20 sten die Kanonen, welche noch Paris angriffen. (...)
Der Saal war überfüllt. Ich habe die Leute nicht
gezählt, aber ich schätze, es waren so um 2000
Menschen. Darunter waren einige wenige Fürsten
und ihre Vertreter, ca. 600 Soldaten und sehr viele
25 Generäle und Kommandanten. Als erstes sangen
wir einen Choral, welchen alle Anwesenden mit-
grölten. Ich persönlich sang so laut ich konnte.
Danach, glaube ich, predigte jemand. Ich konnte es
nicht genau verstehen, da ich so weit hinten stand.
30 Es kam mir vor wie eine Ewigkeit.
*(folgt: Rest der Zeremonie und Feier der Soldaten
danach)*

III. Geschichtsdidaktische Forschung und Historiographieorientierung

Thorsten Heese

„Eine Zierde der Stadt".
Zum Dissertationsprojekt „Die Institutionalisierung des Sammelns am Beispiel der Osnabrücker Museumsgeschichte"

Das Thema ist Teil des Forschungsprojektes „Gefühlskultur und Lebenswelt des Bürgertums in Deutschland im 19. Jahrhundert" an der Martin-Luther-Universität Halle-Wittenberg. In diesem Rahmen wird am Beispiel einer mittelgroßen Kommune – der Stadt Osnabrück – der Zusammenhang zwischen der Institution des Museums und der Ausprägung bürgerlicher Identität untersucht. Im Zentrum steht dabei der Vorgang des Sammelns und seine Stellung im bürgerlichen Selbstverständnis.

Die wissenschaftliche Annäherung an das Phänomen *Museum* drückt sich in einer mittlerweile recht stattlichen Zahl von Veröffentlichungen aus. Je umfassender jedoch die Materie durchdrungen wird, desto deutlicher tritt zutage, daß mit den gewonnenen Antworten zugleich eine Vielzahl neuer Fragen auftaucht. Das Phänomen ist offenbar so facettenreich, daß verallgemeinerbare Thesen rar sind.

I. Ideengeschichte des Museums

Was die Geschichte des bürgerlichen Museums betrifft, so ist diese bislang weitgehend ideengeschichtlich untersucht worden. Ganz grob umrissen wurzelt danach die Idee der öffentlichen, durch eine systematische Ordnung charakterisierten und der wissenschaftlichen Erkenntnis dienenden Institution bereits in der Antike. Der griechische Begriff *Museion* bezeichnete bereits neben den Musen geweihten Orten allgemein Lehrstätten. Zu den wichtigsten antiken Museen gehörte die Akademie in Alexandria (3. Jh. v.Chr.), die der Erkenntnisförderung dienende Sammlungen beherbergte.[1] Das Bildungsmotiv des Sammelns taucht im Laufe der Jahrhunderte immer wieder auf. In den Natur- und Kuriositätskabinetten wurden Mikrokosmen des gesamten vermeintlich göttlichen Weltschaffens angelegt, um diesem Makrokosmos näher kommen, diesen besser verstehen zu können.[2] Das *Buch der von*

---

[1] Gottfried Fliedl (Hrsg.): Die Erfindung des Museums. Anfänge der bürgerlichen Museumsidee in der Französischen Revolution. Wien 1996 (Museum zum Quadrat, Bd. 6), S. 69.

[2] Dazu exemplarisch Andreas Grote (Hrsg.): Macrocosmos in Microcosmo. Die Welt in der Stube. Zur Geschichte des Sammelns 1450 bis 1800. Opladen 1994 (Berliner Schriften zur Museumskunde, Bd. 10); Krzysof Pomian: Der Ursprung des Museums. Vom Sammeln. Neuausgabe Berlin 1998.

Gott geschaffenen Natur wurde mit Hilfe sicht- und greifbarer Objekte aufgeschlagen, gesammelt, geordnet, ausgestellt und bewundert.

Sammlungen wurden aber auch und gerade aus Gründen der Machtdemonstration angelegt. Die fürstlichen Sammlungen zeigten Reichtum und Überfluß. Die fürstliche Kunstgalerie entwickelt sich zu *dem* Repräsentationsraum schlechthin; der Zugang war nur Privilegierten gestattet. Mit der Aufklärung öffneten einige Fürsten sie zwar auch ihrer Bevölkerung und ließen diese allmählich teilhaben an ihren gesammelten Schätzen. Einen wirklichen Durchbruch brachte allerdings erst die Französische Revolution, die königliche und adelige Kunstsammlungen und Schlösser der gesamten französischen Nation öffnete. Hier wird gemeinhin der Ausgangspunkt des öffentlichen, bürgerlichen Museums gesehen. Die Bündelung des nationalen Reichtums diente der Öffentlichkeit nicht nur zum Vergnügen. Dieser wurde vielmehr in den Dienst der geistigen Erziehung gestellt und sollte nach der erfolgten Revolution insbesondere die nationale Integration befördern.[3]

Dies sind die Vorbedingungen, unter denen sich das für die Osnabrücker Fallstudie maßgebende deutsche Museumswesen des 19. Jahrhunderts entwickelte. Nach der Studie von Walter Hochreiter zur Sozialgeschichte der Museen zwischen 1800 und 1914[4] erfolgte diese Entwicklung in vier Stufen. In der ersten Phase öffneten die Fürsten ihre Sammlungen endgültig einer breiteren Öffentlichkeit – auch wenn Kleiderordnungen hier die Armen und Ärmsten nach wie vor ausschlossen.

In einer zweiten Phase schuf ein liberales Bürgertum, das nach den Befreiungskriegen im Zuge nationaler Einheitswünsche wachsendes Interesse an der nationalen wie regionalen Geschichte bewies, um die Mitte des Jahrhunderts kulturgeschichtliche Museen. Diese arbeiteten parallel zu den Geschichtsvereinen für die Verwirklichung der nationalen Einheit, insbesondere nach der gescheiterten Revolution von 1848/49. Im Zentrum stand dabei das Germanische Nationalmuseum in Nürnberg.

Der Gründerboom der Reichsgründung von 1871 war auch ein Museumsboom, der die Zahl bürgerlicher Museen deutlich ansteigen ließ. Für diese dritte Phase stehen einerseits die Kunstgewerbemuseen,[5] die im Zuge der frühen Weltausstellungen eine Reaktion auf die Unterlegenheit deutscher kunsthandwerklicher Produkte auf dem internationalen Markt darstellten.

[3]   Fliedl (Anm. 1), S. 106; Andrew McClellan: Inventing the Louvre. Art, Politics, and the Origins of the Modern Museum in Eighteenth-Century Paris. Cambridge 1994, S. 91ff.; Rolf Reichardt (Hrsg.): Die Französische Revolution. Freiburg/Würzburg 1988, S. 232.
[4]   Walter Hochreiter: Vom Musentempel zum Lernort. Zur Sozialgeschichte deutscher Museen 1800–1914. Darmstadt 1994.
[5]   Exempl. Barbara Mundt: Die deutschen Kunstgewerbemuseen im 19. Jahrhundert. München 1974 (Studien zur Kunst des neunzehnten Jahrhunderts, Bd. 22).

Andererseits präsentierte das im Preußisch-Bismarckschen Reich *angekommene* Bürgertum nach Hochreiter im kulturhistorischen Museum[6] Geschichte nicht mehr mit politischem Impetus, wie noch während der Gründung des Germanischen Nationalmuseums, sondern lediglich als „sinnlich ansprechendes Dekor der Lebensverfeinerung".[7] Über all dem thront schließlich das Kunstmuseum, in dem nun auch das Bürgertum auf *fürstliche Art und Weise* hohe Kunst im *Musentempel* zelebrierte.[8]

Gegen Ende des 19. Jahrhunderts kam es in einer vierten Phase zur Verwissenschaftlichung und wachsenden Differenzierung des Museumswesens. Das universale Bildungskonzept löste sich allmählich auf und brachte Spezialmuseen hervor. Die wissenschaftlichen Fachdisziplinen lieferten zudem die Systematik, nach der die Spezialsammlungen künftig aufgestellt wurden. Exemplarisch seien die Gattungen des Technikmuseums bzw. des Volkskundemuseums genannt. Während ersteres stärker modern ausgerichtet war, da es die Technik im Zeitalter der Hochindustrialisierung als Kulturfaktor museums- und damit gesellschaftsfähig machte, zeigte sich im Volkskundemuseum wie auch in der daran anknüpfenden Heimatmuseumsbewegung das eher antimodernistische Bestreben des Bildungsbürgertums, museale Orte zu schaffen, an denen die Orientierung am vorindustriellen traditionellen Kulturgut möglich schien.[9]

II. Untersuchungsansatz

Gerade weil sich das Museum im Laufe seiner Geschichte in der Tendenz von einem exklusiven zu einem Breitenphänomen entwickelt hat, scheint es sinnvoll zu sein, von der Untersuchung der wegweisenden großen Museen wegzukommen und die Entwicklung *dahinter* bzw. *daneben* etwas genauer zu beleuchten. Dies ist zum einen möglich, indem ein bestimmter Museumstyp untersucht wird, wie es etwa Martin Roth mit dem Heimatmuseum unternommen hat oder Martin Griepentrog mit dem Kulturgeschichtlichen Museum in Westfalen in der ersten Hälfte des 20. Jahrhunderts.[10] Hilfreich erscheint zum ande-

---

[6] Exempl. Bernward Deneke/Rainer Kahsnitz (Hrsg.): Das kunst- und kulturgeschichtliche Museum im 19. Jahrhundert. Vorträge des Symposiums im Germanischen Nationalmuseum, Nürnberg. München 1977 (Studien zur Kunst des neunzehnten Jahrhunderts, Bd. 39).

[7] Hochreiter (Anm. 4), S. 188.

[8] Exempl. Alexis Joachimides u.a. (Hrsg.): Museumsinszenierungen. Zur Geschichte der Institution des Kunstmuseums. Die Berliner Museumslandschaft 1830-1990. Dresden/Basel 1995; Volker Plagemann: Das deutsche Kunstmuseum 1790-1870. Lage, Baukörper, Raumorganisation, Bildprogramm. München 1967 (Studien zur Kunst des neunzehnten Jahrhunderts, Bd. 3).

[9] Andreas Kuntz: Das Museum als Volksbildungsstätte. Museumskonzeptionen in der deutschen Volksbildungsbewegung von 1871 bis 1918. 2. Aufl. Marburg 1980.

[10] Martin Roth: Heimatmuseum. Zur Geschichte einer deutschen Institution. Berlin 1990 (Berliner Schriften zur Museumskunde, Bd. 7); Martin Griepentrog: Kulturhistorische Museen

ren die Analyse und Interpretation einzelner Museen aus der *Fläche*. Erst von solchen Analysen kann die nötige Tiefenschärfe erwartet werden, die eine Überprüfung der großen Hauptlinien erlaubt.[11]

Mit der Arbeit zur Osnabrücker Museumsgeschichte soll ein solcher Versuch für eine mittelgroße Kommune unternommen werden, um der Etablierung der bürgerlichen Museumsidee im 19. Jahrhundert mit ihren Vorbedingungen und Auswirkungen auf neuem Wege näher zu kommen. Im Zentrum steht dabei die Überprüfung des Motivs des Sammelns im mentalitäts- und sozialgeschichtlichen Kontext des bürgerlichen Bildungsverständnisses. Dahinter steht die Vermutung, daß sich die Musealisierung viel stärker unter regionalen, lokalen und individuellen Vorbedingen vollzogen hat, als es bislang in der Forschung Berücksichtigung gefunden hat. Methodisch wird dazu einerseits auf die Kommune als Fallgruppe Bezug genommen. Andererseits werden Biographien mehrerer ausgewählter Sammler exemplarisch vor dem Hintergrund der Geschichte des Bürgertums, des Museums und des Sammelns untersucht.

III. Die Gründung des Osnabrücker Museumsvereins

Die Gründung des ersten Osnabrücker Museums fällt mitten in den Gründungsboom der Wilhelminischen Ära. 1879 kam es unter der Regie des Oberbürgermeisters Johannes Miquel (1828–1901) zur Gründung des „Museumsvereins für den Landdrosteibezirk Osnabrück". Das Ziel, in dem Museum eine universalen Bildungsansprüchen genügende Institution zu schaffen, drückt sich darin aus, daß mehrere unterschiedliche Vereine in die Vereinsgründung mit einbezogen werden sollten. Dazu gehörte der Naturwissenschaftliche Verein, der bereits eigene Sammlungen besaß und der als Unterabteilung zur Betreuung der naturwissenschaftlichen Sammlungen in den Museumsverein integriert wurde. Eine ähnlich enge Verbindung mit dem örtlichen Historischen Verein kam, obwohl geplant, nicht zustande. Allerdings bestand eine ideelle Verknüpfung, die sich in der historisch-patriotischen Ausrichtung des Museumsvereins zeigt. Zudem findet sich ein Drittel der Mitglieder des Historischen Vereins von 1878 ein Jahr später auch im neu gegründeten Museumsverein wieder.

Das ist insofern von Relevanz, als der bürgerliche Bildungsgedanke mit nationalem, vaterländischem Ideengut einherging, das wesentlich mit von den Geschichts- und Altertumsvereinen gepflegt wurde. Und nicht von ungefähr ist

---

in Westfalen (1900–1950). Geschichtsbilder, Kulturströmungen, Bildungskonzepte. Paderborn 1998 (Forschungen zur Regionalgeschichte, Bd. 24).

[11]   Siehe etwa jüngst Andreas Urban über die museale Geschichtsvermittlung im 20. Jahrhundert am Beispiel des Historischen Museums in Hannover; Andreas Urban: Von der Gesinnungsbildung zur Erlebnisorientierung. Geschichtsvermittlung in einem kommunalen historischen Museum im 20. Jahrhundert. Schwalbach/Ts. 1999 (Forum Historisches Lernen).

die Gründung des Germanischen Nationalmuseums als des maßgebenden kulturgeschichtlichen Museums der damaligen Zeit unmittelbar mit diesen Vereinen verbunden gewesen.

Der vom Osnabrücker Museumsverein propagierte Patriotismus entsprang einerseits dem auch in der Literatur konstatierten nationalistischen Zeitgeist, mit dem das Reich kurz zuvor geschmiedet worden war. Andererseits verbirgt sich meines Erachtens hinter den verbreiteten Aufrufen, den kulturellen Ausverkauf der Region zu verhindern, aber doch wesentlich mehr als nur eine schöngeistige Beschäftigung. Hier scheinen Regionalstudien zu belegen, daß eine größere Tiefenschärfe tatsächlich vonnöten ist. Selbst wenn sich das Bürgertum im neuen Nationalstaat einrichtete, scheint die jahrhundertelang gepflegte lokale und regionale Identität auch fortan nicht nur noch schmückendes Beiwerk für die historisch Interessierten gewesen zu sein. Gerade weil die Reichsgründung mit kriegerischer Gewalt über regional-historische Bezüge hinweggegangen ist, gehörten diese auch nach 1871 zum historischen Bezugsrahmen dazu.

Im Falle Osnabrücks, dessen Entwicklung zum einen von der Ambivalenz zwischen bischöflichem Landesherrn und städtischem Bürgertum geprägt ist, das zum anderen gerade seit dem 18. Jahrhundert ständig wechselnde Herrschaften erlebt hat, war neben einer übergeordneten nationalen Identität eine regionale Verortung ebenso wichtig. Erst auf der Grundlage dieses spezifischen historischen Selbstverständnisses, so ist zu vermuten, begriff man sich als – gleichberechtigter – Teil des nationalen Ganzen.

Das läßt sich an der Museumsgeschichte Osnabrücks verdeutlichen, beispielsweise im Ringen um die Positionierung des Museums im Gesamtgefüge der reichsweiten Museumslandschaft. Symbolisch dafür mag zudem der *Osnabrücker Kaiserpokal* stehen. Mit dem Pokal, dem Prunkstück des städtischen Ratssilbers, organisierte der Magistrat im November 1879 gegen Eintrittsgeld die erste Osnabrücker *Museumsausstellung*. Der Kaiserpokal, der für eine Woche „zum Besten des Museums-Vereines"[12] im Rathaus ausgestellt war, ist signifikant für beides: für die Verbindung zu Kaiser und Nation einerseits, als Zeugnis eines primär regional definierten kulturhistorischen und bürgerlichen Selbstverständnisses andererseits.

Das leitet über zur *Zwitterstellung* des Museums innerhalb der städtischen Kulturpolitik. Das Osnabrücker Museum war eine private Vereinsgründung mit öffentlichem Charakter. Bereits bei der Gründung war eine enge Anbindung an die Stadtverwaltung fester Bestandteil der Vereinspolitik. Im Falle der Auf-

---

[12] Archiv des Kulturgeschichtlichen Museums Osnabrück (AKgMOS), A.11003, Museumsverein (1879–1925), 24.10.1879.

lösung des Vereins wurde die Stadt laut Statut rechtmäßige Eigentümerin der Museumssammlungen. Der Passus zeugt von dem Bewußtsein des Bürgertums, daß sich eine aufwendige kulturelle Einrichtung wie das Museum, die es für seine auf Kultur ausgerichtete Lebensführung beanspruchte, langfristig nur in öffentlicher Trägerschaft erhalten ließ. Zu einer selbständigen, privaten Finanzierung solcher Einrichtungen war das Bürgertum in Deutschland aufgrund der dort verzögert einsetzenden Industrialisierung vor Ende des 19. Jahrhunderts kaum in der Lage.[13]

Aber auch die offizielle Stadtvertretung hatte ein Interesse, mit Theatern, Opern oder Museumsbauten repräsentative *Zierden der Stadt* zu schaffen. Mit Unterstützung des Magistrats erhielt der Osnabrücker Museumsverein 1890 an dem zur Promenade umgestalteten Wall einen neoklassizistischen Museumsneubau. Der Magistrat selbst wiederum nutzte das Museum als repräsentative Anlaufstelle, wenn hoher Besuch in der Stadt weilte.

IV. Soziale Trägerschichten

Das Verhältnis von privatem und öffentlichem Charakter des Museums läßt sich auch anhand der Sozialstruktur des Museumsvereins überprüfen. Um mit dem vorhandenen Material – in erster Linie handelt es sich um Mitgliederlisten – aussagekräftige Untersuchungsdaten ermitteln zu können, wurde ein Schichtmodell entwickelt. Das Modell nimmt auf Grund der Berufsbezeichnungen eine gesellschaftliche Schichtung in drei Segmente vor.

Aus den Untersuchungen scheinen sich folgende vorläufigen Ergebnisse ableiten zu lassen: Die Auswertung bestätigt die Erwartung, daß Museumsvereine mit ihrem ausgeprägten Bildungsanspruch mehr einen Spiegel der oberen Schichten darstellten.[14] Sogenannte Werbelisten, mit denen um neue Mitglieder geworben wurde, belegen zudem, daß auch nur diese Kreise gezielt angesprochen wurden. Der Verein wurde von den bürgerlich dominierten Schichten des gesellschaftlichen Ober- und oberen Mittelbaus getragen. Die untere Mittelschicht fiel bereits kaum ins Gewicht, Angehörige der unteren Schicht – Arbeiter oder Gesellen – fehlen gänzlich. Diese Struktur blieb im zeitlichen Längsschnitt (1879–1930) im wesentlichen unverändert.

---

[13]   M. Rainer Lepsius: Das Bildungsbürgertum als ständische Vergesellschaftung. In: ders. (Hrsg.): Bildungsbürgertum im 19. Jahrhundert. Tl. 3: Lebensführung und ständische Vergesellschaftung. Stuttgart 1992, S. 8-18, hier S. 17.

[14]   Siehe auch Thomas Nipperdey: Verein als soziale Struktur in Deutschland im späten 18. und frühen 19. Jahrhundert. Eine Fallstudie zur Modernisierung I. In: ders.: Gesellschaft, Kultur, Theorie. Gesammelte Aufsätze zur neueren Geschichte. Göttingen 1976 (Kritische Studien zur Geschichtswissenschaft, Bd. 18), S. 174-205, hier S. 186.

Nach dem bisherigen Stand war die Mitgliedschaft im Museumsverein ein gesellschaftliches *Muß*. Der Museumsverein übte offensichtlich die Funktion eines Sammelbeckens für die unterschiedlichen gebildeten bürgerlichen Kreise aus. Das charakterisiert das Museum als einen der Orte, an denen die ansonsten inhomogene bürgerliche Gesellschaft eine gemeinsame Identität fand. Am Osnabrücker Beispiel bestätigen sich damit die Prozesse der „ständischen"[15] bzw. der „kulturellen Vergesellschaftung"[16] nach Lepsius bzw. Tenbruck, durch die sich das Bürgertum im Verlauf des 19. Jahrhunderts als Gruppe nach außen hin abgrenzte, nach innen dagegen über das Medium der *Bildung* eine gleichberechtigte Basis schuf.

Wenn die unteren Schichten im Museumsverein nicht repräsentiert sind, so waren sie doch nicht vom Museum ausgeschlossen. Ihnen wurde stattdessen die Rolle des »Konsumenten« zugeschrieben. Das Bürgertum setzte sein Bildungsverständnis als allgemeingültig fest, an dem untere Gesellschaftsschichten teilhaben sollten. Das Museum war eine *Volksbildungsstätte*, an dem die Arbeiterschaft durch Bildung und Erziehung von revolutionären Gedanken abgebracht und gesellschaftlich integriert werden sollte. Tatsächlich entstammte das Publikum „zu einem großen Theil dem Handwerker= u[nd] Arbeiterstande".[17] Die Arbeiterklasse war demnach in der Lage, in ihrer freien Zeit das museale Bildungsangebot der Stadt wahrzunehmen, ohne es jedoch selbst mitbestimmen zu können.

Eine kurze Anekdote mag demonstrieren, daß mit diesem Angebot vielleicht alle „Volksclassen"[18], jedoch angesichts festgelegter Geschlechterrollen nicht auch alle Angehörigen dieser „Volksclassen" erreicht wurden. 1890 bat ein Redakteur, die sonntägliche Besuchszeit von 11 bis 13 Uhr abzuändern, da es „Hausfrauen nicht möglich sei, um diese Tageszeit aus dem Hause zu sein."[19] Gleichwohl ist das Museum weniger von geschlechtsspezifischen als vielmehr von schichtspezifischen Unterschieden geprägt. Die Bürgerinnen nahmen sehr wohl Anteil am Museumsgeschehen. Signifikant dafür ist u.a., daß sie genau in dem Moment in den Mitgliederlisten sichtbar werden, in dem sie als Witwen die Rolle der Ehemänner übernehmen. In einem zweiten Schritt

[15] Lepsius (Anm. 13), S. 9.
[16] Friedrich H. Tenbruck: Bürgerliche Kultur. In: Friedhelm Neidhardt/M. Rainer Lepsius/ Johannes Weiss (Hrsg.): Kultur und Gesellschaft. Opladen 1986, S. 263-285, hier S. 269.
[17] AKgMOS, A.32001, Beihilfen für den Museumsverein. Landesdirektorium zu Hannover (1879–1928), 3.11.1898.
[18] AKgMOS, A.11004, Anträge bzw. Entwürfe zu Anträgen zur Förderung der VereinsInteressen (1883–1929), 28.3.1883.
[19] AKgMOS, A.71002, Berichte des Museumsvereins (1889–1916), Jb 1889/90, S. 12.

bringen es schließlich die Veränderungen des beginnenden 20. Jahrhunderts mit sich, daß die Zahl selbständiger weiblicher Mitglieder zunimmt.

Neben der Mitgliederstruktur wird in meiner Arbeit die Zusammensetzung der im und um das Museum Aktiven näher analysiert. Dabei handelt es sich insbesondere um den Vereinsvorstand. Bei der Besetzung der Vorstandsposten zeigt sich, daß diese unmittelbar mit bestimmten Funktionsträgern innerhalb der Stadt verbunden sind. So fällt das Ehrenamt des Vorsitzenden immer an den amtierenden Regierungspräsidenten, der Oberbürgermeister übernimmt immer den Stellvertreterposten. Das heißt: Der Verein nutzt das *Repräsentationspotential* der höchsten Repräsentanten innerhalb der Kommune. Diese Struktur bleibt über Jahrzehnte stabil.

V. Sammeln

Das wäre soweit vielleicht noch zu erwarten gewesen. Der mikrohistorische Ansatz ermöglicht es nun aber darüber hinaus, auch hier weiter in die Tiefe zu gehen und am Beispiel einzelner Akteure unterschiedliche Handlungsräume bzw. Handlungsmuster aufzuzeigen. So lassen sich zum Beispiel die kulturpolitischen Handlungsmotive eines Kommunalpolitikers wie Miquel, der auf seinem Weg vom Osnabrücker Bürgermeister über den Posten des Frankfurter Stadtoberhauptes bis zum preußischen Finanzminister gewissermaßen auf *Durchreise* ist, mit den Aktivitäten des Regierungspräsidenten Gustav Stüve (1833–1911) vergleichen. Letzterer stammt aus einer alteingesessenen Osnabrücker Bürgerfamilie.

Stüve ist nicht nur Regierungsbeamter und nicht nur Vorstandsvorsitzender des Museumsvereins – er ist auch Sammler. Und damit haben wir eine weitere Untersuchungsebene erreicht. Die Analyse des Sammel- und Musealisierungsverhaltens – wer sammelt was und wer stellt in dieser Zeit etwas Gesammeltes für eine museale Institution zur Verfügung? – erlaubt einen Einblick in die unterschiedlichen Handlungsmuster, und sie verdichtet das Bild des jeweiligen Kulturverständnisses der Akteure. Sie veranschaulicht zudem, daß das Museum nicht nur eine öffentliche Einrichtung ist, sondern auch von individuellen Motiven und Interessen bestimmt ist.

Ausgewählt wurden Sammler, die das museale Spektrum der Zeit repräsentieren. Neben *Alterthümern*, Kunst und Naturwissenschaftlichen Sammlungen werden gerade auch die Bereiche der Völkerkunde und der Technik untersucht, da Kolonialimperialismus und Hochindustrialisierung in dieser Zeit nicht nur politisch aktuell sind, sondern sich zugleich auch museal niederschlagen. Hochreiter hat am Beispiel des Deutschen Museums in München demonstriert, wie es der jungen Gruppe der Techniker und Ingenieure unter anderem mit der Errichtung des Technikmuseums gelungen ist, ihre gesellschaftliche Anerkennung gegenüber dem technikfeindlichen Bildungsbürgertum durchzusetzen.

In Osnabrück existierte eine ältere Techniksammlung, die es erlaubt, auch dieses Ergebnis durch einen detaillierten Blick auf einen Sammler weiter zu differenzieren, indem aufgezeigt wird, wie der sammelnde Ingenieur einerseits zusammen mit seiner Techniksammlung im Museum auftritt und wie darauf reagiert wird. Das Museum repräsentiert in diesem Falle den Bereich des Bildungsbürgertums. Andererseits gibt auch sein Auftreten ohne Sammlung im Museum Aufschluß über die sozialen Zusammenhänge und Verhaltensmuster. Weitere Beispiele zeigen zudem, daß der Kontext von Sammeln und gesellschaftlicher Anerkennung wahrscheinlich noch wesentlich weiter gefaßt werden muß.

VI. Schluß

Die Untersuchung der Aspekte *Museum* und *Sammeln* anhand einer mikrohistorischen Studie unter unterschiedlichen historischen Fragestellungen liefert demnach einen weiteren, weit aufgefächerten Baustein zur Untersuchung des bürgerlichen Museums als einer sich im 19. Jahrhundert etablierenden Bildungseinrichtung. Sie zeigt ihren öffentlichen Charakter ebenso auf wie ihre halböffentlichen Ebenen und die individuellen Verhaltensmuster. Ein solcher Baustein scheint notwendig, will man der Geschichte eines derart vielschichtigen Phänomens, wie es das Museum darstellt, weiter auf der Spur bleiben.

An jedem einzelnen musealen Lernort ist eine ganz spezifische Sammlung historischer Exponate zusammengetragen worden. Letztere liefern die Grundlage für die gegenwärtige Vermittlung geschichtlicher Zusammenhänge. Eine Beschäftigung mit dem Zustandekommen dieser Sammlung sowie mit den Motiven und Absichten der jeweils handelnden Personen, die an diesem Ort materialisierte *Geschichte* gesammelt und ausgestellt haben, ist daher auch für die aktuelle geschichtsdidaktische Arbeit eine wichtige Voraussetzung.

Andreas Michler

Methodische Überlegungen zur Bewertung der Museumspolitik in Bayern von 1945 – 1955 aus geschichtsdidaktischer Perspektive

Die Rekonstruktion der Museumspolitik in Bayern in der ersten Nachkriegsdekade läßt sowohl von den erkenntnisleitenden Interessen, den sich daraus ergebenden Fragestellungen wie auch von der methodischen Vorgehensweise der Quellenkritik und Quelleninterpretation her zunächst eindeutig eine Schwerpunktsetzung im Bereich der empirischen Forschung erkennen. Diese Museumspolitik schließlich auch mit Hilfe genuin geschichtsdidaktischer Fragestellungen zu untersuchen, bedarf zur Begründung zunächst einiger grundsätzlicher Überlegungen. Anschließend wird anhand konkreter Beispiele die Tragfähigkeit und Ergiebigkeit dieses Ansatzes belegt.

I. Grundsätzliche Überlegungen

In der Museumspolitik – und zwar sowohl in ihrer situativen als auch normativen Ausrichtung – objektiviert sich Geschichtsbewußtsein. Dabei ist nicht nur die Institution Museum, in der sich die Ergebnisse dieser Politik manifestieren, sondern auch der Prozeß selbst, die Museumspolitik, Bestandteil von Geschichtskultur. Auch wenn die Diskussion über das Verhältnis und die Zuordnung von Geschichtsbewußtsein und Geschichtskultur noch immer nicht abgeschlossen ist, so besitzen doch beide in unserer Fachdisziplin unbestritten kategorialen Status. Und eben weil das so ist, können die von der gegenwärtigen Geschichtsdidaktik entwickelten theoretischen Erkenntnisse zur Geschichtskultur gleichsam als Folie für die Auseinandersetzung mit der vergangenen Geschichtskultur aufgelegt werden. Wenn ich diese Methode als „theoretische Empirie" bezeichne, dann soll damit zum einen genau dies ausgedrückt werden; zum anderen impliziert dieser Begriff vor allem aber auch das Aufeinander-Verwiesen-Sein theoretischer geschichtsdidaktischer Reflexion und empirischer historischer Forschung bei der Rekonstruktion vergangener Geschichtskultur. Wie noch an den konkreten Beispielen gezeigt wird, stellt die Ebene der historischen Analyse eine unverzichtbare Basis für die Beantwortung geschichtsdidaktischer Fragestellungen bereit. Allerdings wird nun nicht mehr das aufgefundene Quellenmaterial zur Museumspolitik befragt und interpretiert, sondern die Ergebnisse dieser Rekonstruktionsarbeit. Insofern handelt es sich bei diesem geschichtsdidaktischen Forschungsansatz um weit mehr als einen bloßen

Perspektivenwechsel bei der Erforschung der Museumspolitik in Bayern zwi-
schen 1945 und 1955, vielmehr bildet er eine Metaebene. Welches sind aber nun praktikable „Suchraster"[1] der Geschichtskultur, nach denen man die Ergebnisse der Rekonstruktionsarbeit auf ihr geschichtskultu-relles Erkenntnispotential hin analysieren kann? Wenn man Geschichtskultur als heuristische Kategorie versteht, dann muß man mit Hilfe der Dimensionie-rungen von Geschichtskultur, die Jörn Rüsen und Bernd Schönemann vorge-nommen haben, „Museumspolitik in Bayern nach 1945" erschließen können. Daß damit auch im Rückschluß Erkenntnisse über den forschungspragmati-schen Wert oder nach Rüsen über die „analytische Brauchbarkeit"[2] dieser Di-mensionen gewonnen werden, soll nicht unerwähnt bleiben.

Im Folgenden werde ich die von Rüsen und Schönemann genannten Dimen-sionen der Geschichtskultur in ihrer theoretischen Verfaßtheit charakterisieren und sie dann an Ergebnissen meiner historischen Analyse zur Museumspolitik exemplifizieren. Diese Charakterisierung kann hier freilich nur stark vergröbert und die Konkretion nur schlaglichtartig vorgestellt werden.

Rüsen unterscheidet die ästhetische, politische und kognitive Dimension der Geschichtskultur, die für ihn „gleich ursprünglich sind und nicht aufeinander reduziert werden können".[3] Gleichwohl weist er auch darauf hin, daß es sich dabei um eine „relative Autonomie"[4] handelt. Das heißt, daß das jeweilige Eigengewicht nur aus dem Spannungsverhältnis erkennbar ist, in dem sich die Dimensionen zueinander befinden und aus dem heraus sie sich gegenseitig zu instrumentalisieren und zu dominieren versuchen. Die forschungspragmatische Bedeutung liegt auf der Hand. Interessanterweise entfaltete Jörn Rüsen die Kategorie der Geschichtskultur mit ihren drei Dimensionen erstmals 1987 in einem Aufsatz mit dem Titel „Für eine Didaktik historischer Museen".[5] Dieser dezidierte Bezug auf die historischen Museen muß in Zusammenhang mit der damaligen Diskussion um das geplante Deutsche Historische Museum in Berlin

---

[1]   Bernd Schönemann: Geschichtsdidaktik und Geschichtskultur. In: Bernd Mütter/Bernd Schö-nemann/Uwe Uffelmann (Hrsg.): Geschichtskultur. Theorie – Empirie – Pragmatik. Weinheim 2000 (Schriften zur Geschichtsdidaktik, Bd. 11), S. 46.

[2]   Jörn Rüsen: Was ist Geschichtskultur? Überlegungen zu einer neuen Art, über Geschichte nachzudenken. In: Klaus Füßmann/Heinrich Theodor Grütter/Jörn Rüsen (Hrsg.): Historische Faszination. Geschichtskultur heute. Köln u.a. 1994, S. 17.

[3]   Ebd.

[4]   Ebd., S. 18.

[5]   Jörn Rüsen: Für eine Didaktik historischer Museen. In: Jörn Rüsen/Wolfgang Ernst/Heinrich Theodor Grütter (Hrsg.): Geschichte sehen. Beiträge zur Ästhetik historischer Museen. Pfaf-fenweiler 1988 (Geschichtsdidaktik, Studien, Materialien. Neue Folge, Bd. 1), S. 9-20. (= Wiederabdruck von Jörn Rüsen: Für eine Didaktik historischer Museen. Gegen eine Verengung im Meinungsstreit um die Geschichtskultur. In: GD 12 (1987), S. 267-276. Überraschender-weise wählt Rüsen in diesem Aufsatz zur Konkretion seiner theoretischen Überlegungen keine Beispiele aus dem Museumsbereich.

gesehen werden. Aber stellt sich nicht – gerade wegen der kategorialen Bedeutung der Geschichtskultur – prinzipiell die Frage, ob die immer wieder feststellbare Verengung des Untersuchungsgegenstandes auf historische Museen sinnvoll ist? In allen Museen vollzieht sich historische Erinnerung, demzufolge manifestieren sich dort auch alle drei Dimensionen, freilich in einem jeweils anderen Wechsel- und Spannungsverhältnis.[6]

Mit anderen Worten: Unter der Fragestellung des geschichtskulturellen Erkenntnispotentials wird die herkömmliche Trennung etwa in Kunstmuseen[7] und historische Museen obsolet. Daß Kunstmuseen beispielsweise auch ein „vorzügliches Potential (...) für Geschichtslernen"[8] in sich bergen, darauf weist zu Recht Bodo von Borries in einem GWU-Aufsatz aus dem Jahre 1997 hin. Während Museen nach Rüsen dem ästhetischen Bereich der Geschichtskultur zuzuordnen sind[9], impliziert zunächst der Begriff der Museumspolitik eine Einordnung in den politischen Bereich. In der Tat lassen sich in den Ergebnissen meiner historischen Analyse Tendenzen erkennen, die auf eine eindeutige Instrumentalisierung der ästhetischen und der wissenschaftlichen Dimension durch die politische schließen lassen.

II. Analysebeispiele

Als augenfälliges Beispiel kann hier das Bemühen der amerikanischen Militärregierung aufgeführt werden, die Museen in ihre Demokratisierungspolitik mit einzubeziehen. Ihre Forderung, mit neuen Ausstellungsmethoden die Museen für breitere Bevölkerungsschichten verstehbar zu machen, um sie so als „media for popular education" zu nutzen, zeigt den Zugriff politischer Zielvorstellungen auf die ästhetische Dimension. Entsprechend scharf war auch die Kritik der amerikanischen Museumsoffiziere an den museumspolitischen Vorstellungen mancher ihrer deutschen Kollegen, die mit einer bewußten Betonung der wissenschaftlichen und ästhetischen Dimension an die Zeit vor 1933 anknüpfen wollten und sich deshalb den Vorwurf einhandelten, bildungselitär und damit undemokratisch zu sein.

Ich komme zu einem zweiten Beispiel: Am 16. April 1946 wurde im Bayerischen Nationalmuseum in München die Ausstellung „Alte bayerische Städte"

---

[6] Vgl. dazu auch Rüsen (Anm. 2), S. 18: „Es gibt eben keine historische Erinnerung, die nicht durch alle drei Prinzipien geprägt wäre."

[7] Zu unterscheiden ist freilich zwischen den Kunstmuseen, deren Sammlungsgegenstand die künstlerischen Hinterlassenschaften vergangener Epochen sind und den Galerien, die sich mit der zeitgenössischen Kunst befassen.

[8] Bodo von Borries: Präsentation und Rezeption von Geschichte im Museum. In: Geschichte in Wissenschaft und Unterricht 48 (1997), S. 339.

[9] Vgl. Jörn Rüsen: Geschichtskultur. In: Klaus Bergmann u. a. (Hrsg.): Handbuch der Geschichtsdidaktik. 5., überarb. Aufl. Seelze-Velber 1997, S. 39.

eröffnet. Im Mittelpunkt dieser Ausstellung standen die so genannten Sandtner-Modelle aus dem Besitz des Museums. Dabei handelt es sich um modellhafte Nachbildungen der altbayerischen Regierungsstädte München, Straubing, Burghausen, Landshut und Ingolstadt, die Jakob Sandtner zwischen 1568 und 1574 im Auftrag Herzog Albrechts V. von Bayern aus Lindenholz angefertigt hatte.[10] Ergänzt wurden diese Stadtmodelle, die ohne Zweifel im Mittelpunkt der Ausstellung standen, noch durch Stadtansichten auf Gemälden, Zeichnungen und Kupferstichen aus dem 16., 18. und 19. Jahrhundert. Erstaunlicherweise wurde dieses Projekt in Verbindung mit einer gleichzeitig laufenden größeren Ausstellung in diesem Museum zum Thema „Bayerisches Rokoko" realisiert.[11] Die Intention dieser Verbindung läßt sich aus dem vorgefundenen Quellenbestand nicht recherchieren. Als gemeinsamer Nenner dieser beiden Ausdrucksformen historischer Erinnerung kann wohl auf den ersten Blick die Präferenz des ästhetischen Elements angeführt werden. Untersucht man das Verhältnis zwischen politischer, ästhetischer und wissenschaftlicher Dimension in der Ausstellung „Alte bayerische Städte" allerdings etwas genauer, dann wird eine Instrumentalisierung der Ästhetik durch die Politik erkennbar. Die politisch-pragmatische Dominanz ist aus den konkreten Umständen der unmittelbaren Nachkriegszeit erklärbar. Das Politisch-Pragmatische lag zum einen darin begründet, daß es natürlich im Interesse der Museumsleitung lag, die Sandtner-Modelle als eines ihrer „Highlights" im Sammelbestand möglichst schnell wieder der Öffentlichkeit zugänglich zu machen. Mit der Präsentation dieser materiellen Hinterlassenschaften aus der Vergangenheit – und zwar aus einer Vergangenheit, auf die es sich offensichtlich zu rekurrieren lohnte – wollte man ein deutliches positives Zeichen in einer Zeit setzen, die den meisten als ausweglos erscheinen mußte. Angesichts des Ausmaßes der Kriegszerstörungen in den Städten waren zum anderen diese Exponate aber auch dezidiert als Orientierungs- und Argumentationshilfe in der – vor allem in München – einsetzenden heftigen Diskussion über die Art und Weise des Wiederaufbaus gedacht. Doch trotz der Instrumentalisierungstendenz der politischen Dimension, das Eigenrecht des Schönen kommt auch hier in dem, was Rüsen als das „Ästhetische im Historischen"[12] bezeichnet, zum Vorschein. Der kognitive Gehalt scheint bei dem gewählten Beispiel zunächst völlig in den

---

[10] In den amerikanischen Quellen wird das sechste ausgestellte Modell irrtümlicherweise der Stadt Nürnberg zugeordnet. Vgl. dazu IfZ-Archiv MFAA Box 330, 1 of 12, OMGBY, Monuments, Fine Arts and Archives, Monthly District Summary Report, April 1946, S. 11. Tatsächlich handelt es sich aber um die von Sandtner angefertigte modellhafte Darstellung der Stadt Jerusalem.

[11] Vgl. dazu IfZ-Archiv MFAA Box 330, 1 of 12, OMGBY, Monuments, Fine Arts and Archives, Monthly District Summary Report, April 1946, S. 11.

[12] Rüsen (Anm. 2), S. 12.

Hintergrund gedrängt zu sein. Gleichwohl können Erkenntnisse der Geschichtswissenschaft wie der Geographie gerade im Hinblick auf die ästhetische Wirkung der Stadtmodelle wie auch die damit verbundenen politischen Absichten regulativ wirken. Das Wissen um die Problematik von Hygiene und eingeschränkter Wohnkultur in den Städten des 16. Jahrhunderts sowie infrastruktureller Notwendigkeiten einer modernen Stadt- und Verkehrsplanung im 20. Jahrhundert können hier als mögliche Regulative der Wissenschaft mitgedacht werden.

Abschließen möchte ich meine Analysebeispiele im Hinblick auf die Rüsenschen Dimensionen der Geschichtskultur mit dem Verweis auf zwei Ausstellungen, die sowohl im Bayerischen Nationalmuseum wie auch im Germanischen Nationalmuseum in Nürnberg stattfanden. Beide Häuser präsentierten etwa zeitgleich ab Dezember 1945 sogenannte Weihnachtsausstellungen, nämlich in München die „Krippenschau" und in Nürnberg die „Weihnachtlichen Kostbarkeiten aus dem Germanischen-Nationalmuseum". Besonders angesichts der Tatsache, daß es sich bei den Ausstellungen um die ersten öffentlichen Projekte der beiden Museen nach dem Kriege überhaupt handelte, müßte darüber nachgedacht werden, ob die von Rüsen bereits schon einmal erwähnte, aber nicht weiter elaborierte religiöse Dimension[13] nicht doch stärker in das Kategoriengefüge der Geschichtskultur eingegliedert werden sollte.

Eine andere Dimensionierung der Geschichtskultur schlägt Bernd Schönemann in seinem Seeoner Grundsatzreferat vor, nämlich die institutionelle, die professionelle, die mediale und die adressaten- oder publikumsspezifische. Das Erkenntnispotential der genannten Dimensionen sieht er vor allem darin, mit ihrer Hilfe dem „Wandel der geschichtskulturellen Strukturen"[14] nachgehen zu können. Der forschungspragmatische Wert dieses Ansatzes zeigt sich in Bezug auf meinen Untersuchungsgegenstand bei der Bewertung des Einflusses, den die amerikanische Besatzungsmacht auf die Museumspolitik in Bayern nehmen wollte. Exemplarisch möchte ich dies zunächst am Beispiel der institutionellen Dimension aufzeigen: Die bereits erwähnte Zielsetzung, die Museen dezidiert für ihr Demokratisierungsprogramm zu nutzen, konnte erst dann realisiert werden, darüber waren sich die Amerikaner im Klaren, wenn die Institution Museum selbst einer demokratischen Reform unterzogen worden war. Im Vordergrund stand dabei das Leitmotiv „Geschichte als Bildung", allerdings nun nicht mehr nur an einen elitären Kreis aus dem Bildungsbürgertum, sondern an alle Bevölkerungsschichten adressiert. Ihre Forderung, die Museen auch in den Abendstunden sowie an Sonn- und Feiertagen bei freiem Eintritt zu öffnen, zählen ebenso zu den Demokratisierungsvorschlägen wie die Intensivierung der

---

13 Vgl. Rüsen (Anm. 9), S. 38.
14 Schönemann (Anm. 1), S. 50.

Kontakte zwischen den Museen und anderen Bildungseinrichtungen wie den Universitäten, Schulen und Volkshochschulen. So läßt sich etwa die Einrichtung einer „Bildungsstätte für Erwachsenen- und Jugenderziehung" im Germanischen Nationalmuseum im Jahre 1950 konkret auf den Einfluß der Amerikaner zurückführen. In einem Monatsbericht an ihre vorgesetzte Dienststelle berichtete Ende Oktober 1945 die Museumsabteilung der amerikanischen Militärregierung für Ober- und Mittelfranken: „The Germanic Museum, Nürnberg, has inovated an American practice of popularizing the museum by sponsoring a daily concert of light music. The program is being well received."[15] Solche Veranstaltungen in den Museen sind durchaus als erste Anzeichen eines Wandels im geschichtskulturellen Leitmuster hin zur Formel „Geschichte als Ereignis"[16] zu interpretieren. Die Einführung von Konzertveranstaltungen als ein Element einer neuen Öffentlichkeitsarbeit wurde von einer Reihe anderer Museen in Bayern übernommen, gleichwohl regte sich mitunter deutlicher Unmut gegen diesen Wandel. So hielt der Direktor des bayerischen Landesamtes für Denkmalpflege, Dr. Georg Lill, diese Konzerte in Museumsräumen für eine „ausgesprochen snobbistische Idee". Lill führte in einem Brief an das Kultusministerium weiter aus: „Ich möchte für das altkultivierte Europa solche Versuche völlig ablehnen. Jedem das Seine, aber Kaviar und Limburger Käse zusammen werden immer eine Verdauungsstörung herbeiführen."[17]

Solche drastischen Worte aus dem Munde eines bayerischen Kulturpolitikers verstärkten natürlich die Meinung der Amerikaner, daß nicht nur die Institution Museum eines demokratischen Wandels bedurfte, sondern auch die „professionellen Sachverwalter der Geschichtskultur", wie Schönemann die in den Museen tätigen Fachleute umschreibt, umerzogen werden mußten.[18] Auf die professionelle Dimension der damaligen Museumskultur versuchten die Amerikaner durch intensive Schulungsprogramme und internationale Kontakte, bis hin zu der Möglichkeit eines Aufenthaltes in den Vereinigten Staaten, Einfluß zu nehmen. Die deutschen Museumsexperten sollten dadurch nicht nur mit neuen Ausstellungsmethoden vertraut gemacht, sondern auch in ihrer wissenschaftlichen Arbeit an internationale Standards dieser Zeit, beispielsweise auf dem Restaurierungssektor, herangeführt werden.

---

[15] IfZ-Archiv MFAA Box 329, 6 of 12, Office of Military Government for Regierungsbezirk Oberfranken and Mittelfranken, Subject: Monuments, Fine Arts and Archives Monthly Consolidated Field Report, 30 October 1945, S. 4.

[16] Zu den drei von Bernd Schönemann unterschiedenen Leitmustern gesellschaftlicher Geschichtskultur „Geschichte als Nutzen", „Geschichte als Bildung" und „Geschichte als Erlebnis" vgl. Schönemann (Anm. 1), S. 47ff.

[17] BayHStA MK 50825, Bayer. Landesamt für Denkmalpflege an das Bayer. Staatsmin. f. Unt. u. Kult., 1.2.1950.

[18] Schönemann (Anm. 1), S. 52.

Wo lassen sich nun Ansätze eines Wandels in der medialen Dimension der Geschichtskultur in den Museen feststellen? Einen wesentlichen Bestandteil im medialen Bereich der historischen Erinnerung bilden in den Museen natürlich die Exponate, deren Zerstörung durch eine vorausschauende Evakuierungspolitik in den letzten Kriegsjahren weitgehend vermieden werden konnte. Ohne auf Details und Problemlagen in der Zusammenarbeit zwischen der Besatzungsmacht und den deutschen Museumsfachleuten bei der Sicherstellung, Rückführung und Wiederaufstellung der Sammelbestände hier näher eingehen zu können, lassen sich restriktive wie auch positiv besetzte Wirkungsfaktoren der Besatzungsmacht auf dem medialen Sektor feststellen. Zu den ersten gehören beispielsweise die aufgrund der Entnazifizierung eingezogenen Bestände des Bayerischen Armeemuseums und des Deutschen Jagdmuseums in München oder die Sicherstellung von Objekten, bei denen auch nur der Verdacht bestand, während des Krieges geraubtes Kulturgut gewesen zu sein. Einen konstruktiven Einfluß übten die Amerikaner vor allem darin aus, daß sie ab 1948 den internationalen Austausch von Museumsobjekten für Ausstellungsvorhaben nachdrücklich unterstützten. Der zweite Bestandteil der medialen Dimension ist die Darstellung von Geschichte in Form der Objektpräsentation. Ob Entwicklungen in der Beleuchtungs- und Klimatechnik, ob neue Formen der Hängung oder ob der Einbezug anderer Medien wie Diaschauen und Vortragsreihen, ob das Drucken von Museumsführern und Katalogen oder die Indienstnahme von Presse und Rundfunk, vielfach wurden Anregungen und Initiativen der amerikanischen Museumsoffiziere aufgegriffen.

Vor allem lassen sich aber in der adressen- oder publikumsspezifischen Dimension der Geschichtskultur Impulse der amerikanischen Museumsoffiziere erkennen. Ganz im Gegensatz zu ihren deutschen Kollegen war für sie beispielsweise die Besucheranalyse offensichtlich von großem Interesse. Fragebögen, mit deren Hilfe die Einstellung der Bevölkerung zum Museum wie ihr Verhalten im Museum eruiert werden sollten, fand ich jedenfalls für den Untersuchungszeitraum nur von amerikanischer Herkunft.[19]

III. Fazit

Die Evaluierung dieser vier von Bernd Schönemann vorgeschlagenen Dimensionen der Geschichtskultur am Beispiel amerikanischer Museumspolitik in der bayerischen Besatzungszone hat gezeigt, daß auch hier ein vielfältiges Wechselverhältnis vorliegt. Insofern belegt die hier angelegte geschichtsdidaktische Methode der „theoretischen Empirie" die bereits erwähnte „analytische Brauchbarkeit" des Theorieentwurfs von Bernd Schönemann. Umgekehrt

---

[19] Vgl. etwa IfZ-Archiv 5/346-1/32-34, 1 of 3, OMGUS, ECR, MFAA, Tentative List of Questions for Public Opinion Survey, 2 September 1949.

bilden sowohl die Rüsenschen Dimensionen als auch die von Schönemann genannten Bestimmungsfaktoren der Geschichtskultur ein theoretisches Konstrukt, das auch für die Strukturanalyse der Museumspolitik in Bayern von 1945 bis 1955 als Phänomen vergangener Geschichtskultur hohen forschungspragmatischen Wert besitzt. Allerdings halte ich es für problematisch, mit einem solchen theoretischen Modell im Hintergrund schon an die Quellensuche und -interpretation für die historische Analyse heranzugehen. Die Gefahr, durch diese Einengung manchen Quellenbestand unberücksichtigt zu lassen, ist nicht von der Hand zu weisen.

Jörn Rüsen weist in der Einleitung der eben erschienenen Publikation mit dem Titel „Geschichtsbewußtsein" darauf hin, daß die theoretischen Konzepte aktueller Forschungsprojekte „durchaus fruchtbar auf die Interpretation überlieferter Phänomene des sinnbildenden Umgangs mit der Vergangenheit in verschiedenen Epochen und Regionen angewandt werden [könnten]."[20] Ich habe mich bemüht, aus dem Konjunktiv einen Indikativ zu machen.

IV. Diskussion

Als das zentrale Problem bei der Bewertung der hier vorgestellten Überlegungen kristallisierte sich in der Diskussion die Frage nach der spezifisch geschichtsdidaktischen Leistung in Abgrenzung zur historischen Forschungsarbeit heraus. Diese Frage verweist meiner Meinung nach zunächst auf ein immer noch nicht ausgestandenes Grundproblem der Geschichtsdidaktik, das darin besteht, ständig die eigene Berechtigung als Wissenschaftsdisziplin zu reflektieren und diese aus der Abgrenzung bestimmen zu wollen. Dabei hat die Geschichtsdidaktik als Wissenschaft vom „Geschichtsbewußtsein in der Öffentlichkeit" längst ihr eigenes Forschungsfeld gefunden, das sie mit der Kategorie „Geschichtskultur" gerade in den letzten Jahren weiter strukturiert hat. Als eigenständige Disziplin hat die Geschichtsdidaktik ein Proprium an Fragestellungen. Meine war eine spezielle: Ich wollte wissen, ob theoretisch entwickelte Konzepte der Geschichtsdidaktik in der Lage sind, vergangene Geschichtskultur zu strukturieren und zu bewerten. Ich bezog mich dabei auf ein Feld der Geschichtskultur der unmittelbaren Nachkriegsepoche, auf die Museumspolitik. Weil in meinem Fall die Re-Konstruktionsarbeit noch nicht geleistet war, beschäftigte mich Museumspolitik zuerst als historischer Forschungsgegenstand, zwangsläufig mit historischen Methoden arbeitend. Und ich betrachtete die Museumspolitik der Nachkriegszeit mit Hilfe geschichtsdidaktischer Dimen-

---

[20] Jörn Rüsen: Einleitung. Geschichtsbewußtsein thematisieren – Problemlagen und Analysestrategien. In: Jörn Rüsen (Hrsg.): Geschichtsbewußtsein. Psychologische Grundlagen, Entwicklungskonzepte, empirische Befunde. Köln u.a. 2001 (Beiträge zur Geschichtskultur, Bd. 21), S. 13.

sionierungen. Meinem Erkenntnisinteresse entsprechend wählte ich dabei eine Methode, die ich als „theoretische Empirie" bezeichnete. Dabei zeigte sich, daß die Geschichtsdidaktik in enger Verbindung zur historisch-empirischen Forschung gesehen werden muß. Zum einen bereitet die durch die historische Analyse des aufgefundenen Quellenmaterials vorgenommene Rekonstruktionsarbeit den unverzichtbaren ereignisgeschichtlichen Hintergrund, um überhaupt der geschichtsdidaktischen Fragestellung nachgehen zu können. Dies entkräftet auch den in der Diskussion vorgetragenen Einwand, man könne doch von Anfang an die erkenntnisleitenden Interessen der Geschichtsdidaktik als Leitfragen bei der Quellensuche heranziehen. Zum anderen bietet die von der Geschichtsdidaktik aufgeworfene Fragestellung nach der Geschichtskultur zweifelsohne die Chance eines enormen Erkenntniszuwachses bei der Erforschung der Museumspolitik der ersten Nachkriegsdekade. Kurzum: Nimmt man die Geschichtskultur vergangener Epochen in den Blick der wissenschaftlichen Untersuchung, ist es müßig, den Geschichtsdidaktiker vom Historiker trennen zu wollen.

Tanja Anger

Clios Tempel im Spektrum realsozialistischer Erwartungsbilder.
Untersuchungen zur Museumskultur in der SBZ/DDR von 1945/49 bis 1989

Die Professur für Neuere und Neueste Geschichte und Didaktik der Geschichte an der Philosophischen Fakultät der Technischen Universität Dresden arbeitet seit einigen Jahren an dem Forschungsprojekt „Geschichtskultur in der DDR". Am Beispiel der DDR wird der Umgang mit Geschichte im autoritären Staat auf möglichst vielen Ebenen untersucht (Schule, Universität, Öffentlichkeit und Politik). Im Rahmen dieses Forschungsprojektes wird auch das Teilprojekt „Geschichte und Museum" realisiert, dessen Konzeption und methodische Ansätze einschließlich der bereits vorliegenden Untersuchungsergebnisse im folgenden vorgestellt werden.

Geschichte als bewußtseinsbildende Disziplin hat im autoritären Staat eine besonders wichtige Funktion. Neben Schule und Universität wird das „gewünschte Geschichtsbild" vor allem auch über das Museum vermittelt. Das Museum ist ein bedeutender Faktor der Geschichtskultur;[1] es leistet einen wesentlichen Beitrag für die Ausbildung einer personalen und kollektiven Identität. Das gilt auch und gerade für die DDR.

Im Mittelpunkt der Analyse steht das Museum mit seiner Doppelfunktion als „Realienarchiv" und als Bildungsstätte. An diesem Kristallisationskern der Erinnerung läßt sich ganz allgemein auch das Problem des Umgangs mit der Geschichte in einer geschlossenen Gesellschaft erläutern und speziell der Umgang der DDR mit der Vergangenheit im „Medium der sinnlichen Anschauung"[2] aufzeigen. Das Ende der deutschen Teilung macht eine historische Vergewisserung auch im Bereich der Museen erforderlich und eröffnet die Chance eines umfassenden und ideologisch weitgehend unbelasteten Zugriffs

---

[1] Vgl. zum Konzept der Geschichtskultur Jörn Rüsen: Was ist Geschichtskultur? Überlegungen zu einer neuen Art, über Geschichte nachzudenken. In: Klaus Füßmann/Heinrich Theodor Grütter/Jörn Rüsen (Hrsg.): Historische Faszination. Geschichtskultur heute. Köln u.a. 1994, S. 3-26. Zum Forschungsansatz aus geschichtsdidaktischer Perspektive vgl. Bernd Schönemann: Geschichtsdidaktik und Geschichtskultur. In: Ders./Bernd Mütter/Uwe Uffelmann (Hrsg.): Geschichtskultur. Theorie - Empirie - Pragmatik. Weinheim 2000 (Schriften zur Geschichtsdidaktik, Bd. 11), S. 26-58.

[2] Zitiert nach Jörn Rüsen: Zerbrechende Zeit. Über den Sinn der Geschichte. Köln u.a. 2001, S. 108.

auf die Quellen. Die Arbeit liefert insgesamt einen wesentlichen Beitrag zur derzeit stark expandierenden DDR-Forschung.

I. Zum Forschungsinteresse

Das Forschungsinteresse richtet sich zunächst darauf aufzuzeigen, welche vielfältigen Funktionen dem Geschichtsmuseum in diesem diktatorisch verfaßten Gesellschaftssystem[3] oktroyiert wurden. Damit liefert die Untersuchung einen Beitrag zur Klärung der Frage, welche selektiven Mechanismen in geschlossenen Gesellschaften wirken, um eine bestimmte Geschichtssicht durchzusetzen oder andere zu verhindern.[4] Hier geht es also um die etatistische Ebene – konkret um die politisch-ideologischen Vorgaben. Nach der Untersuchung dieser Ebene wird der Versuch unternommen, wenigstens ansatzweise die Museumswirklichkeit und -wirkung zu rekonstruieren. Beide Ebenen, die politisch-etatistische und die Realitätsebene, sind durchaus nicht deckungsgleich. Die Einbeziehung des Zeitfaktors begründet noch eine weitere erkenntnisleitende Fragestellung: Welche graduellen Veränderungen sind bei aller Starrheit des Systems beim Museum in Abhängigkeit von gesellschaftlichen und politischen Konstellationen zu berücksichtigen und warum?

II. Zur Forschungsdiskussion

Systematische Untersuchungen zu Geschichte und Funktion der historischen Museen in der DDR sind nach wie vor ein Desiderat. Die wenigen bisher vorliegenden, meist kleineren Arbeiten zu diesem Thema geben zwar interessante Anregungen, sind aber kein Ersatz für einen umfassenden Forschungsansatz. Da sind zunächst die vor 1989 erschienenen Studien zu den Geschichtsmuseen in der DDR.[5] Seit 1989 sind nur wenige Aufsätze publiziert worden, die sich direkt mit dem Thema der Arbeit auseinandersetzen.[6]

---

[3] Martin Sabrow (Hrsg.): Geschichte als Herrschaftsdiskurs. Der Umgang mit der Vergangenheit in der DDR. Köln u.a. 2000 (Herrschaftsstrukturen und Erfahrungsdimensionen der DDR-Geschichte, Bd. 3) (Zeithistorische Studien, Bd. 14).

[4] Vgl. Micha Brumlik: Individuelle Erinnerung - kollektive Erinnerung. Psychosoziale Konstitutionsbedingungen des erinnernden Subjekts. In: Hanno Loewy/Bernhard Moltmann (Hrsg.): Erlebnis - Gedächtnis - Sinn: authentische und konstruierte Erinnerung. Frankfurt a. M./New York 1996 (Wissenschaftliche Reihe des Fritz-Bauer-Instituts, Bd. 3), S. 31-46, hier S. 32.

[5] Es handelt sich dabei um Forschungsskizzen, die aus der jeweiligen deutsch-deutschen Perspektive verfaßt wurden. Verwiesen sei hier vor allem auf die Studien von Dieter Riesenberger: Geschichtsmuseum und Museumspädagogik in der DDR. In: Ders./Max Tauch (Hrsg.): Geschichtsmuseum und Geschichtsunterricht. Analysen und Konzepte aus der Bundesrepublik Deutschland und der DDR. Düsseldorf 1980, S. 9-39 und Gerhard Schneider: Geschichtsmuseum und Geschichtsunterricht in der DDR. In: Ders./Annette Kuhn (Hrsg.): Geschichte lernen im Museum. Düsseldorf 1978, S. 96-111. Beide Arbeiten erschienen in z.T. aktualisierter Fassung in: Alexander Fischer/Günther Heydemann (Hrsg.): Geschichtswissenschaft in der DDR. Berlin 1988, S. 459-477 und S. 479-510. Unter den zahlreichen in der DDR erschienenen Publikationen

Schließlich muß an dieser Stelle noch auf einige neuere Studien verwiesen werden, die Aufgaben für zukünftige Forschungsfelder auf diesem Gebiet skizzieren.[7]

III. Zur Quellenlage

Die Arbeit basiert neben umfangreichen gedruckten Quellen vorrangig auf ungedruckten Quellen. Dafür waren umfassende Archivrecherchen notwendig. So erwiesen sich die Bestände „Ministerium für Kultur", „Ministerium für Volksbildung" und „Ministerium für Hoch- und Fachschulwesen" in der Abteilung Potsdam des Bundesarchivs für die Rekonstruktion der politisch-ideologischen Vorgaben an die Museen als maßgebend. Ergänzend hinzugezogen wurden Akten des Instituts für Museumswesen der DDR sowie einzelne Nachlässe. Selbstverständlich wurden auch die Archivbestände der für die Arbeit relevanten Museen ausgewertet. Allerdings weist die Quellenüberliefe-

---

sei hier auf das Lehrbuch für Studenten der Museologie verwiesen, welches den Kenntnisstand der marxistisch-leninistischen Museologie widerspiegelt. Wolfgang Herbst/Konstantin G. Levykin (Hrsg.): Museologie. Theoretische Grundlagen und Methodik der Arbeit in Geschichtsmuseen. Berlin 1988. Weiterhin die nicht veröffentlichte Dissertation von Wolfgang Herbst: Die Aufgaben der Geschichtsmuseen der DDR in der entwickelten sozialistischen Gesellschaft. Ein Beitrag zur ideologischen Wirksamkeit der sozialistischen Geschichtsmuseen. Institut für Gesellschaftswissenschaften. Masch.-schr. Diss. Berlin 1971. Ferner Kurt Wernicke: Aufgaben und Wirkungsweise der sozialistischen Geschichtsmuseums bei der Herausbildung und Festigung sozialistischen Geschichtsbewußtseins. In: Helmut Meier/Walter Schmidt (Hrsg.): Geschichtsbewußtsein und sozialistische Gesellschaft. Beiträge zur Rolle der Geschichtswissenschaft, des Geschichtsunterrichts und der Geschichtspropaganda bei der Entwicklung des sozialistischen Bewußtseins. Institut für Gesellschaftswissenschaften. Berlin 1970, S. 183-189.

[6]   Hervorzuheben wären hier die Beiträge von Museologen und Historikern in einem Sammelband, die den Umgang mit den „Tempeln des offiziell organisierten Gedächtnisses" diskutieren. Vgl. Katharina Flügel/Wolfgang Ernst (Hrsg.): Musealisierung der DDR? 40 Jahre als kulturhistorische Herausforderung. Leipzig (Hochschule für Technik, Wirtschaft und Kultur) Alfter 1992 (Leipziger Gespräche zur Museologie, Bd. 1). Bezeichnung für die Geschichtsmuseen in der DDR zitiert nach Berthold Unfried: Die Musealisierung des „Realsozialismus". Museumsspaziergänge im „Osten". In: Ebd., S. 120.

[7]   Vgl. vor allem Günter Schade: BRD/DDR - Die „Vereinigung" zweier Museumskulturen. Versuch einer Bilanz. In: Alfons W. Biermann im Auftrag des Rheinischen Museumsamtes: Vom Elfenbeinturm zur Fußgängerzone. Drei Jahrzehnte deutsche Museumsentwicklung. Versuch einer Standortbestimmung. Opladen 1996, S. 165-175. Wolf Karge: Was bleibt von den DDR-Museen? Eine Bilanz aus der Sicht der neuen Bundesländer. In: Ebd., S. 177-194. Ders.: Mitbestimmung oder Gängelei. Museen in der DDR zwischen Zentralisierung und Beharrung. In: Gab es eine Museumskultur der DDR? Arbeitshefte der Landesstelle für Berlin-Brandenburgische Volkskunde. Institut für Europäische Ethnologie der Humboldt-Universität Berlin. Berlin 1998 (Beiträge zum 6. Workshop „Museum und Universität" vom 17.4.1998), S. 4-11. Ders.: Geschichtsvermittlung und Geschichtsbilder im Museumswesen der DDR. Referat auf der Tagung der Fachgruppe „Stadt- und Heimatgeschichtliche Museen" im Deutschen Museumsbund vom 30.10. bis zum 1.11.1999 in Schwerin. Vgl. dazu den Bericht von der Fachgruppentagung 1999 im Internet unter http://www.museumsbund.de.

rung in diesen Archiven erhebliche Lücken auf, weil viele Akten in der Zeit des Vereinigungsprozesses „verloren" gegangen sind.

Bei der Untersuchung handelt es sich im einzelnen vor allem um folgende Quellensorten: parteiliche und ministerielle Beschlußvorlagen, Historikergutachten, Ausstellungskonzeptionen und Ausstellungsdrehbücher, Besucherbefragungen und -statistiken, Nachlässe und in der DDR nicht veröffentlichte Dissertationen.

IV. Zum Untersuchungsraum und -zeitraum

Um Kontinuität und Wandel in der Geschichte des historischen Museums in der DDR zu erfassen, nimmt die Arbeit einen längeren Untersuchungszeitraum in den Blick. Im Verlauf des umfassenden Untersuchungszeitraumes sind allerdings Schwerpunkte zu setzen. Es soll untersucht werden, wie in verschiedenen Phasen der DDR-Museumsgeschichte und in verschiedenen Museen der Versuch unternommen wurde, eine bestimmte Geschichtsauffassung in die Öffentlichkeit hinein zu vermitteln. Dabei ist die Abhängigkeit des Museums von gesellschaftlichen und politischen Konstellationen zu berücksichtigen. Neben der Stetigkeit der Strukturen zeigen sich doch auch interessante Veränderungen.

Die Auswahl meiner Untersuchungsobjekte ist folgendermaßen strukturiert: Museum für Deutsche Geschichte in Berlin, Geschichtsmuseen auf regionaler und lokaler Ebene in Sachsen. Die dieser Auswahl zugrunde liegende Überlegung basiert auf der Ausgangshypothese, daß die Durchsetzung der staatlich-administrativen Vorgaben auch im autoritären Staat widerspruchsvoll und vielschichtig verlief. Die Auswahl wird auch darin begründet, daß zu den ca. 200 Geschichtsmuseen in der DDR nicht nur die Museen zählten, die sich ausschließlich mit historischer Thematik befaßten, wie z. B. die zentralen Geschichtsmuseen (Museum für Deutsche Geschichte in Berlin, Georgi-Dimitroff-Museum in Leipzig und Armeemuseum der DDR in Dresden), sondern z. B. auch die Heimatmuseen, die Volkskunde- und Völkerkundemuseen und die Museen für Ur- und Frühgeschichte.

Der Raum- und Zeitbezug wird gelegentlich erweitert. Im Sinne eines Diktaturenvergleichs werden Bezüge zum Museumswesen im Nationalsozialismus und Stalinismus hergestellt (vertikale Vergewisserung), gelegentlich auch Bezüge zum „bürgerlichen Museumswesen" in der Bundesrepublik Deutschland (horizontale Vergewisserung).

V. Zur methodischen Vorgehensweise

Das methodische Instrumentarium orientiert sich an den erkenntnisleitenden Interessen. Es handelt sich bei dieser Untersuchung um eine besondere Art von Historiographiegeschichte: um die kritische Auseinandersetzung weniger mit dargestellter (geschriebener) Geschichte als vielmehr mit „ausgestellter" Geschichte. Die Methodik orientiert sich also zunächst an den traditionellen Arbeits- und Erkenntnisweisen des Historikers. Sie berücksichtigt verstärkt die ästhetische und politische Dimension einer Geschichtskultur, wie sie sich in den Ausstellungskonzeptionen und Ausstellungsdrehbüchern manifestiert. Die Untersuchung erstreckt sich auf drei Ebenen: Zunächst ist die politisch-etatistische Ebene zu nennen. Hier erfolgt die Analyse der administrativen, parteilichen und institutionellen Rahmenbedingungen auf zentraler, regionaler und lokaler Ebene. Daran schließt sich die Betrachtung der wissenschaftlichen Ebene an. Die Geschichtsmuseen werden im Spannungsfeld von Geschichtswissenschaft, Pädagogik und Museologie untersucht. Auf der dritten Ebene wird wenigstens ansatzweise versucht, die Museumswirklichkeit und -wirkung zu erfassen und diese von der etatistischen Ebene abzugrenzen. Im Mittelpunkt der Analyse stehen Ausstellungskonzeptionen, Formen und Methoden der „pädagogisch-propagandistischen Arbeit" sowie Aspekte der Rezeptions- und Wirkungsforschung.

Die Ausgangshypothese, daß die Durchsetzung der politisch-ideologischen Vorgaben auch im autoritären Staat nicht reibungslos, sondern auch als widerspruchsvoller Prozeß verlief, kann jetzt schon bestätigt werden. Diese eher allgemeine Feststellung leitet zu den einzelnen Untersuchungsergebnissen über.

VI. Zu den Untersuchungsergebnissen

Da die Untersuchung noch nicht abgeschlossen ist, kann hier nur ein kurzer Überblick über die bisher vorliegenden Ergebnisse gegeben werden.

Unmittelbar nach Kriegsende konstituierten sich in der Sowjetischen Besatzungszone Deutschlands (SBZ) die für Bildung, Kultur und Wissenschaft maßgeblichen Institutionen. Das waren zum einen die im Juni 1945 gebildete „Abteilung für Volksbildung" der Sowjetischen Militäradministration (SMAD) und zum anderen die „Deutsche Zentralverwaltung für Volksbildung" (DVV). Die Volksbildungsabteilung der SMAD übte gegenüber der DVV und den Volksbildungsministerien der Länder eine uneingeschränkte Weisungs- und Kontrollbefugnis aus. Bereits im Herbst 1945 erfolgte unter Mobilisierung knapper finanzieller und personeller Ressourcen die Wiedereröffnung einiger Museen. Dabei bildeten die von der SMAD erlassenen Befehle Nr. 85 zur „Erfassung und zum Schutz der Museumswerte und Wiedereröffnung und Tätigkeit der Museen" vom 2. Oktober 1945 und Befehl Nr. 177 über die „Rückführung der Museumskunstwerke und die Wiedereröffnung der Museen" vom 18. Juni 1946 die gesetzlichen Regulative für die Aufnahme einer organisierten Museumsarbeit in allen Ländern und Provinzen der SBZ. Die von der DVV am 22. Februar 1946 veröffentlichten „Richtlinien für die Eröffnung von Museen in der Sowjetischen Besatzungszone Deutschlands" enthielten die Bestimmungen für die Wiedereröffnung der Museen. Die Eröffnung der zentralen Museen mußte die DVV bei der „Abteilung für Volksbildung" der SMAD beantragen. Erst nach detaillierter Prüfung der eingereichten Unterlagen, einschließlich der Besichtigung der Ausstellungen durch Vertreter der SMAD, wurden die Museen für die Öffentlichkeit zugänglich gemacht. Die Volksbildungsministerien der Länder in der SBZ mußten bei der DVV ab 1946 Berichte einreichen, die den Stand der Durchführung der SMAD-Befehle dokumentierten.

Der Beginn einer organisierten Museumstätigkeit setzte mit dem Jahr 1947 vorrangig auf Landesebene ein. Unter der Prämisse „Museen müssen zu Volksbildungsstätten werden" erfolgte demnach eine stärkere Hinwendung zu museumsdidaktischen Problemen zukünftiger Museumsarbeit. Vom Land Sachsen gingen dabei wesentliche Impulse für die Entwicklung des Museumswesens in der SBZ aus. Bereits im Oktober 1945 wurde durch die Landesverwaltung Sachsen, Ressort Inneres und Volksbildung, im Rückgriff auf tradierte Strukturen die Landesmuseumspflege wieder eingerichtet. Wichtige Impulse für die Entwicklung der Museumsarbeit vermittelte auch die erste Tagung der sächsischen Museumsleiter, die vom 13. bis zum 15. Juni 1947 in Freiberg stattfand. Im Zusammenhang mit dieser Tagung stand die Gründung eines „Kulturhistorischen Zentralmuseums" in Dresden zur Disposition, mit dessen Konzeption das Institut für Kulturwissenschaften der Technischen Universität Dresden beauftragt worden war. Das Vorhaben, ein zentrales Museum zu gründen, welches eine in sich geschlossene Darstellung der Geschichte auf der Basis des historischen Materialismus vorsah, wurde schließlich mit der Gründung des Museums für Deutsche Geschichte in Berlin im Jahre 1952 verwirklicht.

In der SBZ wurden ab 1948 die entscheidenden konzeptionellen Grundlagen für das spätere, „sozialistische Museumswesen" gelegt. Mit dem Beschluß des Parteivorstandes der SED vom 30. Juni 1948 über den Zweijahrplan wurde auch der kulturelle Bereich in zunehmendem Maße ideologisiert und reglementiert. Die Volksbildung und die „kulturelle Massenarbeit" bildeten die Schwerpunkte der SED-Kulturpolitik, was für die Museen in der SBZ weitreichende Konsequenzen nach sich zog. Im Zusammenhang mit dem Zweijahrplan wurde von der DVV in Kooperation mit den Landesmuseumspflegern der „Rahmenplan für die Museen der Sowjetischen Besatzungszone 1949/50" ausgearbeitet, dessen Beschlüsse für alle Museen verbindlichen Charakter trugen. Als wichtigste Aufgaben sah dieser die Schaffung von Gegenwartsab- teilungen in allen Museen, die Etablierung von Museumsbeiräten, die Beteili- gung von Schulen und demokratischen Organisationen an der Museumsarbeit, die Gründung von Betriebsmuseen sowie kooperative Beziehungen zwischen Museen und Universitäten mit dem Ziel der Ausbildung zukünftiger Mu- seumsfachleute vor. Für die Umsetzung dieser politisch-ideologischen Vorga- ben waren die DVV und die Volksbildungsministerien der Länder in der SBZ verantwortlich. Die überwiegende Mehrheit der Museen konnte die museums- politischen Vorgaben aufgrund fehlender finanzieller und vor allem personel- ler Voraussetzungen nicht erfüllen.

Seit der Gründung der DDR verfolgte die Staats- und Parteiführung eine intensive Geschichtspolitik und „Geschichtspropaganda".[8] Der sozialistische Staat konstituierte sich im radikalen Bruch mit der Vergangenheit mit dem Ziel, ein kollektives Gedächtnis zu oktroyieren.[9] Das revidierte und einer umfassenden Neudeutung unterworfene Geschichtsbild sollte auch durch die Ausstellungen in die Öffentlichkeit vermittelt werden. Auf Beschluß des Zen- tralkomitees der SED wurden die ersten Geschichtsmuseen gegründet, die eine wichtige Legitimationsfunktion für den sozialistischen Staat besaßen. Sowohl die Neugründung von Geschichtsmuseen als auch die konzeptionelle Neuge- staltung der traditionellen bürgerlichen Museen galten als wichtige Schritte zum „Aufbau einer neuen sozialistischen Kultur". Durch die marxistisch-leni- nistische Kulturrevolution sollte auch ein neuer Museumstypus entstehen – das sozialistische Geschichtsmuseum. Dieser neue Museumstyp sollte kein Rari- tätenkabinett, keine „Schatzkammer verstaubter Kostbarkeiten" sein, sondern auf der Basis des Marxismus-Leninismus „historische Zusammenhänge und Gesetzmäßigkeiten der Entwicklung der menschlichen Gesellschaft" museal darstellen. An dieser Aufgabe orientierten sich alle anderen Funktionsbereiche des Museums wie die Sammlung, die Ausstellung und die Vermittlung.

Das Museum für Deutsche Geschichte, am 18. Januar 1952 auf Beschluß der Staats- und Parteiführung der DDR in Berlin (Ost) gegründet, entsprach dem neuen Museumstyp und wurde für die SED ein immens wichtiges Instru- ment ihrer offiziellen Geschichtspolitik und „Geschichtspropaganda". Dem Museum für Deutsche Geschichte kam dabei eine herausragende Bedeutung

---

[8]   Dieser Begriff war in der DDR grundsätzlich positiv besetzt. Er meinte die möglichst weite Verbreitung des wahren und nicht zu hinterfragenden Geschichtsbildes.

[9]   Vgl. Emmanuel Terray: Die unmögliche Erinnerung. Die Herstellung eines künstlichen nationalen Gedächtnisses in der DDR und ihr Mißlingen. In: Etienne Francois/Hannes Siegrist/Jakob Vogel (Hrsg.): Nation und Emotion. Deutschland und Frankreich im Vergleich. 19. und 20. Jahrhundert. Göttingen 1995 (Kritische Studien zur Geschichtswissenschaft, Bd. 110), S. 189-195, hier S. 193.

bei der Propagierung und Vermittlung des geschlossenen Geschichtsbildes zu, wie folgendes Zitat belegt:

„Als zentrales historisches Museum leistet das Museum für Deutsche Geschichte einen Beitrag zur Formung und weiteren Festigung des sozialistischen Bewußtseins der Bevölkerung der DDR durch eine intensivere Geschichtspropaganda. Mit seinen Mitteln hilft das Museum für Deutsche Geschichte, die sozialistische Ideologie zu verbreiten. (...) In der sich verschärfenden ideologischen Auseinandersetzung zwischen Sozialismus und Imperialismus leistet das Museum für Deutsche Geschichte vor allem durch die aktive Propagierung des marxistisch-leninistischen Geschichtsbildes seinen Beitrag. (...) Die spezifische Form der geschichtswissenschaftlichen und geschichtspropagandistischen Arbeit des Museums beruht in der Sammlung, Erforschung und Bewahrung historischer Sachzeugen der Geschichte unseres Volkes, ihrer wissenschaftlichen Bearbeitung und Ausstellung sowie in der pädagogisch-propagandistischen und publizistischen Arbeit auf der Grundlage seiner Sammlungen und Ausstellungen. (...) Durch historische Sachzeugen, – d. h. gegenständliche, dokumentarische und bildliche Materialien, (...) – wird die historische Entwicklung des Volkes in ihren wesentlichen Etappen und Zusammenhängen dargestellt. Damit erfüllt das Museum für Deutsche Geschichte seine Aufgabe als eine zentrale Institution der Geschichtswissenschaft, die im System der sozialistischen Bewußtseinsbildung von keiner anderen Institution sonst wahrgenommen werden kann."[10]

Diese Selbsteinschätzung des Berliner Museums zeigt aber auch, welche vielfältigen Funktionen dem ersten zentralen Geschichtsmuseum der DDR oktroyiert wurden. Neben der „Durchführung einer breiten politischen Aufklärungs- und Erziehungsarbeit unter der Bevölkerung"[11] sollte sich das Museum zu einer zentralen Institution der DDR-Geschichtswissenschaft entwickeln. In der ostdeutschen Historiographie existierte 1952 noch keine Gesamtdarstellung zur deutschen Geschichte aus marxistisch-leninistischer Sicht, als diese bereits durch die Ausstellungen im Sinne eines „begehbaren Lehrbuches" in die Öffentlichkeit transportiert wurde. Neben der wissenschaftlichen und erzieherischen Aufgabe wurde das Museum in der Zeit der sich verschärfenden Konfrontation des Kalten Krieges von der SED als „Waffe"[12] im Kampf um die einzig wahre Deutung der Geschichte instrumentalisiert.

---

[10] Deutsches Historisches Museum Berlin - Hausarchiv - Bestand Museum für Deutsche Geschichte/Pädagogische Abteilung. Perspektiven und Aufgaben des Museums für Deutsche Geschichte 1969. Nicht paginiert.

[11] DHMB-HA. MfDG 4, Bl. 12.

[12] In Anlehnung an Edgar Wolfrum: Geschichte als Waffe. Vom Kaiserreich bis zur Wiedervereinigung. Göttingen 2001.

Ein Museum, welches die deutsche Geschichte von der Urgesellschaft bis zur unmittelbaren Gegenwart auf der Grundlage der marxistisch-leninistischen Geschichtsauffassung darstellen sollte, fand in der deutschen Museumslandschaft keinen entsprechenden Vorläufer.[13] Die Orientierung erfolgte am sowjetischen Modell. Das Leitmuseum für alle historischen Museen in der DDR wurde nach dem Vorbild der historischen Museen in der Sowjetunion konzipiert.

Mit der Auflösung der Länderregierungen im Zuge der Verwaltungsreform vom 23. Juli 1952 wurden zunächst die administrativen, organisatorischen und institutionellen Rahmenbedingungen für den „Aufbau eines sozialistischen Museumswesens" geschaffen. Die abgestufte Hierarchie der Verantwortlichkeit reichte von der Abteilung „Museen und Denkmalpflege" beim Ministerium für Kultur über die Räte der Bezirke bis zu den Räten der Kreise. Um die museumspolitischen Intentionen einheitlich durchzusetzen, wurden weitere, dem Ministerium für Kultur unterstellte sog. gesellschaftliche Fachgremien gegründet: z. B. 1965 der Rat für Museumswesen und 1971 das aus der seit 1954 bestehenden „Fachstelle für Heimatmuseen" hervorgegangene Institut für Museumswesen.

Als grundlegende Erkenntnis zeichnet sich bereits ab, daß die den Museen oktroyierten Vorgaben nicht immer den gewünschten Erfolg erzielten. Die staatlich-administrativen Vorgaben drangen nicht ungehindert bis zur Ebene der Museumswirklichkeit durch, sondern wurden durch die zahlreichen Institutionen und Personen, die die museale Landschaft in der DDR konstituierten, gefiltert und zum Teil modifiziert. Im Bereich der Museen im kleinen Raum wird damit der dominierende etatistische Ansatz in Frage gestellt.

Abschließend muß betont werden, daß auch in geschlossenen Gesellschaften wie der DDR die Geschichtskultur „in Grenzen unbegrenzt"[14] blieb und das sozialistische Geschichtsbild, wie es durch die Ausstellungen in die Öffentlichkeit vermittelt wurde, „ein Produkt vieler und oft gegenläufiger Instanzen"[15] war.

---

[13] Ebd., S. 72 und 78.
[14] Zitiert nach Ludwig Petry: In Grenzen unbegrenzt. Möglichkeiten und Wege der geschichtlichen Landeskunde. In: Pankraz Fried (Hrsg.): Probleme und Methoden der Landeskunde. Darmstadt 1978, S. 280-304.
[15] Zitiert nach Sabrow (Anm. 3), S. 13.

Kathrin Hempel

Museen in der DDR. Präsentationstypen und museologische Grundsätze

I. Vorbemerkung

Das Projekt, welches am Bearbeitungsbeginn steht, zeigt einen Ausschnitt aus der Geschichtskultur der DDR. In einer regionalen Feldstudie soll die Institution Museum sowohl unter geschichtsdidaktischen als auch unter kulturwissenschaftlichen Aspekten untersucht werden. Zeitgenössisches Geschichtsbewußtsein und sozialistische Geschichtskultur bilden grundlegende Bezugspunkte für politische, ästhetische sowie wissenschaftliche Untersuchungsdimensionen, die in ihrer regionalen Besonderheit erfaßt werden. Fragen der inszenierenden und dokumentarischen Präsentation von Dauer- und Sonderausstellungen, ihre Konzeption bis hin zur Publikumsspezifik stehen im Vordergrund der Analyse. Die hier vorgestellten Überlegungen und Thesen geben erste Lösungsansätze wieder, die keinen Anspruch auf Vollständigkeit haben.

II. Historische Fragestellung, Quellenlage und Methode

Anhand von sieben repräsentativ ausgewählten Museen auf dem Gebiet des heutigen Sachsen-Anhalt (Querfurt, Petersberg, Sangerhausen, Thale, Merseburg, Bitterfeld und Wittenberg) in der Zeit zwischen 1945/49 und 1989 werden sowohl Präsentationsformen und didaktische Prinzipien als auch museologische Grundsätze der SBZ/DDR untersucht. In dieser Auswahl an Museen befinden sich sowohl Institutionen, deren Gründung vor 1945 erfolgte (Merseburg, Querfurt), als auch Neugründungen der DDR (Sangerhausen, Petersberg). Unterschiedliche Sparten, wie Heimatmuseen, z.B. Querfurt und Merseburg, und Industriemuseen, zu denen Thale gehört, aber auch Naturwissenschaftliche Museen wie Wittenberg, werden berücksichtigt. Auf diese Weise kann auf generalisierungsfähige Ergebnisse gehofft werden.

Gemeinsam ist den ausgewählten Museen die Region, in der sie sich befinden, das heutige Sachsen-Anhalt, wie auch die Tatsache, daß sie eher zu den kleineren bzw. „Provinzmuseen" gehören. Damit verbundene spezifische Quellentypen wie zentrale Vorgaben, regionale Beschlußfassungen und regional-historische Besonderheiten weisen auf eine mögliche Herausarbeitung von Freiräumen in der „Provinz" bezüglich der Museumspräsentation hin. Obwohl systembedingte Rahmenvorgaben der Museen aufgearbeitet werden, zielt die Fragestellung auf Präsentationsgrundsätze und -praxis vor Ort. Die zu untersuchenden Quellen fanden bisher keine Auswertung. Die Basis meiner Analysen bilden, neben Tätigkeitsberichten und Profilierungskonzepten, Augenzeugenberichte, Ausstellungsdrehbücher mit ihren Dokumentationen bzw. bruchstückhafte Manuskripte, die jedoch quantitativ wie qualitativ sehr unterschiedlich sind. Eine Reihe dieser Materialien sind durch glückliche Umstände und Zufälle erhalten geblieben.

Teilweise, abhängig auch von ihrer Entstehungszeit, finden fachliche Inhalte eine stark ideologisch-gesellschaftliche Einbindung. Eine Klärung, ob es sich dabei um das Selbstverständnis der Museologen oder um Zugeständnisse handelt, ist notwendig.

Einige wenige Ausstellungskonzeptionen bzw. Bruchstücke derselben sind in ihrer ursprünglichen bzw. nur unwesentlich veränderten, noch zu DDR-Zeiten entstandenen Form als Dauerausstellung existent. Sie bieten inhaltlich und räumlich gute Voraussetzungen für Untersuchungen. Desweiteren stehen die von der sowjetischen Militärverwaltung herausgegebenen Befehle sowie Gesetzblätter der Jahre 1949 bis 1989, insbesondere der Ministerien für Kultur und Volksbildung, im Mittelpunkt der Untersuchungen. Nach 1952 findet sich umfangreiches Quellenmaterial: die entsprechenden Beschlüsse der Räte der Bezirke und Kreise sowie die Forderungen und Zielsetzungen der Parteitage der SED, der Parteikonferenzen der SED, Kulturverordnungen und Statuten der kulturellen Institutionen und Organisationen der DDR sowie Konferenz- und Tagungsberichte des Museumswesens. Weiterhin liegen umfangreiche gedruckte Quellen vor, so u.a. die Zeitschriften *Neue Museumskunde, Museum und Schule* und der *Informationsdienst für die Museen der DDR*.

Im Mittelpunkt der Analysen stehen schriftliche Archivquellen und Sachzeugnisse sowie deren quellenkritische Auswertung. Die Arbeit ist als Feldstudie zu ausgewählten Museen angelegt, von der ausgehend eine Klassifikation von Präsentationstypen entstehen soll. Als Konstruktionshilfe dient dabei ein nach inhaltlichen, präsentativen und inszenierungstechnischen Aspekten gebildetes Strukturgitter.

III. Untersuchungsgegenstand und Arbeitshypothesen

Aufgrund des temporalen wie territorialen Umfangs des Untersuchungsgegenstandes und der reichen Museumslandschaft im heutigen Sachsen-Anhalt muß der Untersuchungsgegenstand eingegrenzt werden.

Generell sind drei Etappen in der Entwicklung der Museen von 1945 bis 1989 in der DDR erkennbar. Die erste Phase, 1945 bis 1949, umfaßt den Zeitraum der Sowjetischen Besatzungszone. Sie war gekennzeichnet von der

Durchsetzung *antifaschistisch-demokratischer Umwälzungen*[1], die auch das Museumswesen berührten. Die Basis bildete der Aufruf des ZK der KPD vom 11.06.1945 sowie der Befehl 85 der sowjetischen Militärverwaltung „Über die Erfassung und Sicherstellung der musealen Werte und die Erneuerung der Tätigkeit der Museen in der sowjetischen Besatzungszone von Deutschland" vom 02.10.1945. Inhaltlich ausgerichtet war diese Phase auf die Sicherung, Wiederherstellung und Restauration musealer Objekte und den Abbau nationalsozialistischer Ausstellungen. In den ersten Nachkriegsjahren wurden eine Vielzahl richtungsweisender Dokumente herausgegeben. Sie orientierten tendenziell auf eine konsequente Umgestaltung der Museen, die Organisation von Werks- und Wanderausstellungen[2] und die Anfänge eines marxistischen Geschichtsbildes[3]. Trotz dieser beginnenden Veränderungen ist zu vermuten, daß traditionelle Ausstellungsformen, d.h. die Folge thematisch ausgewählter Exponate, dominant waren. Für eine, wie gefordert wurde, dokumentarisch zusammenhängende Darstellung marxistischer Geschichtsauffassung[4] fehlten im Untersuchungsraum zu diesem Zeitpunkt ideelle wie materielle Hilfen. So wurde das bestehende Ausstellungsmaterial nicht selten durch ideologisch gefärbte Einfügungen auf Texttafeln ergänzt.

Mit der Gründung der DDR im Oktober 1949 setzt die zweite Phase der musealen Entwicklung ein. Die bis in die 1960er Jahre hineinreichende Etappe ist geprägt durch die „Schaffung sozialistischer Grundlagen", auch im Museumswesen. Desweiteren orientierte man auch im kulturellen Bereich auf die Durchsetzung der marxistisch-leninistischen Weltanschauung[5]. Ideologische Gesichtspunkte[6] sollten vermehrt in Ausstellungskonzeptionen eingebunden werden. Dies führte zu einer völligen Veränderung der inhaltlichen und

---

[1] Als antifaschistisch-demokratische Umwälzungen werden bei Schreiner die politischen, gesellschaftlichen, wirtschaftlichen und ökonomischen Veränderungen bezeichnet, die gesellschaftliche Übergangsformen einleiten. Ihr Ziel ist der Aufbau eines kommunistischen Staates, so auch der DDR. Vgl. Klaus Schreiner: Geschichte des Musealwesens. Bd. 2. Heft 3: 1789 - Gegenwart. Waren 1986.

[2] Vgl. Schreiner (Anm. 1), S. 35f.

[3] Das marxistische Geschichtsbild wird als Kern des sozialistischen Geschichtsbewußtseins betrachtet. Es basiert auf der Grundlage des Materialismus. Die Formung sozialistischer Persönlichkeiten und die Herausbildung eines sozialistischen Nationalbewußtseins in der DDR werden zu wesentlichen Teilen auf das marxistische Geschichtsbild und das sozialistische Geschichtsbewußtsein zurückgeführt.

[4] Vgl. Ilko-Sascha Kowalczuk: Legitimation eines neuen Staates. Parteiarbeiter an der historischen Front. Geschichtswissenschaft in der SBZ/DDR 1945 bis 1961. Berlin 1997.

[5] Die marxistisch-leninistische Weltanschauung gibt das Dasein der Bevölkerung, ihre Betrachtungsweise und Beurteilung vom Sinn der Welt unter kommunistischen Bedingungen wieder.

[6] Durch zentrale Vorgaben wurde von Seiten der DDR-Regierung vermehrt versucht, den Sozialismus prägende Auffassungen, insbesondere aus Sicht der Arbeiter einfließen zu lassen. Damit wurde u. a. die Vervollkommnung des sozialistischen Geschichtsbewußtseins angestrebt.

organisatorischen Arbeitsweise in den Museen.[7] Es ist zu vermuten, daß die Ausstellungstätigkeit auf die Grundlage marxistisch-leninistischer Erkenntnisse gestellt worden ist, damit die sozialistische Ideologie Verbreitung fand. Zu prüfen bleibt, inwiefern diese Vorgehensweise praktiziert wurde und ob sie den schon in der zweiten Parteikonferenz der SED im Dezember 1952[8] geforderten breiteren Zugang des Volkes, v.a. der Arbeiter, zum Kulturgut der Museen positiv beeinflußte. Dafür einschlägig sind theoretische Ausführungen, die wiederholt auch von Seiten des 1954 neu gebildeten Ministeriums für Kultur, dem die Museen untergeordnet waren, verlangt wurden.

Von staatlicher und gesellschaftspolitischer Seite setzte man verstärkt auf die Bildungsfunktion der Museen. Es ist zu vermuten, daß es deshalb Mitte der 1950er Jahre zu einer Umbildung der Leitungsgefüge der Museen kam. Um sozialistische Grundlagen für das Museumswesen zu schaffen, waren theoretische und methodologische Forschungen nötig. Ferner ist die gezielte Förderung parteitreuer Persönlichkeiten in Leitungsebenen der Museen zu erwarten. Schließlich kam es auch zu Neugründungen und Neubauten von Museen. Ein Beispiel dafür ist das 1952 eröffnete Spengler-Museum Sangerhausen.

Es scheint interessant, regionale Bezüge wie die örtliche Arbeiterbewegung und die Hinwendung zur Gegenwartsgeschichte in einem neu gegründeten Museum zu erforschen und mit einem bereits existierenden zu vergleichen. Ergänzend zu den bis dahin vorhandenen Heimatmuseen wurden Kunstmuseen sowie Technik- und Völkerkundemuseen neu gebildet. Die Einschränkung weiterer spezifischer Entwicklungsformen läßt eine bewußte Einflußnahme auf diese Klassifizierung vermuten. Parteiliche Direktiven und Forderungen, beispielsweise des Ministeriums für Kultur, bestimmten die Ausstellungskonzeptionen in allen Museumstypen. Damit wäre eine Vergleichbarkeit von Museen gleicher Klasse möglich.

Während der dritten und umfassendsten Etappe von 1961 bis 1989 schlug sich auch im Museumswesen die allgemeine Entwicklung der DDR nieder. Im Zuge der „weiteren Entfaltung der sozialistischen Gesellschaft"[9] übernahmen die Museen die Rolle der Vermittlung des offiziellen Geschichtsbildes der Arbeiterklasse. Somit wirkten sie spezifisch an der Formung des sozialistischen Geschichtsbewußtseins mit.[10]

---

[7] Vgl. Schreiner (Anm. 1), S. 48.

[8] Vgl. Autorenkollektiv: Geschichte der DDR. Lesematerial. Leipzig 1975, S. 150ff.

[9] Bei der Entfaltung der sozialistischen Gesellschaft wird nicht von psychologischen, historisch-politischen oder geistig-moralischen Erscheinungen und Tatbeständen ausgegangen, sondern man orientiert sich allein an materiellen Voraussetzungen. Aus diesen ergibt sich die Gesamtheit der sozialen Beziehungen der Menschen. Die Kultur nimmt bei der Formung der Gesellschaft eine zentrale Rolle ein. Vgl. Gudrun Freitag: Zur Theorie der sozialistischen Kulturrevolution. Berlin 1982, S. 188ff.

[10] Vgl. Schreiner (Anm. 1), S. 55ff.

Mit den Ereignissen des 13.08.1961 und der Umsetzung sozialistischer Produktionsverhältnisse[11] begann eine neue Entwicklungsperiode in der DDR. Es ist zu vermuten, daß die politischen Veränderungen aufgrund des direkten Einflusses der Regierung auf die kulturelle Entwicklung einen Wandel der Museumskonzeptionen herbeiführten. Ziel dieser Veränderungen ist zum einen die Orientierung der musealen Darstellung an der Zeit nach 1945 und zum anderen die bewußte Einbeziehung der historischen Entwicklung von Industrie und Landwirtschaft. Diese Ausrichtung der Ausstellungskonzeptionen geht auf die Festsetzung eines Geschichtswissenschaftlichen Kolloquiums in Gotha 1963[12] zurück. Die Umsetzung dieser Schwerpunktaufgaben in den verschiedenen Museumstypen muß geprüft werden.

Durch die Gründung des *Rates für Museumswesen* 1965 als beratendes und koordinierendes Organ beim Ministerium für Kultur wurden staatliche Funktionsträger in museologische Leitungsebenen eingesetzt. Daran wird der stetig wachsende politische und gesellschaftliche Einfluß auf die Museen deutlich. Konzeptionell und organisatorisch führte diese Entwicklung zur Verstärkung von Kooperation und Koordination gleicher Museumstypen.

Zu prüfen ist, inwieweit Museen beispielsweise bei der Erstellung von inhaltlich äquivalenten Konzeptionen, wie sie zu nationalen Gedenktagen oder zu Ehren herausragender Persönlichkeiten in Direktiven gefordert wurden, zusammen gearbeitet haben. Es kann vermutet werden, daß diese Vorgaben zu inhaltlich und umsetzungstechnisch ähnlichen Ergebnissen führten, so daß die Ausstellungen verschiedener Museen sich inhaltlich sowie ausstellungstechnisch glichen.

Für den gesamten musealen Bereich wird eine perspektivische Entwicklung deutlich, die eine einheitliche Strukturierung des Museumswesens vorbereitet. Die Gründung übergeordneter Organe zeigt dies deutlich. Trotz allem ist zu erwarten, daß, abhängig von Sammlungsgegenständen, der lokalen Lage der Museen, dem Publikum sowie von Weisungsbefugnissen und der Persönlichkeitsstruktur der Museumsmitarbeiter, differenzierte Ausstellungskonzeptionen erarbeitet wurden.

Aufgrund der hohen Wertigkeit ideologischer Vorgaben kommt es zur „Verschulung" der pädagogischen Arbeit im Museum, die eine Reduzierung des Museums auf Bildung und Erziehung zur Folge hat. Ästhetische Aspekte werden minimiert. Auch die 1982 veröffentlichten Arbeitsthesen[13] bestätigen

---

[11] Sozialistische Produktionsverhältnisse beruhen auf der (z. T. auch gewaltsamen) Umwandlung industriellen und landwirtschaftlichen Privatbesitzes in staatliche Großbetriebe in kommunistischen Staaten.

[12] Vgl. Schreiner (Anm. 1), S. 56.

[13] Die von der Arbeitsgruppe *Terminologie beim Nationalen Museumsrat der DDR* unter Leitung von Joachim Ave veröffentlichten Arbeitsthesen bildeten die Basis der wissenschaftlichen

diese Schlußfolgerung. Weiterführende wissenschaftlich-museologische Forschungen betrachten das Museum als ideologievermittelnde Einrichtung mit einem beachtlichen Potential. Demgegenüber ist in den 1980er Jahren eine *Öffnung* der Museumskonzeptionen und der museumspädagogischen Arbeit nachweisbar, die sich in der Abkehr von einseitig orientierten Ausstellungen mit einer Überfrachtung an Textquellen zeigte. Verstärkter internationaler Forschungsaustausch auf musealem Gebiet könnte jene Veränderungen herbeigeführt haben. Ob sie als Begründung für eine weitere, vierte Phase der Museumsentwicklung in der DDR hinreichen, kann angesichts des jetzigen Standes der Forschung noch nicht entschieden werden.

**IV.	Analyse eines Konzeptionsausschnitts der 1977 entstandenen Dauerausstellung. „Die politische und ökonomische Entwicklung des Kreises Merseburg von 1949 bis zum Parteitag der SED 1976" des damaligen Kreismuseums Merseburg**

Anhand eines Konzeptionsausschnittes eines erhaltenen Ausstellungsdrehbuches soll das analytischen Vorgehen exemplarisch verdeutlicht werden. In Anbetracht des momentanen Bearbeitungsstandes des Projektes kann nur eine partielle Lösung vorgestellt werden. Die 1977 konzipierte Dauerausstellung ist in die dritte Etappe der Museumsentwicklung der DDR einzuordnen. Neben der zeitlichen Zuordnung wird dies in ihrer inhaltlichen wie räumlichen Konzeption sichtbar. Zu diesem Zeitpunkt existierte bereits die Ausstellung „Darstellung der historischen Entwicklung von der Urgesellschaft bis zur Zerschlagung des Hitlerfaschismus". Einschließlich entsprechender Sonderausstellungen betrug die Ausstellungsfläche 550 m². Auf weiteren 150 m² entstand die oben genannte Dauerausstellung zur sozialistischen Entwicklung des Kreises Merseburg nach 1949.

Die Konzeption beruht auf „strukturbestimmenden Volkswirtschaftszweigen"[14] der Region, der chemischen Industrie und dem Braunkohlebergbau, sowie der Tatsache, daß der Kreis Merseburg als größter Industriekreis mit enorm hoher Bevölkerungsdichte betrachtet wurde. Erst an dritter Stelle fand die gegebene Besucherstruktur Berücksichtigung, die durch 65% „Besucher im

---

museologischen Forschungen in den 1980er Jahren in der DDR. Sie beruhten auf einer Analyse unter internationalen Aspekten, die auf der XI. Gesamtkonferenz des ICOM 1977 angeregt wurde. Vgl. Joachim Ave: Gemeinsame Arbeitsthesen zur Museologie. In: Neue Museumskunde 1/83. S. 56.

14	Petra Koth: Die politische und ökonomische Entwicklung des Kreises Merseburg von 1949 bis zum IX. Parteitag der SED, dargestellt an der Entwicklung der chemischen Großindustrie, des Braunkohlenbergbaus und der Arbeits- und Lebensweise der Werktätigen. (Fachschulabschlußarbeit). Merseburg 1977, S. 2.

schulpflichtigen Alter"[15] gekennzeichnet war. Es wird auf die „hohe kulturpolitische Verantwortung des Kreises und der Stadt Merseburg verwiesen"[16], da man sie als Zentren der chemischen und bergbau-fördernden Industrie sah. Damit wird konkret Bezug auf die Forderungen des IX. Parteitages der SED 1976 genommen. In diesem Zusammenhang muß auch auf die 1972 auf der 6. Tagung des ZK der SED geforderte Ausprägung der *Nationalkultur*[17] hingewiesen werden. Diese zentrale Empfehlung findet sich als prinzipielle Orientierung in der Konzeption wieder.

Aufgrund der Reduzierung der Exponate auf Schriftquellen und Fotoreproduktionen erscheint die Veranschaulichung problematisch. Das ist auch auf eine zu diesem Zeitpunkt als „schwierig" zu bezeichnende Sammlersituation zurückzuführen, auf die von staatlicher Seite bereits 1968 aufmerksam gemacht wurde. Mit langfristigen Sammelplänen sollte dem begegnet werden, dies zeigte jedoch im Kreismuseum Merseburg neun Jahre später augenscheinlich noch keine Wirkung.

Die in der Konzeption ausgewiesenen *Bildungs- und Erziehungsziele*, „das Leisten eines Beitrages zur Erziehung sozialistischer Persönlichkeiten mit marxistisch/leninistischem Geschichtsbild" sowie „die Förderung des Klassenbewußtseins der Besucher durch parteiliche Vermittlung des Geschichtsbildes"[18] verweisen auf die vom Institut für Museumswesen bereits 1971 benannten Aufgaben von Museen. Hauptsächlich sind diese in einer Ausprägung des Museums als sozialistische Bildungs- und Kulturstätte zu sehen, ästhetische sowie inszenierungstechnische Aspekte treten diesen Forderungen gegenüber zurück.

Völlig der staatlichen Reglementierung folgend, fordert die Konzeption eine „parteiliche" Vermittlung des Geschichtsbildes. Diese Forderung steht im Kontext einer republikweiten Vereinheitlichung des Geschichtsbildes und des bewußten Verzichts auf regionale Besonderheiten. Individuelle Sichtweisen innerhalb der Konzeption wie auch die Möglichkeit, den Besucher bewußt empfinden und werten zu lassen, erscheinen damit ausgeschlossen. Diese Handhabung könnte auch auf die eingangs genannte Besucherstruktur und die damit angestrebten *Bildungs- und Erziehungsziele* zurückzuführen sein.

---

[15] Ebd., S. 3.

[16] Ebd., S. 2.

[17] Gekennzeichnet ist die Nationalkultur durch sich entwickelnde Persönlichkeiten, die unter ideologischer und kulturpolitischer Anleitung der SED in allen Lebensbereichen kreative, geistige, wissenschaftliche sowie künstlerische Fähigkeiten entfalten. Im Mittelpunkt steht die Arbeiterklasse, da sie die Kultur der DDR prägt und auf die Wahrnehmung staatsbürgerlicher Rechte und Pflichten zur Festigung der sozialistischen Gesellschaft ausrichtet. Diese Forderungen sind in den 1970er Jahren nicht neu, ihre Bestärkung finden sie jetzt in der Zuordnung als Kernaufgabe der Museen. Vgl. Schreiner (Anm. 1), S. 55.

[18] Vgl. Koth (Anm. 15), S. 4.

Der letzte Abschnitt der Ausstellung wurde mit „Entwicklung des Kreises Merseburg und seiner Menschen nach dem VIII. Parteitag der SED 1971 bis zum IX. Parteitag der SED 1976"[19] überschrieben, ihm sind 40m² der Ausstellungsfläche vorbehalten. Entsprechend dem Tenor der Zeit, der durch die diplomatische Anerkennungswelle der DDR Anfang der 1970er Jahre geprägt ist, verfolgt dieser Ausstellungteil u.a. „die Vertiefung internationalistischer Einstellungen der Besucher".[20] Stellvertretend für die gesamte Ausstellungskonzeption wird in diesem Abschnitt die zielgerichtete Umsetzung zentraler, staatlicher Forderungen deutlich. Die methodische Umsetzung der Ausstellung setzt sich „Anschaulichkeit, wissenschaftliche Überzeugung und hohe ästhetisch-emotionale Überzeugungskraft durch originale Sachzeugen und wissenschaftliche Hilfsmaterialien"[21] zum Ziel. Der letzte Konzeptionsabschnitt wurde als Ausstellungshöhepunkt geplant, seinen räumlichen Aufbau strukturieren zwei Tafelelemente. Inhaltlich setzt sich dieser Teilabschnitt „VIII. Parteitag der SED 1971 – Zum Wohle des Volkes" aus fünf Textquellen, acht Fotoreproduktionen sowie fünf graphischen Darstellungen zusammen, welche sich in ihrer Anordnung abwechseln.

Die Texte sind durch eine einfache Sprache gekennzeichnet. Allgemeine Formulierungen und Schlagwörter lassen kausale Zusammenhänge unberücksichtigt. Direktiven und Parteiparolen bilden einen Hauptteil der Texte, gezogene Schlußfolgerungen, wenn sie überhaupt auftreten, wirken eher unbedeutend und unnötig.[22] Ideologische Kommentare und Wertungen werden mit Zahlenmaterial untersetzt, das weniger Beweiskraft als vielmehr illustrativen Charakter trägt. Bezüge bzw. Quellenangaben fehlen fast ausschließlich, somit widerspricht die Umsetzung der Ausstellung diesbezüglich dem angestrebten Ziel der Wissenschaftlichkeit. Die Beziehung Text-Form erscheint eher zufällig und materiellen sowie organisatorischen Zwängen geschuldet.

Der Museumsbesuch wird, seinen Zielen folgend, auf Erziehung und Bildung reduziert. Dies führt zu einer „Verschulung" des Museums, ästhetische Aspekte bleiben zweitrangig. Die Darstellung der sozialistischen Entwicklung einschließlich der Arbeiterbewegung des Kreises Merseburg orientiert sich weitgehend an den zentralen Vorgaben. Es kommt zu einer Wichtung zugunsten des Inhaltes, der sich an politischen Zielen und Werten des Kommunismus orientiert. Regionale Spezifika werden eher untergeordnet und nicht

---

[19] Ebd., S. 7.
[20] Ebd., S. 7.
[21] Ebd., S. 8, ebd., Dokumentation.
[22] Sprachlich typische Wendungen sind beispielsweise: Wissenschaftlich-technischer Fortschritt, effektive Materialökonomie, schöpferische Fähigkeiten der Menschen weiterentwickeln und qualifizierte Kader heranbilden. Vgl. Koth (Anm. 15), S. 138, ebd., Dokumentation.

ihrer Besonderheit wegen oder unter dem Aspekt der Identifizierung hervorgehoben.

Demnach folgt diese Ausstellung dem chronologischen Ablauf der politischen Entwicklung in der DDR. Wirtschaftliche und kulturelle Tendenzen werden den politischen Zielsetzungen untergeordnet am Rande erwähnt. Dies läßt, insbesondere unter dem Aspekt der Umsetzung *angeordneter Empfehlungen* bzw. zentraler Richtlinien, eine Monotonie in der Ausstellungskonzeption erwarten. Dabei ist allerdings auch zu berücksichtigen, daß die Konzeption im Rahmen einer Fachschulabschlußarbeit entstand.

Um diese Ausstellung mit weiteren Dauerausstellungen, zum einen des Merseburger Museums und zum anderen mit Museen der immanenten Kontrollgruppen, vergleichen zu können, wurde ein Strukturgitter entworfen. Vorerst ist dieses noch im Entstehungsprozeß begriffen und als mögliche Vergleichsmethode zu betrachten, die von einer idealtypischen Präsentation ausgeht. Zu deren Prüfung in der Realität werden die durch einen internen Vergleich gewonnenen Museumstypen genutzt. Mögliche Vergleichsstrategien, die keineswegs endgültig in ihrer Anordnung und Zugehörigkeit sind, werden vorerst nach inhaltlichen, präsentativen sowie inszenierungstechnischen Aspekten geordnet (Abb. 1).

Denkbar wäre, diese Ordnung durch didaktische Aspekte zu erweitern. Allein die zum jetzigen Zeitpunkt benutzten Vergleichskriterien lassen hypothetisch auf differenzierte Präsentationstypen schließen. So ergibt sich beispielsweise nach Anwendung des Strukturgitters auf die 1977 konzipierte Dauerausstellung „Die politische und ökonomische Entwicklung des Kreises Merseburg" des Merseburger Kreismuseums ein möglicher Präsentationstyp, der als *parteiorientiert* bezeichnet werden könnte, wenn der inhaltliche Aspekt bevorzugt Berücksichtigung findet. Wird der Präsentationsaspekt primär betrachtet, könnte dieser Typus durch den Begriff *einseitig*, in seiner Wirkung als *manipulatorisch* charakterisiert werden. Das Ziel ist die Verbindung aller Aspekte, die dann umfassende Präsentationstypen ergeben sollten. Inwieweit diese als generalisierend bezeichnet werden können, ist von weiteren Analyseergebnissen abhängig. Es ist zu erwarten, daß sich bei Ausstellungskonzeptionen strukturell und inhaltlich naher Museumstypen identische bzw. vergleichbare Präsentationstypen ergeben. Diese Arbeitshypothese muß durch die weitere Verfeinerung des Strukturgitters sowie durch die Anwendung auf gleiche wie differente Ausstellungskonzeptionen unterschiedlicher Museumstypen bestätigt werden.

Strukturgitter für Typologisierungsansatz

		Heimat-museum	Industrie-museum	Kultur-historisches Museum	Naturwissen-schaftliches Museum	Technik-museum	Völker-kunde-museum
Inhaltliche Aspekte	Direktiven						
	Ergebnis-orientierung						
	Historismus						
	Ideologie						
	Individualität						
	Jahrestage						
	Kollektivgeist						
	Mensch						
	Personenkult						
	Quellenkritik						
	Regionalität						
	Technischer Fortschritt						
Aspekte der Präsentation	Archivquellen						
	Ausstellungs-technik						
	Darstellungen						
	Interieure						
	Modelle						
	Sachzeugen						
	Schrifttafeln						
	Sprache						
Aspekte der Inszeinierung	Anordnung						
	Argumentation						
	Besucher-bindung						
	Emotionalität						
	Führung						
	Logik						
	Medieneinsatz						

Jens Hoppe

Erkenntnisse zur Entwicklung von Museen durch Bestandsuntersuchungen? Anmerkungen zur Analyse von Museumsobjekten

I. Einleitung

Museen sind in den letzten beiden Jahrzehnten intensiv erforscht worden. Als Grundlagen schaffende Werke können hier exemplarisch die Arbeiten von Martin Roth über Heimatmuseen und Walter Hochreiter zur Museumsgeschichte bis 1914 angeführt werden.[1] Doch haben sich diese und die meisten anderen Autoren vor allem auf schriftliche und in geringerem Maße auf mündliche Quellen gestützt, nicht jedoch auf die Objekte in den Museumssammlungen. Während die Volkskunde und die Kunstgeschichte wie selbstverständlich Objekte als Quellen nutzen, scheint in der Geschichtswissenschaft noch immer kein rechter Umgang mit ihnen gefunden worden zu sein. Und das, obwohl im Museum die Exponate Vermittler zwischen Vergangenheit und Gegenwart sind, sie die Geschichte materialisieren und ihr als sichtbare Träger dienen.[2] Besucher erfahren die museal konstruierte Vergangenheit über die Exponate im Museumsraum, Ausstellungstexte und andere Veröffentlichungen der Museologen werden hingegen nur von einer äußerst kleinen Gruppe zur Kenntnis genommen. Dies unterstreicht die Bedeutung der Exponate.

Einzelne Gegenstände können auf verschiedenen Wegen in die Museen gelangen, neben Schenkungen, Ankäufen und Leihgaben etwa durch Überweisungen oder auch durch gewaltsamen Entzug (wie in der NS-Zeit). Aber stets gilt, daß dies nur erfolgt, wenn sie als erhaltenswert angesehen werden und das Museum als „richtiger" Ort für die Aufbewahrung empfunden wird. Ihren Platz in den Dauerausstellungen finden die Objekte wiederum nur dann, wenn ihnen von Museumsseite ein Aussagewert für das Zielpublikum zugesprochen wird.[3] Aufgrund dieser zwei Prämissen ergibt sich zwangsläufig, daß an der

---

[1] Martin Roth: Heimatmuseen. Zur Geschichte einer deutschen Institution. Berlin 1990. Walter Hochreiter: Vom Musentempel zum Lernort. Zur Sozialgeschichte deutscher Museen 1800-1914. Darmstadt 1994.

[2] Krzstof Pomian: Der Ursprung des Museums. Vom Sammeln. Berlin 1993, S. 82f.

[3] Dies trifft aber nur für Häuser zu, bei denen Magazinräume vorhanden sind, da ansonsten alle eingegangenen Gegenstände in den Museumsräumen ausgestellt werden (müssen). Für zahlreiche Museen gilt, daß diese Trennung in Schau- und Magazinräume anfangs nicht existierte und erst in einer späteren, meist durch Professionalisierung gekennzeichneten Phase vorgenommen wurde.

Sammlung eines Museums die Auffassung von zu erinnernden Bereichen einer Kultur abzulesen ist. Nur was der Stützung oder Schaffung der eigenen (Gruppen-)Identität dienen kann und soll, erscheint daher auch im Museum. Folglich ist die Institution Museum ein Medium der Selbstbeschreibung einer Gesellschaft. Sabine Offe hat kürzlich die Brauchbarkeit dieses Modells für die Untersuchung Jüdischer Museen nach 1945 in eindrucksvoller Weise unter Beweis gestellt.[4] Ein Wandel in der Zusammensetzung der Museumssammlungen offenbart infolgedessen einen Wandel in der gesellschaftlich geprägten Auffassung von erinnerungswürdigen und identitätsstützenden Bestandteilen. Dies ist an schriftlichen Quellen zwar ebenfalls ablesbar, doch dokumentieren nur die Objekte die konkrete Umsetzung von konzeptionellen Vorhaben. Diese Differenz entspricht in etwa dem Unterschied zwischen Texten von Rechtsordnungen und den jeweiligen Rechtswirklichkeiten. Die auftretenden Abweichungen können minimal oder erheblich sein, sollten aber zumindest zur Kenntnis genommen werden.

Die Analyse von Museumssammlungen ermöglicht der Geschichtsdidaktik, sich dem Phänomen Museum von einer bisher vernachlässigten Seite zu nähern. Aber was sagen Objekte nun im Konkreten über die Entwicklung der Museen aus? Und welche Erkenntnisse kann man daraus über die Gesellschaft gewinnen? An einem Beispiel wird im folgenden versucht, eine Antwort auf diese Fragen zu finden und damit zu zeigen, welche Möglichkeiten die Methode bietet.

II. Beispiel einer Bestandsuntersuchung

Hierfür wurde das heutige Hällisch-Fränkische Museum in Schwäbisch Hall ausgewählt, eines der großen deutschen Regionalmuseen, das bereits Anfang der 1850er Jahre und damit in einer frühen Museumsphase entstand. Seit 1856 wird dem Publikum eine Sammlung von Objekten aus der Region Württembergisch-Franken einschließlich angrenzender Teile Badens und Bayerns präsentiert. Das Museum hat seinen Sitz seit 1872 in Schwäbisch Hall, allerdings in wechselnden Baulichkeiten. Als Träger fungierte bis 1981 der Historische Verein für Württembergisch Franken, seitdem wird er von der Stadt Schwäbisch Hall unterstützt.[5] Erst seit dieser Zeit hat das Museum einen fachwissenschaftlich ausgebildeten und festangestellten Leiter.

---

[4]   Vgl. Sabine Offe: Ausstellungen, Einstellungen, Entstellungen. Jüdische Museen in Deutschland und Österreich. Berlin, Wien 2000.
[5]   Zur Geschichte des Museums vgl. den knappen Überblick in: Museum. Hällisch-Fränkisches Museum Schwäbisch Hall. Ausgabe 5/1990. Braunschweig 1990, S. 11-14.

Die folgende Betrachtung beschränkt sich auf eine spezielle Objektgruppe innerhalb des Museumsbestands, nämlich auf die Judaica.[6] Auf diese Weise kann ermittelt werden, ob und wie jüdische Geschichte und Kultur im Gedächtnis der regionalen Gesellschaft über einen Zeitraum von fast 150 Jahren integriert waren. Dazu gilt es, den gegenwärtigen Objektbestand in seiner historischen Genese festzuhalten, weil auf ihm die gesamte Ausstellungsarbeit beruht. Wann kamen nun welche Judaica in die Sammlungen?

Um das Jahr 1886 sind die ersten derartigen Objekte im Museum nachweisbar: zwei Sabbatlampen.[7] Ihr genauer Eingang ist heute nicht mehr festzustellen. Da sie das Museumsinventar von 1879 noch nicht auflistet, ihr Eintrag in das seit Sommer 1886 geführte Verzeichnis aber mit einem anderen Stift erfolgte als die ersten Einträge, dürfte das Jahr 1886 als Zeitpunkt postquam anzusetzen sein. Weitere gut zwanzig Jahre später gelangten die von Elieser Sussmann 1739 ausgemalte Vertäfelung des Unterlimpurger Betraums und vermutlich eine weitere Sabbatlampe in das Museum. 1908, zur Aufstellung der im Vorjahr erworbenen Betraumvertäfelung in den damals neu bezogenen Räumen im sogenannten Gräter- oder Renaissancehaus, erhielt das Museum den ebenfalls von Sussmann bemalten Aron hakodesch aus diesem Betraum.[8]

Erst nach sehr langer Zeit gelangte wieder ein Judaicum in das nunmehr Hällisch-Fränkische Museum genannte Haus: Mit der 1984 erhaltenen Thorarolle stand damit *das* zentrale Objekt der jüdischen Religion für die Dauerausstellung zur Verfügung.[9] Im folgenden Jahr kamen ein modernes, US-amerikanisches Gebetbuch, Teile einer Sukka, die jedoch nicht sogleich als solche erkannt worden waren, und ein Zinnteller mit einer nicht mehr entzif-

---

[6]   Hierunter werden alle Objekte verstanden, die zur Veranschaulichung von jüdischer Geschichte und Kultur genutzt werden, also nicht nur religiös geprägte Objekte. Diese Definition stützt sich auf die jüdische Museumsarbeit der Zeit vor 1933, wie sie etwa in dem Aufsatz von Erich Toeplitz: Jüdische Museen. In: Der Jude 8 (1924), S. 339-346 aufscheint.

[7]   Vgl. Archiv Hällisch-Fränkisches Museum Schwäbisch Hall, Inventarium der Sammlung des historischen Vereins für das württembergische Franken in Schwäbisch Hall. Angefangen im Sommer 1886 durch [Konrad] Schauffele, Inv. Nr. 1240, 1241. Solche „Sabbatlampen" wurden vor Eintritt des Sabbat (am Freitagabend) entzündet und ermöglichten durch ihre lange Brenndauer eine Beleuchtung, ohne das Gebot, daß kein Feuer am Sabbat entzündet werden darf, zu brechen. Es gab in jüdischen Haus, und sie waren auch in anderen Museumssammlungen vor 1900 vertreten.

[8]   [Georg F.] Fehleisen: Führer durch die Altertumssammlung des Historischen Vereins für das württembergische Franken in Schwäbisch Hall. Schwäbisch Hall 1911, S. 17f. Der Aron hakodesch ist das Behältnis für die Thorarollen und den Schmuck der Thorarollen, die in der Synagoge oder dem Betraum aufbewahrt werden.

[9]   Inv. Nr. 84/9.

ferbaren hebräischen Beschriftung hinzu.[10] 1987 erweiterte sich der Judaica-
bestand um einen Pessachteller, einen Glasbecher, der wohl als Kidduschbe-
cher Verwendung fand, eine Besomimbüchse in Fischform und eine Glasglocke mit Magen David als Verzierung, deren Verwendung ungeklärt ist.[11]
Auch in den folgenden Jahren fanden weitere Judaica Eingang ins Museum,
doch wird die Übersicht an dieser Stelle abgebrochen. Denn ein *erstes Ergebnis* ist bereits hinlänglich deutlich geworden: Es gab keine konstante Sam-
meltätigkeit, wie sie etwa für bäuerliche, handwerkliche oder christlich-reli-
giöse Gegenstände bestand. Judaica sind lediglich im Kaiserreich und in der
Bundesrepublik Deutschland ab den 1980er Jahren erworben worden. Nur in
diesen Phasen scheint demnach jüdische Geschichte und Kultur einen Erinne-
rungswert für die regionale Gesellschaft gehabt zu haben. Da die Judaica fast
ausnahmslos dem religiösen Bereich entstammen, ist jüdische Kultur zudem
mit Religion gleichgesetzt worden. Eine derartige Sicht ignoriert alle anderen
Aspekte (etwa die historischen, rechtlichen, sozialen und wirtschaftlichen) und
damit die vergangene Realität.

Zur Einordnung der ersten Befunde bedarf es nun weiterer Fragen: Wie
kamen die Judaica ins Museum? Von wem sind sie geschenkt oder erworben
worden? Wie wurden sie ausgestellt? Erst nach deren Beantwortung läßt sich
der Wandel in der gesellschaftlich geprägten Auffassung von erinnerungswürdigen und identitätsstützenden Bestandteilen einer regionalen Kultur genauer
erkennen.

a) Wie kamen die Judaica in das Hällisch-Fränkische Museum?

Für die ersten beiden Sabbatlampen liegen keine Angaben hierüber vor. Da
das Museum in dieser Zeit mangels Ankaufsetat vor allen Dingen auf Geschenke angewiesen war, dürften auch die ersten beiden Judaica als Geschenke
in die Sammlung gelangt sein. Die Unterlimpurger Betraumvertäfelung ist
hingegen vom Historischen Verein für Württembergisch Franken angekauft
worden, unterstützt durch einen Zuschuß der Jüdischen Gemeinde Schwäbisch
Hall.[12] Der Aron hakodesch aus diesem Betraum war 1884 auf einer Auktion

---

[10]   Inv. Nr. 85/86 (Siddur), 85/202 (Sukka), 88/20 (Zinnteller). Die Teile der Sukka wurden laut
       Protokoll der Ausschußsitzung des Historischen Vereins für Württembergisch Franken vom 9.
       Dezember 1985 als „1 alte bemalte Holzwand mit jüdischer Schrift" bezeichnet. StadtA
       Schwäbisch Hall, HV Archiv, Verhandlungsbuch des Historischen Vereins für Württembergisch
       Franken für 1937 bis 3. Mai 1987, S. 198. Die Sukka ist eine meist als „Laubhütte" bezeichnete
       Hütte, die zu Sukkoth aufgestellt wird und die Juden an die Wüstenwanderung der Israeliten
       erinnern soll.

[11]   Inv. Nr. 87/26 (Pessachteller), 87/32 (Glasbecher), 87/63 (Besomimbüchse), 87/78 (Glasglocke).

[12]   StadtA Schwäbisch Hall, HV Archiv, II. Protokollbuch des Historischen Vereins für
       Württembergisch Franken, September 1894 bis Februar 1920 (Kopie), S. 132f.

von der Haller Jüdischen Gemeinde gekauft und später dem Museum als Leihgabe zur Verfügung gestellt worden.[13] In der Frühzeit der Museumsgeschichte
kamen demnach Leihgabe, Geschenk und Ankauf gleichberechtigt nebenein-
ander vor. Von den seit 1984 ins Hällisch-Fränkische Museum gelangten
Judaica waren die Thorarolle und das Gebetbuch Geschenke, während ansonsten fast nur noch Ankäufe des Historischen Vereins und des Museums zu
verzeichnen sind.

Damit ergibt sich ein *zweites Ergebnis*: Das Museum ist in Gestalt des
Vereins hinsichtlich der Sammlung von Judaica bereits früh aktiv geworden.
Durch den Ankauf der Betraumvertäfelung wird der damals vereinsintern
bestehende Anspruch auf Einbeziehung der jüdischen Kultur in die eigene
Tätigkeit augenscheinlich. Dabei bestand eine enge Zusammenarbeit zwischen
dem Museum und der lokalen Jüdischen Gemeinde; es existierte folglich Ein-
verständnis zwischen Mehrheitsgesellschaft und Minderheit in dieser Angele-
genheit.

b) Von wem sind die Judaica geschenkt oder erworben worden?

Da nur von wenigen Stücken deren Vorbesitzer oder Geschenkgeber bekannt
ist, können die folgenden Angaben lediglich einen kleinen Einblick liefern.
Die Betraumvertäfelung hat der Historische Verein von einem Bürger des
Schwäbisch Haller Ortsteils Unterlimpurg erworben. Den Aron hakodesch
übergab die Jüdische Gemeinde Schwäbisch Hall im Jahre 1908. Das Gebetbuch erhielt das Museum von zwei in die USA emigrierten Haller Bürgerinnen. Die Ankäufe der 1980er Jahre wurden vor allem bei Antiquitätenhänd-
lern getätigt, die zum Großteil in Baden-Württemberg ansässig waren, zum
Teil jedoch auch in Niedersachsen.[14] Letztere hatten damit keinen regionalen
Bezug zum Museumsstandort. Eine derartige Ankaufspraxis ist für andere
Sammlungsbereiche eher ungewöhnlich, da für ein Regionalmuseum der Bezug der gezeigten Gegenstände zur Arbeitsregion konstitutiv ist.

Somit ergeben sich weitere Befunde. *Drittes Ergebnis*: Sowohl im Kaiserreich als auch in den 1980er Jahren sahen Juden das Museum als geeigneten
Ort für die Aufbewahrung von Objekten ihrer eigenen Vergangenheit (und
Gegenwart) an. Es war demnach auch ein Erinnerungsort für die Minderheit,
die sich selbst als integralen Teil einer Gesamtgesellschaft verstand. Aber
auch die regionale nichtjüdische Mehrheitsgesellschaft hat zumindest vor

---

[13] Wilhelm German: Die Holzsynagoge in Schwäbisch Hall. In: Schwäbisches Heimatbuch 1928, S.
      30-35, hier S. 32. Fehleisen (Anm. 8), S. 17f.
[14] Die Angaben über die Herkunft der Judaica verdanke ich der Einsicht in die Inventarkarten und
      der Mitteilung von Dr. Armin Panter vom Hällisch-Fränkischen Museum Schwäbisch Hall.

1933 und nach 1980 Juden als integralen Teil der eigenen Vergangenheit angesehen. Als *viertes Ergebnis* ist festzuhalten, daß zur Sammlung von Objekten jüdischer Geschichte und Kultur seit den 1980er Jahren die übliche Sammelpraxis, die sich auf regionale Objekte beschränkte, aufgegeben wurde. Dies ist nur vor dem Hintergrund der Zerstörungen der NS-Zeit verständlich, in der eine eigenständige, regionale jüdische Gemeinschaft und mit ihr die meisten diesbezüglichen Objekte vernichtet wurden.

c) Wie wurden die Judaica ausgestellt?

Erst mit der Beantwortung dieser Frage wird deutlich, in welcher Weise jüdische Geschichte und Kultur in der Dauerausstellung thematisiert und den Besuchern vermittelt wurden. Die ersten beiden Sabbatlampen befanden sich in der Abteilung „Hall und Umgebung".[15] Sie sind über ihre regionale Herkunft in die Ausstellung integriert worden, wodurch Juden nicht als eigenständige Gruppe aufscheinen. Allerdings läßt sich mit zwei Objekten auch keine eigene Abteilung begründen. Ab 1908 sind alle Judaica in dem Raum mit der eingebauten Betraumvertäfelung aus Unterlimpurg präsentiert worden.[16] Dieser Zustand hielt bis in die NS-Zeit hinein an. Erst mit der ideologisch geforderten und durch den Bezug neuer Räumlichkeiten in der sogenannten Keckenburg auch erforderlichen Umgestaltung ab 1934 erfolgte die Entfernung der Judaica aus der Dauerausstellung. Spätestens 1938 waren diese Gegenstände magaziniert.[17] Sie blieben es bis zur erneuten Umgestaltung des Museums im Jahr 1956 anläßlich des damaligen Stadtjubiläums und zugleich drei Jahre nach dem Tod des seit 1933 tätigen alten Museumsleiters Emil Kost.[18] Nun wurden erneut die Betraumvertäfelung eingebaut und in ihr alle Judaica ausgestellt. Nach dreißig Jahren erfolgte dann ein groß angelegter Umbau aller Räumlichkeiten und die bauliche Erweiterung des Hällisch-Fränkischen Museums, in deren Folge die Judaica erneut magaziniert und zum Teil

---

[15] Konrad Schauffele: Verzeichnis der Sammlungen des Historischen Vereins für das württembergische Franken. Schwäbisch Hall 1898, S. 29.

[16] Fehleisen (Anm. 8), S. 17f.

[17] StadtA Schwäbisch Hall, HV Archiv, A 61, Stuttgarter NS-Kurier, Nr. 438 vom 20.9.1937. Auf diesen Zeitpunkt verweist auch Archiv Hällisch-Fränkisches Museum Schwäbisch Hall, Akte Inv. Nr. 3229, Notizzettel von Simon Berlinger vom Juli 1985, laut dem der Ausbau um 1937/38 erfolgt sein soll. Eventuell ist die Magazinierung der Judaica jedoch schon 1934 erfolgt, da Emil Kost, der im Zuge der Gleichschaltung des Historischen Vereins bestimmte Vereins- und Museumsleiter, berichtet, daß zwischen 1933 und 1934 die gesamte Ausstellung „größtenteils neu durchgearbeitet" wurde und zwei Räume neu mit alten hällischen Bildern eingerichtet wurden. Den dafür notwendigen Platz hätte die Entfernung der Judaica liefern können. Vgl. StadtA Schwäbisch Hall, HV Archiv, A 241, Emil Kost: Für Volkstum und Heimat. Von der Tätigkeit des Historischen Vereins für Württembergisch Franken 1933/34, undat. (ca. Oktober 1934).

[18] StadtA Schwäbisch Hall, HV Archiv, A 193, Stuttgarter Zeitung, Nr. 223 vom 28.9.1955.

restauriert wurden.[19] Erst seit der Neueröffnung des letzten Bauabschnitts im
Jahr 2001 sind die Judaica in einer eigenen Abteilung wieder dem Publikum
zugänglich. Nunmehr werden Objekte auch unabhängig von der Betraumvertäfelung gezeigt, die Ausstellungsthemen breiter gefaßt.[20]

Damit zeigt sich ein *fünftes Ergebnis*: Zwischen 1908 und 1986 ist in den
Phasen der Präsentation nur der religiöse Bereich ausgestellt, Judentum folglich auf Religion eingegrenzt worden (im Gegensatz zur Vorstellung, Juden
seien eine Ethnie oder Sozialgruppe). Diese Art der Präsentation hatten die in
die Sammlung gelangten Judaica bereits vorgegeben. Erst in den letzten Jahren sind auch andersgeartete Objekte gesammelt worden, so daß ab 2001 Judentum differenziert dargestellt wird, mit religiösen, kulturellen und sozialen
Aspekten sowie der Thematisierung der Schoah. Die Änderung der Präsentation belegt einen wirksam werdenden Auffassungswandel von Judentum in der
nichtjüdischen Gesellschaft. Aber auch der Ablauf der Zeiten von Ausstellung
und Nichtausstellung der jüdisch geprägten Gegenstände zeigt deutlich die
sich wandelnden Auffassungen der Erinnerungswürdigkeit von Judaica und
ihrer Wirkkraft für regionale Identitätsbildung.

Abschließend muß jedoch noch untersucht werden, welche weiteren
Aktivitäten es bezüglich der Judaica gegeben hat, die sich nicht in konkreten
Exponaten oder ihrer Präsentation wiederfinden. Für die Wirkungsgeschichte
ist die Frage nach der Reaktion der Bevölkerung auf die jüdische Abteilung
von zentraler Bedeutung. Daneben kann man beispielsweise fragen, ob es
Bemühungen um weitere Objekte gegeben hat, ob Einflußnahmen von Einzel-
personen, Organisationen oder Institutionen auf die Museumsarbeit auftraten
und/oder ob sich das Museum an anderen die jüdische Geschichte betreffenden
Unternehmungen beteiligte? Die Vielfalt derartiger Aktivitäten wird an dieser
Stelle jedoch nur angedeutet, da allein eine monographische Arbeit deren
ganze Bandbreite abdecken könnte.

Über die Reaktion der Bevölkerung auf die Judaica im Schwäbisch Haller
Museum liegen einige Zeugnisse vor. Beispielsweise ist die Betraumvertäfelung 1922 von einem unbekannten Autor als bedeutende Sehenswürdigkeit
gewürdigt worden.[21] Sechs Jahre später lobte sie der städtische Archivar Wilhelm German: Sie sei „eine Sehenswürdigkeit ersten Ranges von hohem Wert"
und nehme „jeden einzelnen, Juden wie Nichtjuden, so gefangen, daß man es

---

[19] Vgl. Museum. Hällisch Fränkisches Museum (Anm. 5), S. 14.
[20] Mitteilung von Dr. Armin Panter vom Hällisch-Fränkischen Museum Schwäbisch Hall.
[21] N.N.: Zum fünfundsiebzigsten Vereinsjubiläum. In: Württembergisch Franken NF 13 (1922), S.
       3-4, hier S. 4.

gar nicht wagt, laut zu sprechen".[22] Die Stadt Schwäbisch Hall hat mit zwei
Aufnahmen der Betraumvertäfelung im Museum sogar noch bis in die NS-Zeit
hinein in einem vom Verkehrsamt geschaffenen Album geworben.[23] Für den
lokalen Raum kann also von einer hohen Wertschätzung der musealen Judaica
ausgegangen werden. Aber auch für Juden ausländischer Staaten haben sie
eine große Anziehungskraft besessen. So kamen etwa 1908 Dr. Louis Gold-
stein aus Paris und 1909 Ella F. und Estelle L. Kahn aus Chicago ihretwegen
nach Schwäbisch Hall.[24]

Aber auch Aktivitäten bezüglich einzelner Judaica oder jüdischer Geschichte und Kultur im allgemeinen hat es in der langen Museumsgeschichte
gegeben. Diese fanden vor allem nach 1945 statt und gingen nicht immer vom
Museum aus. Nach dem Ende des Zweiten Weltkriegs setzten von verschiedener Seite Bemühungen ein, die Judaica in die USA zu transferieren. Noch
1945 bemühte sich der Militärrabbiner Morris V. Dembovitz aus Boston um
sie. Museumsleiter Emil Kost verweigerte jedoch die Herausgabe, nachdem
das Landesamt für Denkmalpflege in Stuttgart, dessen Aufsicht die württem-
bergischen Museen unterstanden, einen Verkauf verboten hatte.[25] Nur zwei
Jahre später versuchte Stephen S. Keyser vom Jewish Museum New York, die
Stücke anzukaufen. Doch erneut lehnte Kost den Verkauf unter Hinweis auf
das Verbot des Landesamtes für Denkmalschutz ab, so daß die Judaica in
Schwäbisch Hall verblieben.[26] Diese Bemühungen dürften die Vereinsleitung
jedoch angeregt haben, erneut über die Aufstellung der Betraumvertäfelung
nachzudenken. Auf einem der im Vereinsarchiv erhaltenen handschriftlichen
Notizzettel zur Hauptversammlung vom 2. November 1949 ist entsprechend
vermerkt: „Wiederaufstellung der Holz-Synagoge".[27] Warum es vorerst nicht
dazu kam, entzieht sich bisher der Kenntnis.

Im Zuge der Vorbereitungen zu der zweiten großen Sonderausstellung
bezüglich jüdischer Geschichte und Kultur in der Bundesrepublik Deutsch-

---

[22] German (Anm. 13), S. 33f.
[23] Archiv Hällisch-Fränkisches Museum Schwäbisch Hall, Akte Inv. Nr. 3229, Notiz vom
      12.8.1937.
[24] StadtA Schwäbisch Hall, HV Archiv, Besucherbuch des Museums im Renaissancehaus vom
      5.7.1908-31.7.1951, S. 5, 14.
[25] StadtA Schwäbisch Hall, HV Archiv, A 185, Schreiben von Emil Kost an Stephen S. Keyser vom
      12.9.1947.
[26] StadtA Schwäbisch Hall, HV Archiv, A 185, Schreiben von Emil Kost an Stephen S. Keyser vom
      12.9.1947. Ob es weitere Erwerbungsversuche, etwa wie andernorts durch die Jewish Restitution
      Successor Organization, die ab 1948 in der amerikanischen Besatzungszone Ansprüche auf
      jüdische Kulturgüter erhob, gegeben hat, läßt sich aus dem eingesehenen Aktenmaterial des
      Stadtarchivs und des Museums nicht erkennen.
[27] StadtA Schwäbisch Hall, HV Archiv, A 244.

land[28], der Monumenta Judaica 1963/64 in Köln, hat sich das Museum in Schwäbisch Hall erneut mit seiner Judaica-Sammlung befaßt. Aus der Leihgabe einzelner Elemente der von Elieser Sussmann bemalten Betraumvertäfelung, etwa die Darstellung Jerusalems, entstand der Wunsch nach Vermittlung einer Thorarolle durch den Kölner Ausstellungsleiter Konrad Schilling.[29] Diesem gelang es jedoch nicht, ein solches Stück für Schwäbisch Hall zu ermitteln. Der Versuch dokumentiert die Bemühungen, die Präsentation durch Vervollständigung des Betraums zu verbessern, ein Ziel, das (wie bereits angeführt) erst zwanzig Jahre später erreicht werden konnte.

Als letztes soll auf die temporäre Auseinandersetzung mit jüdischer Geschichte in der Form einer Sonderausstellung eingegangen werden. Das Hällisch-Fränkische Museum veranstaltete 1985 in Zusammenarbeit mit dem Stadt- und Kreisarchiv Schwäbisch Hall eine Ausstellung zu „Juden in Hall".[30] Ziel war es, den Juden und „uns selber" mehr Erinnerung zu bieten, wobei die erarbeitete Dokumentation später im Museum Aufstellung finden sollte. Der große Erfolg mit rund 4.500 Besuchern, was in etwa dem damaligen durchschnittlichen Jahresbesuch des Museums entsprach, verdeutlicht das hohe gesellschaftliche Interesse an dieser Thematik.

Aus dem zuletzt Dargelegten ergibt sich, daß auch in den Phasen, in denen keine Judaica ins Museum gelangt sind, jüdische Geschichte und Kultur in der Museumsarbeit aufschienen. Die klare Abgrenzung der Phasen verschwimmt dadurch ein wenig, ohne am Gesamtergebnis etwas zu ändern. Nun wäre es notwendig, diesem Einzelfall weitere Bestandsuntersuchungen an die Seite zu stellen, da nur dadurch Besonderes von Allgemeinem unterschieden werden kann. Dies ist an dieser Stelle jedoch unmöglich, weshalb nur kurz auf einige Besonderheiten hingewiesen werden soll.[31] Die erste Sammlungsphase im Kaiserreich ist kein Schwäbisch Haller Spezifikum. Judaica vor 1914 fanden sich zum Beispiel auch im Altonaer Museum, im Historischen Museum in Frankfurt a. M., im Städtischen Museum in Göttingen, im Hessischen Landesmuseum in Kassel, im Bayerischen Nationalmuseum in München, im Germanischen Nationalmuseum in Nürnberg und im Elsässischen Museum in

---

28 Die erste derartige Ausstellung war die in Recklinghausen und Frankfurt a. M. 1960/61 gezeigte Synagoge.

29 StadtA Schwäbisch Hall, HV Archiv, A 324, Schreiben von Konrad Schilling an Wilhelm Dürr vom 15.9.1963.

30 Vgl. Juden in Hall. Geschichte und Schicksal der israelitischen Gemeinde vom Mittelalter bis zur Gegenwart. Eine Ausstellung des Hällisch-Fränkischen Museums Schwäbisch Hall, Kreisarchivs Schwäbisch-Hall, Stadtarchivs Schwäbisch Hall. Schwäbisch Hall 1985.

31 Vgl. generell die im Druck befindliche Dissertation von Jens Hoppe: Jüdische Geschichte und Kultur im Museum. Zur nichtjüdischen Museologie des Jüdischen in Deutschland.

Straßburg. Auch die Magazinierung der Judaica in der NS-Zeit ist eine durchaus übliche Vorgehensweise gewesen. Sie erfolgte zum Beispiel ebenfalls in Altona, Göttingen und München. Die Präsentation der Judaica in der Dauerausstellung bereits ab dem Jahre 1956 ist hingegen eine Besonderheit: Mit Ausnahme des Heimatmuseums Schnaittach, das seine Judaica vor, während und nach der NS-Zeit ununterbrochen präsentierte, dürfte das Schwäbisch Haller Museum eines der ersten Häuser in der Bundesrepublik Deutschland gewesen sein, das der jüdischen Geschichte (wieder) einen eigenen Raum in ihrer Dauerausstellung gewährte.

III. Fazit

Was sagen Objekte, in diesem Fall Judaica über die Museumsentwicklung aus? Generalisierend läßt sich festhalten, daß das Museum als Gedächtnisort bereits im Kaiserreich offen war für die Erinnerung einer Minderheit. Diese Offenheit zeigte sich in Schwäbisch Hall an der engen Zusammenarbeit bezüglich der Betraumübernahme und dessen Einrichtung im Ausstellungsgebäude. Von einer üblicherweise angenommenen nationalistischen Verengung kann hier also keine Rede sein.[32] Auf diese Offenheit, die während der Weimarer Republik fortbestand, folgte in der NS-Zeit eine deutliche Verengung, die an der Magazinierung der Judaica klar abzulesen ist. Doch bereits Mitte der 1950er Jahre begann sich eine erneute Offenheit auszubilden, die aber erst zwei Jahrzehnte später Breitenwirksamkeit erlangte. Hier ist Schwäbisch Hall mithin ein Vorreiter. Das Museum als Teil einer gesellschaftlich ausgehandelten Geschichtskultur bedarf demnach einer zumindest in Teilen demokratisch verfaßten Gesellschaftsstruktur, um verschiedene Identitätsentwürfe und Gruppenerinnerungen aufnehmen zu können.

Allerdings offenbaren die Judaica, daß die jüdische Minderheit lange Zeit nur als religiös geprägte Gruppe integrierbar war. Jan Assmann hat darauf aufmerksam gemacht, daß ein Kollektiv, das sich als Erinnerungsgemeinschaft konstituiert, bei der Formung dieser „Erinnerung an eine gemeinsam bewohnte Vergangenheit" die Differenzen nach innen abschwächt.[33] Demnach konnten Juden als Religionsgemeinschaft sozusagen als dritte Konfession neben den zwei christlichen in das bürgerliche Selbstbild eingegliedert wer-

---

[32] Im Gegensatz hierzu geht Andreas Kuntz: Das Museum als Volksbildungsstätte. Museumskonzeptionen in der deutschen Volksbildungsbewegung 1871-1918. Münster, New York 1996 von dieser nationalistischen Verengung im Kaiserreich aus.

[33] Jan Assmann: Das kulturelle Gedächtnis. Schrift, Erinnerung und politische Identität in frühen Hochkulturen. München 1999, S. 16f., 40.

Ulrich Baumgärtner

Historische Sinnbildung in Reden.
Die rhetorische Auseinandersetzung von Theodor Heuss
mit dem Nationalsozialismus[1]

I.

„Im Anfang war die 'Vergangenheitsbewältigung'." – So lautet der Schlusssatz
von Manfred Kittels Studie „Die Legende von der 'Zweiten Schuld'".[2] Nicht
der individuelle Ursprungsmythos, dem manche Historiker huldigen, und auch
nicht ihr divinatorisches Selbstverständnis soll hier zur Diskussion stehen, die
mit solch biblisch inspirierten Formeln die Geschichte gleichsam neu
erschaffen,[3] sondern es soll mit diesem Zitat lediglich die Tatsache in
Erinnerung gerufen werden, dass die Auseinandersetzung mit dem Nationalsozialismus bis auf den heutigen Tag eine wichtige Rolle in der deutschen
Nachkriegsgeschichte spielt und insbesondere das bundesrepublikanische
Geschichtsbewusstsein nachhaltig prägt.[4] Die Komplexität des Gesamt-
prozesses erfordert, will man empirisch verlässlich arbeiten, eine Selbst-
beschränkung – in diesem Fall auf die rhetorische Auseinandersetzung des
ersten Bundespräsidenten Theodor Heuss mit dem Nationalsozialismus.
Insofern ergeben sich drei Perspektiven: die Geschichte der „Vergangenheitsbewältigung", die Rolle von Reden im historischen Prozess und die
Bedeutung von Theodor Heuss als Bundespräsident.

II.

Will man sich mit dem Phänomen der „Vergangenheitsbewältigung" näher
beschäftigen, dann stößt man auf eine etwas verwirrende Situation. Zum einen
ist der „Kampf um die Deutung" des Nationalsozialismus immer auch ein

---

[1]   Die folgenden Ausführungen beruhen auf: Ulrich Baumgärtner: Reden nach Hitler. Theodor
      Heuss – die Auseinandersetzung mit dem Nationalsozialismus. Stuttgart 2001 (Stiftung
      Bundespräsident-Theodor-Heuss-Haus, Wissenschaftliche Reihe 4).

[2]   Manfred Kittel: Die Legende von der „Zweiten Schuld". Vergangenheitsbewältigung in der
      Ära Adenauer. Berlin/Frankfurt (M) 1993, S. 387.

[3]   Bekanntestes Beispiel: Thomas Nipperdey: Deutsche Geschichte 1800-1866. Bürgerwelt und
      starker Staat. München 1983, S. 11: „Im Anfang war Napoleon."

[4]   Peter Dudek: „Vergangenheitsbewältigung". Zur Problematik eines umstrittenen Begriffs. In:
      Aus Politik und Zeitgeschichte B 1-2/92, S. 44-53.

Politikum.[5] Oft genug *sine studio et ira* wird der Rekurs auf das Dritte Reich –
von der Diffamierung des politischen Gegners bis zur Legitimation von
Kampfeinsätzen der Bundeswehr – zum Argument in der politischen
Auseinandersetzung, ja zur Diagnose über den Zustand der Republik
schlechthin. Dabei stehen sich, grob gesprochen, zwei Positionen mitunter
unversöhnlich gegenüber. Die eine, die man als *Verdrängungsthese* bezeichnen
könnte, hebt prononciert auf die Versäumnisse im Umgang mit der
nationalsozialistischen Vergangenheit ab. Demgegenüber betont die *Auf-
arbeitungsthese* die angesichts der schwierigen Ausgangslage bemerkenswerte
Ehrlichkeit und Bereitschaft, sich der Vergangenheit zu stellen.[6] Kurz: Die
Beschäftigung mit diesem Thema ist ein „offenes Feld für politische
Instrumentalisierungen, für selbstgerechtes Moralisieren".[7]

Zum anderen tat und tut sich die wissenschaftliche Beschäftigung mit der
„Vergangenheitsbewältigung" schwer. Denn was die Forschungslage anbetrifft,
ist festzustellen, „daß die Geschichte der 'Vergangenheitsbewältigung' – soweit
darunter mehr verstanden wird als die politische Säuberung während der
Besatzungszeit – bis vor kurzem kaum Gegenstand historischer Forschung
war".[8] Eine differenzierte Sichtweise zu entwickeln, ist angesichts der Fronten
in dieser Debatte schwer, setzt dies doch die Einsicht voraus, „daß der Umgang
mit dem NS-Erbe auf vielen Feldern ein widersprüchliches Bild geschaffen
hat."[9]

III.

„Daß Reden die Welt bewegten",[10] wird gern behauptet, ist aber, soweit ich
sehe, von Historikern selten systematisch untersucht worden. Und es sind auch
Zweifel angebracht, ob die in ihrer Überlieferung oft undurchsichtigen und oft

---

[5]   Ulrich von Hehl: Kampf um die Deutung. Der Nationalsozialismus zwischen „Vergan-
      genheitsbewältigung", Historisierungspostulat und „Neuer Unbefangenheit". In: Historisches
      Jahrbuch 117 (1997), S. 406-436.

[6]   Beispielhaft für die beiden Positionen seien genannt: Ralph Giordano: Die zweite Schuld oder
      Von der Last Deutscher zu sein. Hamburg/Zürich 1987, hier S. 11: „Jede zweite Schuld setzt
      eine erste voraus – hier: die Schuld der Deutschen unter Hitler; die zweite Schuld: die
      Verdrängung und Verleugnung der ersten nach 1945." – Daniel Jonah Goldhagen: Modell
      Bundesrepublik. Nationalgeschichte, Demokratie und Internationalisierung in Deutschland –
      eine Preisrede. In: Süddeutsche Zeitung am Wochenende vom 15./16. 3. 1997, S. 1f., hier S. I:
      „Ich kenne kein anderes Land, das so offen und konsequent mit den unrühmlichen und
      schrecklichen Kapiteln der eigenen Vergangenheit umgeht."

[7]   Dudek (Anm. 4), S. 48.

[8]   Norbert Frei: Vergangenheitspolitik. Die Anfänge der Bundesrepublik und die NS-
      Vergangenheit. München 1996, S. 7.

[9]   Peter Reichel: Politik mit der Erinnerung. Gedächtnisorte im Streit um die national-
      sozialistische Vergangenheit. München 1995, S. 41.

[10] Vgl. Karl Heinrich Peter (Hrsg.): Reden, die die Welt bewegten. Stuttgart 1959.

auf ein zum geflügelten Wort zugespitzten Appelle – von „Und Brutus ist ein ehrenwerter Mann" über „Gott will es!" über „Hier stehe ich und kann nicht anders. Gott helfe mir! Amen." über „Wollt Ihr den totalen Krieg?" bis hin zu „Ich bin ein Berliner!" – tatsächlich solche entscheidenden Wegmarken, ja Wendepunkte auf dem Weg der Geschichte darstellten, wie der Mythos des die Massen beliebig leitenden Rhetors unterstellt. Auf alle Fälle sind Reden bestenfalls Stiefkinder, wenn nicht Findelkinder der historischen Forschung geblieben – will sagen: es gibt wenige Arbeiten, die Reden als genuinen Untersuchungsgegenstand behandeln.[11]

Seit die Geschichtsdidaktik den schulmeisterlichen Rock „Didaktik des Geschichtsunterrichts" ab- und den akademischen Talar „Didaktik der Geschichte" angelegt hat, sich also nicht mehr nur mit „Geschichte in der Schule", sondern auch mit „Geschichte in der Öffentlichkeit" beschäftigt, bietet sich die Untersuchung einschlägiger Reden geradezu an, um dem „Geschichtsbewusstsein in der Gesellschaft" auf die Spur zu kommen. Abgesehen von einzelnen Arbeiten hat sich allerdings keine eigene Forschungstradition entwickelt.[12] Gemäß dem von Karl-Ernst Jeismann klassisch formulierten Selbstverständnis der Disziplin als „Wissenschaft von Zustand, Funktion und Veränderung geschichtlicher Vorstellungen im Selbstverständnis der Gegenwart"[13] lautet die leitende Fragestellung bei der Untersuchung von Theodor Heuss' „Reden nach Hitler": Wie manifestiert sich in ihnen das auf den Nationalsozialismus bezogene bundesrepublikanische Geschichtsbewusstsein? Wie vollzieht sich in ihnen „historische Sinnbildung" – wobei eher von einem Konglomerat „historischer Sinnbildungen" auszugehen ist?

Reden sind Teil der „Geschichtskultur", unter die man alle „Prozeduren der öffentlichen historischen Erinnerung" subsumieren kann.[14] In Anlehnung an die

---

[11] Vgl. Karl-Georg Faber: Zum Einsatz historischer Aussagen als politisches Argument. In: Historische Zeitschrift 221 (1975), S. 265-303. Ders.: Zur Instrumentalisierung historischen Wissens in der politischen Diskussion. In: Reinhart Koselleck (Hrsg.): Theorie der Geschichte, Bd. 1, München 1977, S. 270-319. Weiterhin: Wolfgang Bach: Geschichte als politisches Argument. Eine Untersuchung an ausgewählten Debatten des Deutschen Bundestags. Stuttgart 1977.

[12] Katherina Oehler: Geschichte in der politischen Rhetorik. Historische Argumentationsmuster im Parlament der Bundesrepublik Deutschland. Hagen 1989. Dies.: Geschichte und politische Praxis. In: Klaus Bergmann u.a. (Hrsg.): Handbuch der Geschichtsdidaktik. 5. Aufl. Seelze-Velber 1997, S. 767-771.

[13] Karl-Ernst Jeismann: Didaktik der Geschichte. Die Wissenschaft von Zustand, Funktion und Veränderung geschichtlicher Vorstellungen im Selbstverständnis der Gegenwart. In: Erich Kosthorst (Hrsg.): Geschichtswissenschaft. Didaktik – Forschung – Theorie. Göttingen 1977, S. 9-33.

[14] Jörn Rüsen: Was ist Geschichtskultur? Überlegungen zu einer neuen Art, über Geschichte nachzudenken. In: Klaus Füßmann/Jörn Rüsen (Hrsg.): Historische Faszination. Geschichtskultur heute. Köln u.a. 1994, S. 3-26, hier S. 4. Ders.: Geschichtskultur als

„elementaren mentalen Operationen des Fühlens, Wollens und Denkens" unterscheidet Rüsen einen ästhetischen, einen politischen und einen kognitiven Bereich; Gedenkreden und Gedenktage werden von ihm der „Politik" zugerechnet und dienten der Herrschaftslegitimation.[15] Da alle drei Bereiche ineinander übergehen, ist allerdings fraglich, ob die rhetorische Auseinandersetzung mit der nationalsozialistischen Vergangenheit in der Loyalitätsabsicherung aufgeht. Überdies ist auch nicht geklärt, ob Geschichtskultur als Teil der politischen Kultur zu gelten hat oder die politische Kultur als Teil mit einschließt.[16]

Für die Konzentration auf die Gedenkreden des ersten Bundespräsidenten Theodor Heuss ist nicht nur die pragmatische Überlegung ausschlaggebend, aus 50 Jahren rhetorischer Auseinandersetzung eine sinnvolle Auswahl treffen zu müssen, sondern es gibt dafür auch sachliche Gründe:

Zum einen kam dem Bundespräsidenten insofern entscheidende Bedeutung zu, als seine Reden als im Wortsinn repräsentativ, seine Aussagen als vor-bildlich gelten können. Seine Ansprachen gehören – legt man die aus der klassischen Rhetorik stammende Unterscheidung nach Gerichtsrede, politischer Streitrede und Lobrede zugrunde – zur letzten, zur epideiktischen Gattung.[17] D.h.: Das Staatsoberhaupt muss versuchen, einen von ihm erwünschten kollektiven Konsens zu formulieren, eine „weltliche Predigt" zu halten.[18] Zum anderen bestand in der noch offenen Situation der frühen Bundesrepublik die Möglichkeit, für den neu gegründeten Staat eine Tradition der rhetorischen Auseinandersetzung mit dem Nationalsozialismus zu begründen, mithin stilbildend zu wirken. Zum dritten waren die Reden Teil vergangenheitsbezogener öffentlicher Inszenierungen, so dass die Analyse der jeweiligen Redesituation und des historisch-politischen Kontextes selbst schon Aufschlüsse über das damalige Geschichtsbewusstsein geben kann. Schließlich, zum vierten, wird in solchen Reden die Vergangenheitsdeutung nicht im Hinblick auf andere Zwecke instrumentalisiert, sondern selbst thematisch.

Forschungsproblem. In: Klaus Fröhlich/Heinrich Theodor Grütter/Jörn Rüsen (Hrsg.): Geschichtskultur. Pfaffenweiler 1992, S. 39-50.

[15] Jörn Rüsen: Geschichtskultur. In: Klaus Bergmann u.a. (Hrsg.): Handbuch der Geschichtsdidaktik. 5. Aufl. Seelze-Velber 1997, S. 38-41, hier S. 39.

[16] Vgl. Karl Rohe: Politische Kultur und ihre Analyse. Probleme und Perspektiven der politischen Kulturforschung. In: Historische Zeitschrift 250 (1990), S. 321-346.

[17] Neuere Einführungen in die klassische Rhetorik: Gert Ueding/Bernd Steinbrink: Grundkurs der Rhetorik. Geschichte – Technik – Methode. 3. Aufl. Stuttgart/Weimar 1994. Clemens Ottmers: Rhetorik. Stuttgart 1996.

[18] Dolf Sternberger: Auch Reden sind Taten. In: Ders.: Sprache und Politik. Schriften XI, hrsg. v. Peter Haungs u.a.. Frankfurt (M) 1991, S. 52-68, hier S. 55 [urspr.: Einleitung, in: Reden der deutschen Bundespräsidenten Heuss, Lübke, Heinemann, Scheel, eingel. v. Dolf Sternberger, ausgew. v. Heinrich Sprenger. München/Wien 1979, S. IX-XXII].

IV.

Wie eine solche Untersuchung aussehen kann, auf welche Grundlagen sie sich stützen, wie sie methodisch vorgehen und welche Ergebnisse sie erbringen kann, lässt sich an einem einfachen Kommunikationsmodell erläutern:

1. Der Redner

Als Kandidat für das Amt des Bundespräsidenten 1949 noch heftig umstritten, 1954 dann fast einmütig wiedergewählt, laut Meinungsumfragen in ungeahnte Höhen der Popularität aufsteigend, in der Bevölkerung bisweilen zum gemütlichen Papa Heuss „verkitscht" und anlässlich seiner runden Geburtstage hymnisch gefeiert, wurde Theodor Heuss bis zu seinem Ausscheiden aus dem Amt 1959 ein Objekt öffentlicher Verehrung und – in der Folgezeit – wissenschaftlicher Nicht-Beachtung. Da sich die Zeitgeschichtsforschung vor allem auf die zweifellos prägende Gestalt Adenauers konzentriert und das Staatsoberhaupt zumeist nur am Rande berücksichtigt, gibt es zum ersten Bundespräsidenten mehr Lücken als Forschung.[19]

Bei der genaueren Untersuchung seiner Reden sind einerseits die grundlegenden, biographisch geprägten politischen Anschauungen von Theodor Heuss zu bedenken, die im südwestdeutschen Liberalismus wurzelten, und andererseits sein spezifisches Amtsverständnis als Staatsoberhaupt. Das Ziel des „demokratischen Nationalisten" Heuss[20] bestand darin, durch die Sicherung stabiler Rahmenbedingungen der Demokratie nach dem Scheitern 1848/49, nach dem misslungenen Experiment der Weimarer Republik und insbesondere nach der Diktaturerfahrung im Nationalsozialismus endlich zum Durchbruch zu verhelfen und die nationale Würde wiederherzustellen. Sein präsidiales Programm der „Entkrampfung", nämlich „die Deutschen aus der Verkrampfung der Hitlerzeit und der furchtbaren Verkrampfung der Nachkriegszeit etwas herauszulösen",[21] versuchte er vor allem auch durch seine „Reden nach Hitler" zu verwirklichen. Das Wachhalten der Erinnerung an die Zeit des Nationalsozialismus war in seinen Augen eine unabdingbare Voraussetzung für das Gelingen der demokratischen Erneuerung und der nationalen Selbstvergewisserung. Das Erinnerungs-Postulat war zugleich Legitimitäts-Potential des jungen Staates, in dem die deutsche Nation sich neu organisierte. Dementsprechend hielt Heuss, der für sich in Anspruch nahm, ein Freund und Meister der

---

[19] Vgl. Jürgen C. Heß: Erkundungsflug. Konzeptionelle Überlegungen zur Arbeit der Stiftung Bundespräsident-Theodor-Heuss-Haus. In: Thomas Hertfelder (Hrsg.): Heuss im Profil. Vorträge und Diskussionen zum Eröffnungsfestakt der Stiftung Bundespräsident-Theodor-Heuss-Haus am 29./30. November 1996. Stuttgart 1997, S. 42-59 (Diskussion S. 80-83).

[20] Jürgen C. Heß: Theodor Heuss vor 1933. Ein Beitrag zur Geschichte des demokratischen Denkens in Deutschland. Stuttgart 1973.

[21] Ralf Dahrendorf/Martin Vogt (Hrsg.): Theodor Heuss: Politiker und Publizist. Aufsätze und Reden, Tübingen 1984, S. 459.

„regulierten Taktlosigkeit" zu sein,[22] keine unpolitischen Sonntagsreden, sondern politisch motivierte Ansprachen.

2. Die Redesituation und der historisch-politische Kontext
Heuss nutzte die verschiedensten Gelegenheiten zu seinen – wie er sie selbst nannte – „Feldzügen gegen das Vergessen".[23] Neben vielen gleichsam beiläufigen Äußerungen in den weit über 500 vorbereiteten Ansprachen, die Heuss während seiner zehnjährigen Amtszeit hielt,[24] interessieren vor allem jene Reden, die die Auseinandersetzung mit dem Nationalsozialismus in den Mittelpunkt stellten. Der öffentlichen Erinnerung in der Bundesrepublik dienten verschiedene Gedenkanlässe, die sich um folgende Trias gruppierten: *„Deutsche als Opfer"* – hierfür standen in den 50er Jahren der Volkstrauertag und die Einweihung von Soldatenfriedhöfen; *„Juden als Opfer"* – ihrer wurde z.B. bei Gedenkstättenfeiern oder im Rahmen der Woche der Brüderlichkeit gedacht; und *„gute Deutsche"* – an ihrer einsamen Spitze die Verschwörer des 20. Juli. Im Rahmen dieser sich ausbildenden Gedenkkultur setzte Heuss als Redner deutliche Akzente, indem er einerseits bestimmte Anlässe mit schuf, wie z. B. den 20. Juli, durch seine Reden „aufwertete", wie z. B. die Woche der Brüderlichkeit, oder durch seine Aussagen in bestimmter Weise deutete, wie z.B. den Volkstrauertag.

Dass Heuss bei der Einweihung des Soldatenfriedhofs im Hürtgenwald 1952 trotz weitgehender inhaltlicher Übereinstimmungen anders als bei der Feier des Volkstrauertags drei Monate später sprach, deutet darauf hin, dass die jeweilige Redesituation Unterschiede bei der jeweiligen historischen Sinnbildung bedingt.[25] Zu bedenken ist überdies, dass angesichts der damals außerordentlich heftig geführten Debatte um die Wiederbewaffnung in Form der Europäischen Verteidigungsgemeinschaft (EVG) eine Weiherede auf einem Soldatenfriedhof oder eine Gedenkrede zum Volkstrauertag unvermeidlich politische Dimensionen erhielt.

---

[22]   Theodor Heuss: Tagebuchbriefe 1955/1963. Eine Auswahl aus Briefen an Toni Stolper, hrsg. u. eingel. v. Eberhard Pikart. Tübingen/Stuttgart 1970, S. 190.

[23]   Ebd., S. 206f.

[24]   Vgl. Stiftung-Bundespräsident-Theodor-Heuss-Haus, Bundespräsidialamt, Amtszeit Heuss, B 122/2886-2892 (= Bundesarchiv), wo 532 Reden gesammelt sind; dazu sind noch improvisierte Ansprachen zu rechnen, zu denen es keine Unterlagen gibt und die auch nicht veröffentlicht wurden. Auswahl: Theodor Heuss: Die großen Reden. Bd. 1: Der Staatsmann, Bd. 2: Der Humanist. Tübingen 1965.

[25]   Theodor Heuss: Wälder und Menschen starben gemeinsam, Hürtgenwald, 17. August 1952. In: Bulletin des Presse- und Informationsamtes der Bundesregierung, Nr. 114 [richtig: 115] (19. August 1952), S. 1101. Ders.: Unser Opfer ist Eure Verpflichtung: Frieden!, Bonn, 16. November 1952. In: Bulletin des Presse- und Informationsamtes der Bundesregierung, Nr. 181 (20. November 1952), S. 1597f.

3. Die Rede

Der überlieferte Redetext ist Ergebnis und insofern nur ein Ausschnitt des Bearbeitungsprozesses insgesamt, der selbst als Sinnbildungsprozess verstanden werden kann. So fügte Heuss in seinen ersten Redeentwurf zur Einweihung der KZ-Gedenkstätte in Bergen-Belsen in die ursprüngliche unpersönliche Passivkonstruktion „die volle Grausamkeit der Verbrechen, die hier begangen wurden" die die Täter benennende Ergänzung „von Deutschen" ein, so dass das Auditorium im November 1952 hörte: „die volle Grausamkeit der Verbrechen, die hier von Deutschen begangen wurden".[26]

Neben der Herausarbeitung zentraler Aussagen zur nationalsozialistischen Vergangenheit, wie z. B. des Hitlerbildes oder der Ursachen des Dritten Reiches, was prinzipiell auch aus anderen Texten wie Zeitungsartikeln, Briefen, Interviews usw. möglich wäre, geht es mir vor allem um die Interpretation der Redetexte als Texten von Reden. Die in der Antike aus der Redepraxis hervorgegangene Kunstlehre der Rhetorik eignet sich dabei – jenseits der ursprünglichen Zweckbestimmung zur Rednerausbildung – auch als Analyseinstrument.[27] Durch die Erfassung der spezifisch rhetorischen Struktur einzelner Reden, wodurch eine eigenständige Textbedeutung konstituiert wird, die mehr ist als eine inhaltliche Zusammenfassung, werden historische Sinnbildungsprozesse im Redevollzug greifbar: Wie werden Aussagen vorbereitet, wie werden Gegenpositionen verschwiegen, widerlegt oder abgewertet? Welche direkten und indirekten Appelle finden sich im Text? Welchen Sinn bildet die verwendete Metaphorik?

Ohne hier eine ausführliche Analyse durchführen zu können, möchte ich einige Ergebnisse kurz erwähnen: Der Nationalsozialismus erschien bei Heuss als die Diktatur einer verbrecherischen Clique um Hitler, deren Gewaltherrschaft sich das deutsche Volk, nachdem es ihr erst einmal unterworfen war, nicht erwehren konnte. In Akten menschlicher Anständigkeit und Widerstandsaktivitäten lebten aber in seinem Verständnis auch während dieser Zeit die positiven Traditionen der deutschen Volksgeschichte fort, die ihren Kristallisationspunkt in der liberalen Bewegung und der Revolution von 1848 hatten. In dieser Hinsicht war der Nationalsozialismus ein Fremdkörper in der Entwicklung der deutschen Geschichte, der durch das Wiederanknüpfen an die positiven Traditionen überbrückt werden konnte. Heuss' „Feldzüge gegen das

---

[26] Theodor Heuss: Diese Scham nimmt uns niemand ab!, Bergen-Belsen, 30. November 1952,. In: Bulletin des Presse- und Informationsamtes der Bundesregierung, Nr. 189 (2. Dezember 1952), S. 1655f., hier S. 1655; die hand- und maschinenschriftlichen Dispositionen in: Stiftung-Bundespräsident-Heuss-Haus, Nachlaß Heuss N 1221/8 bzw. Bundespräsidialamt, Amtszeit Heuss B 122/226, R 186 (= Bundesarchiv).

[27] Vgl. Rolf Bachem: Analyse, rhetorische. In: Gert Ueding (Hrsg.): Historisches Wörterbuch der Rhetorik, Bd. 1ff. Tübingen 1992ff. Bd. 1, Sp. 514-542. Heinrich F. Plett: Einführung in die rhetorische Textanalyse. 8. Aufl. Hamburg 1991.

Vergessen" zielten dabei auf einen tiefgreifenden Mentalitätenwandel, was sich weniger in konkreten Handlungsanweisungen niederschlug als in der Anmahnung individueller Introspektion und seelischer Selbstreinigung. Kennzeichnend – bis in die rhetorische Struktur und einzelne Formulierungen hinein – ist einerseits das Oszillieren zwischen der Abweisung einer Kollektivschuld und der Anerkennung einer Kollektivscham, zwischen der Mahnung, nicht zu vergessen, und dem Versuch der „Entkrampfung", zwischen der Täter-, und der Opfer-, seltener der Zuschauerrolle der Deutschen und andererseits die Verwendung einer „räsonierenden Gesprächsrhetorik" als Kontrapunkt gegen die manipulatorischen Massenveranstaltungen im Dritten Reich.

Hier stellt sich die geschichtsdidaktische Gretchenfrage: „Nun sag, wie hast du's mit den vier Sinnbildungstypen Jörn Rüsens?" Ist das nun *traditional, exemplarisch, kritisch* oder *genetisch?*[28] Dies erfordert je nach Kontext eine andere Antwort. Wenn Heuss in Hürtgenwald die Kriegstoten ehrt, greift er Elemente traditionaler Sinnbildung auf, die er aber in der Ablehnung des soldatischen Heldenmythos gleichzeitig in Frage stellt. Mithin betreibt er kritische Sinnbildung, ohne allerdings die traditionale aufzugeben. Dabei muss offen bleiben, ob dies auch unter Rezeptionsgesichtspunkten zutrifft, schlicht gesagt: ob es überhaupt noch Anhänger dieses Mythos im Auditorium oder in der bundesrepublikanischen Gesellschaft gab – es gab sie! –, und ob sie so einflussreich waren, dass Heuss' Äußerungen als kritische Sinnbildung durchgehen können.

Vor dem Hintergrund der heftigen Debatte um die Wiederbewaffnung können Heuss' zweifelnde Aussagen aber auch als aktuelle Stellungnahme, also *exemplarisch sinnbildend,* verstanden werden. Schließlich ist zu bedenken, dass Sinnbildungsfiguren sich nicht unbedingt an manifesten Sprachäußerungen ablesen lassen: „Wir stehen heute in der Verpflichtung eines deutschen Erbes", formulierte Heuss bei der Eröffnung des Germanischen Nationalmuseums in Nürnberg 1952.[29] Diese auf traditionale Sinnbildung hindeutende Formulierung erweist sich im Rahmen der Argumentation der Rede, die die historischen Brüche der deutschen Geschichte thematisiert, gerade als appellative Beschwörung dessen, was 1952 nicht (mehr) existierte, nämlich die identitätsbildende Kraft nationaler Zugehörigkeit. Traditional? Kritisch-traditional? Kritisch-traditional-genetisch? Kurz: Bei der Anwendung auf den Einzelfall erweisen sich die Kategorien Rüsens, ohne dass ihre heuristische Funktion bestritten werden soll, als sehr ideal und als sehr typisch.

---

[28] Vgl. Jörn Rüsen: Lebendige Geschichte. Grundzüge einer Historik III: Formen und Funktionen des historischen Wissens. Göttingen 1989, S. 39-56.
[29] Heuss (Anm. 24), Bd. 1, S. 118-133, hier S. 124.

4. Die Wirkung

Eine systematische Rezeptionsanalyse ist im Hinblick auf die Reden von Theodor Heuss nicht möglich. Zum einen gibt es zwar die Presseberichterstattung, die sich aber meist auf die bloße inhaltliche Wiedergabe der Rede beschränkte; Leserbriefe waren selten. Daneben gibt es persönliche Zuschriften an Heuss, die, auch wenn sie bisweilen zahlreich waren, in ihrer Aussagekraft nicht überschätzt werden dürfen, da sie ein auf die Extreme hin verzerrtes Bild vermitteln; denn nur diejenigen, die sich besonders geärgert hatten, bzw. diejenigen, die besonders angetan waren, meldeten sich zu Wort. Gleichwohl lässt sich, etwa wenn es um die Frage „Kollektivschuld" – „Kollektivscham" geht, der individuelle Sinnbildungsprozess bei der Rezeption der Rede greifen, und es lässt sich indirekt die öffentliche Schmerzgrenze erschließen, mit der Heuss immer zu rechnen hatte.

5. Vergleichsmöglichkeiten

Hier eröffnen sich drei Perspektiven, die ich nur nenne, ohne sie auszuführen: Zum einen die synchrone: Wie wurde in den 1950er Jahren zu vergleichbaren Anlässen gesprochen? Zum zweiten die diachrone: Wie wurde später bei diesen Gelegenheiten geredet? Zum dritten: Wie verhalten sich die Reden von Theodor Heuss zu anderen Diskursen, etwa geschichtswissenschaftlichen?

V.

Die spezifische Form der Sinnbildung über den Nationalsozialismus in den 1950er Jahren, die sich aus einem Konglomerat von einzelnen, sich überlagernden Sinnbildungsprozessen zusammensetzte und die in den „Reden nach Hitler" von Theodor Heuss einen einflussreichen Ausdruck fanden, ist die der Aporie: Die „Kollektivschuld" abzuweisen *und* eine „Kollektivscham" zu behaupten, das allgemeine Erinnerungs-Postulat als Legitimitätspotential zu nutzen *und* eine konkrete Verantwortungsdebatte zu dispensieren. Die Auseinandersetzung mit den Nationalsozialismus war *so* möglich, aber *nur so* zumutbar. Insofern lässt sich, um abschließend meinen persönlichen Ursprungsmythos beizusteuern, sagen: Am Anfang der rhetorischen Auseinandersetzung mit den Nationalsozialismus war Theodor Heuss.

IV. Geschichtsdidaktische Forschung und Soziologieorientierung

Michaela Maria Hänke-Portscheller

Lernorte

Mit diesem Beitrag wird das Anliegen verfolgt, zentrale Aspekte für ein geschichtsdidaktisches Kommunikationsgefüge zu skizzieren, durch das Kombinationen der disziplinären Zielgrößen *Theorie*, *Empirie* und *Normativität* gestaltbar, beobachtbar und für geschichtsdidaktische Ausbildungszusammenhänge nutzbar gemacht werden können.[1] Diese Überlegungen werden in der Perspektive entworfen, für die Handlungs- und Wirkungswissenschaft Geschichtsdidaktik ein Forschungsfeld *Pragmatik* in den Blick zu nehmen, auf dem konkrete Fallbeispiele historischen Lehrens und Lernens konstruiert, analysiert und empirisch überprüft werden sollen. In einem solchen Forschungszusammenhang könnte dann auch detailliert geklärt werden, inwieweit das Konzept 'Geschichtskultur' für die Disziplin Geschichtsdidaktik fruchtbar gemacht werden kann.

I. Von den Aufgaben der Disziplin Geschichtsdidaktik

Als Fachdisziplin des historischen Lehrens und Lernens steht die Geschichtsdidaktik im Spannungsfeld zwischen Theorie und Praxis. Üblicherweise wird sie an Universitäten, Hochschulen und Studienseminaren dafür in Anspruch genommen, Studierende der Geschichte in zukünftige Berufsaufgaben als Lehrende einzuführen. „Ohne den Bedarf an Lehrertraining für den Geschichtsunterricht gäbe es die Geschichtsdidaktik als etablierte Fachdisziplin der Geschichtswissenschaft vermutlich nicht."[2]

Unter dem Leitbegriff 'Geschichtskultur' erweiterte die Geschichtsdidaktik in den achtziger Jahren ihre Zuständigkeit auf neue und einschlägige Berufsfelder. Fulminant setzte sie dies mit einem Großkapitel im Handbuch für Geschichtsdidaktik in Szene.[3] Gleichzeitig erhob sie den Anspruch, Orientierungsfunktionen historischen Wissens in der Lebenspraxis *theoretisch* untersuchen, mannigfaltige Formen und Resultate *empirisch* beschreiben und Absichten historischen Lehrens in konsensfähigen Zielbestimmungen *normativ* begründen zu können. Doch diese unterschiedlichen geschichtsdidaktischen

---

[1] Vgl. dazu Michaela Hänke-Portscheller: Berufswerkstatt Geschichte. Berufsorientiertes Studium der Geschichte an der Universität Bielefeld. In: RAABE Fachverlag für Wissenschaftsinformation (Hrsg.): Handbuch Hochschullehre. 17. El., Bonn 1998. Beitrag GS C 2.3.

[2] Jörn Rüsen: Historisches Lernen. Grundlagen und Paradigmen. Köln u.a. 1994, S. 74.

[3] Klaus Bergmann u.a. (Hrsg.): Handbuch der Geschichtsdidaktik. 5., überarb. Aufl. Seelze-Veelber 1997, S. 599-771.

Dimensionen können ihren Nutzeffekt erst voll entfalten, wenn sie in eine *Pragmatik* eingebunden werden. „Die Ebene der Pragmatik ist für eine Handlungswissenschaft unverzichtbar. Auf ihr entscheidet sich letztlich auch die Wirkungskraft theoretischer und empirischer Forschung."[4] Unter einer Pragmatik des historischen Lernens verstand man über lange Zeit lediglich Verständigungsprozesse über Regeln im Kontext des obligatorischen Schulunterrichts.[5] Mit Entfaltung der neuen geschichtsdidaktischen Fundamentalkategorie 'Geschichtskultur'[6] erweiterte sich dann aber das Feld der Pragmatik samt seiner Adressaten und Institutionen. Damit wandelten sich gleichfalls die Anforderungen an Professionen, weil nun neben die Bezugsgrößen Wissenschaft und Bildung auch noch Unterhaltung, Freizeit und Kommerz traten. Die Heterogenität der Publika und ihrer Interessenlagen nahm zu und beanspruchte im kulturellen Rahmen angemessene Berücksichtigung. „Überall vollzieht sich offensichtlich eine Differenzierung des Angebots: Auf einer niederschwelligen Basis für alle Adressaten und Interessenten werden Zusatzangebote für spezifisch Interessierte oder zu Interessierende gemacht."[7] In der Geschichtskultur erfordern berufliche Alltagssituationen immer mehr Professionalität im Umgang mit divergierenden Bestimmungsgrößen, weil fortwährend wissenschaftliche, politische, didaktische, soziale und wirtschaftliche Entscheidungskriterien in ihren Bedeutungen gegeneinander abgewogen und ausbalanciert werden müssen.

Im Berufsfeld Schule stellen sich entsprechende Handlungsprobleme nicht selten als Entscheidungszumutungen zwischen der Zentralaufgabe Geschichtsvermittlung und Aufgaben wie Erziehen, Beurteilen, Beraten oder Feste feiern dar. Für den Fachunterricht Geschichte werden durch Richtlinien und Schulbücher außerdem neuartige Koordinationsanforderungen gestellt. Lehrkräfte sehen sich dazu aufgefordert, im Rahmen ihres Unterrichts mit außerschulischen Institutionen zu kooperieren. Doch bis jetzt fehlen umfassendere geschichtsdidaktische Forschungen und Erfahrungen als Grundlage für eine fachbezogene Kommunikation zwischen schulischen und außerschulischen Institutionen der Geschichtskultur. Im Berufsfeld Museum stellen Aus-

---

4   Bernd Mütter: Einführung in die Sektion Pragmatik der Geschichtskultur: Aktuelle Handlungsorientierung. In: Bernd Mütter/Bernd Schönemann/Uwe Uffelmann (Hrsg.): Geschichtskultur. Theorie - Empirie - Pragmatik. Weinheim 2000 (Schriften zur Geschichtsdidaktik, Bd. 11), S. 215.
5   So auch noch Rüsen (Anm. 2), S. 78.
6   Vgl. Jörn Rüsen: Was ist Geschichtskultur? Überlegungen zu einer neuen Art, über Geschichte nachzudenken. In: Klaus Füßmann/Heinrich Theodor Grütter/Jörn Rüsen: Historische Faszination. Geschichtskultur heute. Köln u.a. 1994, S. 3-26; Jörn Rüsen: Geschichtskultur. In: Bergmann u.a. (Anm. 3), S. 38-41.
7   Mütter (Anm. 4), S. 217.

stellungen „komplexe Kommunikationszusammenhänge" dar[8], die in institutionelle Rahmenbedingungen eingebettet sind, durch spezifische Präsentationssprachen bestimmt und von Intentionen und Fragestellungen der Fachwissenschaftler, Designer und Architekten geprägt werden. Hinzu kommen knappe finanzielle Ressourcen und eine wachsende Freizeitstättenkonkurrenz, wodurch die Balanceprobleme noch gesteigert werden.

Da es nun eine der wichtigsten Aufgaben des historischen Lehrens und Lernens ist, „Menschen zu einem kompetenten Umgang mit historischen Erfahrungs-, Deutungs- und Orientierungsangeboten ihrer Kultur zu befähigen",[9] stellen sich die didaktischen Erfordernisse in allen Lehr- und Lernarrangements in gleicher Weise dar, unabhängig davon, ob historisches Lernen in der Schule, im Museum, beim Fernsehen oder bei einem historischen Stadtspaziergang stattfindet. In allen Arrangements historischer Auseinandersetzung gelten trotz unterschiedlicher Gewichtungen für geschichtskulturelle Professionen vergleichbare Leitworte: Fachkompetenz, Differenz, Pluralität, Wandelbarkeit und Erfahrungsnähe. Auch künftig wird die Disziplin Geschichtsdidaktik daran gemessen werden, ob sie in der Lage ist, Studierende anspruchsvoll auf zukünftige Berufsaufgaben im Spannungsfeld von historischer Forschung und Berufspraxis vorzubereiten.

II. Berufsbiographische Probleme durch unzureichende Pragmatik

Berufsbiographische Interviews mit Absolventen historischer Studiengänge,[10] die Berufswege außerhalb von Schule oder Universität wählten, haben gezeigt, daß Berufseinsteiger Übergangszeiten bis zu acht Jahren benötigen, um nach Studienabschluß in einem fachnahen oder fachfernen Feld beruflich Fuß fassen zu können. Mehr als die Hälfte der Probanden dieser Untersuchung sagte aus, daß sie sich durch das Geschichtsstudium überhaupt nicht auf das Berufsleben vorbereitet gefühlt hätte. Im nachhinein beklagten die Befragten der Untersuchung unzureichende persönliche Kontakte zu Institutionen der Geschichtskultur[11] und Informationsdefizite über Berufsfelder von Historikerinnen und Historikern. Trotz erfolgreicher Studienabschlüsse beschreiben sich

---

[8] Vgl. Heinrich Theodor Grütter: Die Präsentation der Vergangenheit. Zur Darstellung von Geschichte in historischen Museen und Ausstellungen. In: Klaus Füßmann/Heinrich Theodor Grütter/Jörn Rüsen (Hrsg.): Historische Faszination. Geschichtskultur heute. Köln u.a. 1994, S. 173-187.

[9] Jörn Rüsen: Zerbrechende Zeit. Über den Sinn der Geschichte. Köln u.a. 2001, S. 103.

[10] Vgl. Freia Anders-Baudisch/Michaela Hänke-Portscheller/Sebastian Manhart: Aus der Geschichte lernen. Berufliche Orientierung für Geschichtsstudenten durch Berufsbiographien von Absolventen. In: RAABE Fachverlag für Wissenschaftsinformation (Hrsg.): Handbuch Hochschullehre. 17. EL, Bonn 1998. Beitrag GS G 1.4.

[11] Ebd., S. 16.

die Interviewten im Rückblick als Anfänger, die in ihren ersten Berufsjahren über nahezu keine professionellen Einstiegsstrategien verfügt hätten. Geschichtsdidaktik ist nach Bernd Mütter nun „nicht nur eine Reflexions-, sondern auch und vor allem eine Handlungs- und Wirkungswissenschaft"[12]. Insofern fallen berufsbiographische Irritationen unter der Rubrik Ausbildung und Weiterbildung in den Zuständigkeitsbereich der Geschichtsdidaktik. Der Disziplin Geschichtsdidaktik fehlt bis jetzt eine hinreichend ausgearbeitete *Pragmatik*, um in der Perspektive erweiterter Handlungsfähigkeit *Theorie, Empirie* und *Normativität* verbinden, kombinieren und auf dieser Basis Ausbildungsmodule weiterentwickeln zu können. „Die Arbeit daran ist noch nicht recht in Angriff genommen worden. Das liegt vor allem daran, daß die Bereiche wissenschaftlicher Forschung auf der einen und der Berufspraxis auf der anderen Seite (noch) nicht so vermittelt sind, daß sie mit Aussicht auf institutionalisierte Forschungsprozesse systematisch aufeinander bezogen werden könnten."[13] Dies manifestiert sich vor allem in *Ausbildungsprozessen der Professionalisierung*, die den Wechsel über die Generationen sichern und professionelle Kompetenzen auf Dauer stellen sollten. Da sinnvolle Relationierungen von theoretischem Wissen und praktischem Können in der Regel während eines Geschichtsstudiums nicht eingeübt werden, irritieren diese Anforderungen Berufsanfänger verständlicherweise gerade am Beginn ihres berufsbiographischen Prozesses. Nahezu in allen geschichtsdidaktischen Ausbildungsphasen fehlt eine systematische Kontrastierung von Theorie und Praxis, wodurch Reflexions- und Handlungskompetenz erst nachhaltig erweitert und vertieft werden könnten. Nicht selten wirkt sich dieses grundlegende Defizit auf den gesamten Verlauf einer Berufsbiographie in der Weise aus, daß Potentiale beruflicher Wissens- und Reflexionsformen „an und durch Wissenschaft"[14] nie wirklich entfaltet werden. „Denn Professionalität ist zuallererst ein berufsbiographisches Entwicklungsproblem."[15] Wie also kann während der geschichtsdidaktischen Ausbildung und auf dieser Basis im anschließenden Berufsleben die wechselseitige Verquickung von Theorie und Praxis erlebt und reflektiert werden? Was wäre zu tun, um eine Pragmatik des Umgangs mit

---

[12] Mütter (Anm. 4), S. 213.
[13] Vgl. Rüsen (Anm. 9), S.4.
[14] Ewald Terhart: Perspektiven der Lehrerbildung. Lehren und Lernen. Zeitschrift des Landesinstitus für Erziehung und Unterricht Stuttgart 27 (2001), H. 3, S. 7.
[15] Vgl. zu den hier verwendeten Begriffen Professionalität und Berufsbiographie Ewald Terhart: Lehrerberuf und Professionalität. In: Bernd Dewe/Wilfried Ferchhoff/Frank-Olaf Radtke (Hrsg.): Erziehen als Profession. Zur Logik professionellen Handelns in pädagogischen Feldern. Opladen 1992, S. 103-131; Ewald Terhard u.a. (Hrsg.): Berufsbiographien von Lehrern und Lehrerinnen. Frankfurt am Main u.a. 1994; Ewald Terhart (Hrsg.): Perspektiven der Lehrerbildung in Deutschland. Abschlußbericht der von der Kultusministerkonferenz eingesetzten Kommission. Weinheim/ Basel 2000, S. 72-80.

Geschichte zu erforschen? Welche Voraussetzungen müßten erfüllt sein, um eine solche Arbeit, in deren thematischem Mittelpunkt Lehr- und Lernprozesse durch Geschichte stehen müßten, systematisch in Angriff zu nehmen?

III. Grundriß für eine geschichtsdidaktische Pragmatik

Genauso wie es in demokratischen Staaten nicht Aufgabe staatlicher Institutionen sein kann, Inhalte des Deutungsstreits um Vergangenes vorzugeben – und etwa einen staatlichen Erinnerungskult zu entwickeln –, genauso wenig kann es in der Geschichtsdidaktik als Disziplin darum gehen, Inhalte historischer Themen und Deutungen vorzugeben. Vielmehr sollte der Sachverstand der Disziplin dafür eingesetzt werden, die „Infrastruktur historischen Erinnerns"[16] – und damit ihre dynamische Entwicklung – zu sichern. Dies stellt qualitative Anforderungen an Institutionen, Professionen und Publika der Geschichtskultur, die über vielfältige Medien historischen Sinn kommunizieren.

Wie lassen sich nun diese verschiedenen Anforderungen der Beobachtung, Gestaltung und Ausbildung in eine Forschungsmethodik für *Pragmatik* übersetzen? Die Geschichtsdidaktik benötigt dafür Forschungsfelder, auf denen detailliert und ohne Zeitdruck pragmatische Handlungszusammenhänge beobachtet werden können. Sie benötigt Handlungsfelder, in denen Ergebnisse geschichtsdidaktischer *Theorie, Empirie* und *Normativität* aufeinander treffen, miteinander kombiniert und untereinander ausgehandelt werden. Bernd Mütter sieht in der geschichtsdidaktischen *Pragmatik* „einen neuen, eigenständigen Ansatz der Auseinandersetzung mit dem Geschichtskultur-Thema."[17] Eine grundlegende methodische Schwierigkeit ist schon mit dem Basisprinzip 'Handlungsorientierung' gegeben, weil sich theoretische Reflexion, empirische Beobachtung und lernzielorientierte Gestaltung im pragmatischen Feld kreuzen. Insofern ergibt sich die Schwierigkeit, daß geeignete Werkzeuge erst im Handlungszusammenhang selbst zusammengestellt werden können. Zur Durchführung empfiehlt Bernd Mütter klassische soziologische Instrumente der Feldforschung und Handlungsforschung. „Als künftige Aufgabe der Disziplin Geschichtsdidaktik auf diesem Forschungsfeld ergibt sich: Nur die Konstruktion, Analyse und empirische Überprüfung konkreter *Fallbeispiele* in theoretischer und systematischer Absicht vermag zu klären, ob das Konzept „Geschichtskultur" für die Handlungswissenschaft Geschichtsdi-

---

[16] Reinhart Koselleck: Denkmäler und Stolpersteine. In: Der Spiegel, Nr. 6 vom 3. Februar 1997, S.191.
[17] Vgl. Mütter (Anm. 4), S. 215.

daktik fruchtbar werden kann oder – wie so manches andere – eine modische Leerformel bleibt."[18]

In diesem Sinne wurde an der Universität Bielefeld pragmatisch experimentiert.[19] Es wurden Lehr- und Lernarrangements entwickelt, durch die stützende Rahmenbedingungen für *Gesprächsprozesse* zur Orientierung in der Geschichte geschaffen werden sollten. Zusammen mit Institutionen, Professionen und Publika wurden didaktische Bedingungsgefüge konstruiert, in denen sich narrative Dynamiken entfalten sollten, die durch die Konfrontation von Theorie und Praxis in Bewegung gesetzt worden waren. Intendiert war also eine Gestaltung lernförderlicher Rahmenbedingungen, durch die eine Kommunikationsweise im Sinne Rüsens ermöglicht werden sollte „zwischen Subjekten, die ihre eigenen Regeln hat, ihre eigenen Steuerungsmechanismen. Es handelt sich um Regeln und Mechanismen des Sprachhandelns, die den Sachverhalt 'Geschichte' betreffen. Ihre Eigentümlichkeit besteht darin, daß jeweils besondere Zeiterfahrungen verhandelt werden, deren Deutung für das Selbstverständnis und die orientierenden Gesichtspunkte der Lebenspraxis der Betroffenen wichtig sind."[20]

Mit der Konstruktion dieser Kommunikationsgefüge werden klassische didaktische Leitideen der 'Transformation'[21] völlig aufgegeben. Vielmehr wird hier für die Wirkungsdauer didaktischer Kommunikation von einer eigenständigen 'dritten' Wissensform zwischen historischer Forschung und beruflicher Praxis ausgegangen, die durch die Konfrontation von wissenschaftlichen mit berufspraktischen Sichtweisen entsteht und dennoch mit keiner der beiden anderen Wissensformen identisch ist. Diese dritte Wissensform beschreibt ein genuin geschichtsdidaktisches Feld, das gleichermaßen nutzbar ist für empirische Beobachtungen und didaktische Erprobungen. Als Ausbildungsmodul ist diese Lehr- und Kommunikationsweise in alle curricularen Veranstaltungsformen von Lehramts- und Magisterstudiengängen integrierbar, wenn dort in irgendeiner Weise 'Praxisbezug' vorgesehen ist. In einer solchen didaktischen Konstruktion bleiben wissenschaftliche und berufspraktische Sichtweisen zwar weiterhin sichtbar, aber sie kontrastieren und relationieren sich wechselseitig und erschließen sich damit der systematischen Reflexion. Historische Forschung und praktisches Handlungswissen können sich als gegenseitigen Resonanzraum und im Verhältnis ihrer gegenseitigen Abhängigkeit erleben. Der Geltungsraum, in dem diese didaktische Wissensform wirkt, wird im folgenden als *Lernort* bezeichnet.

---

[18]　Ebd., S. 216.
[19]　Vgl. Hänke-Portscheller (Anm. 1), S. 10-11.
[20]　Vgl. Rüsen (Anm. 2), S.120.
[21]　Bernd Dewe/Wilfried Ferchhoff/Frank-Olaf Radtke: Das „Professionswissen" von Pädagogen. Ein wissenstheoretischer Rekonstruktionsversuch. In: Dewe/Ferchhoff/Radtke (Anm. 15), S. 73.

IV. Gestaltung von Lernorten

„Die Berufseingangsphase ist die entscheidende Phase in der beruflichen Sozialisation und Kompetenzentwicklung von Lehrkräften. Hier bilden sich personenspezifische Routinen, Wahrnehmungsmuster und Beurteilungstendenzen sowie insgesamt die Grundzüge einer beruflichen Identität. Die in dieser Phase gemachten und verarbeiteten Erfahrungen sind für die weitere Entwicklung (im Blick auf Stabilität und Wandel) der Person in ihrer Berufsbiographie und Kompetenzentwicklung von großer Bedeutung."[22] Lernprozesse der Verknüpfung erfordern viel Zeit, stellen die größten Hürden in der Berufseingangsphase aller geschichtskulturellen Professionen dar und werden üblicherweise als 'Praxisschock' bezeichnet. Kognitive, soziale und emotionale Bewältigungsstrategien für diese kritischen Übergangsphasen sollten unter berufsbiographischen Aspekten sinnvollerweise nicht zu spät erworben werden, weil sie die Grundlage für entwickelte Professionalität bilden. Zu sämtlichen professionellen Tätigkeiten in der Geschichtskultur gehören üblicherweise „berufsbezogene Feedbacks" und „wechselseitige Abstützungen".[23] Die frühzeitige kommunikative Teilnahme an berufsbezogenen Netzwerken ist deshalb eine wirksame Voraussetzung für einen synergiereichen 'Praxisschock auf Raten' mit hilfreicher Begleitung. Damit Studierende im geschichtsdidaktischen Ausbildungsgefüge möglichst umfassende Lernchancen erhalten und sich ihnen die Dynamiken historischen Lehrens und Lernens möglichst vielseitig erschließen, sollten nach den Bielefelder Erfahrungen[24] für die Konstruktion von *Lernorten* unbedingt folgende zehn Punkte berücksichtigt werden:

1. Überprüfung aller Arrangements hinsichtlich ihrer Chancen und Möglichkeiten für 'historische Narration',
2. Einübung des konkreten Umgangs mit spezifischen Medien der Geschichtskultur (z.B. Tondokumenten, Bildern, Filmen, Interviews usw.),
3. Produktion historischer Medien im Lehrkontext (z.B. Bücher, Ausstellungen, Filme, Diskussionsveranstaltungen etc.),
4. Präsentation historischer Medien vor einem öffentlichen Publikum der Geschichtskultur (z.B. durch eine Ausstellung),
5. Konstituierung von wirklichkeitsnahen Trainingsorten zusammen mit Institutionen der Geschichtskultur zu 'Ernstfallbedingungen',

---

[22] Ewald Terhart (Hrsg.): Perspektiven der Lehrerbildung in Deutschland. Abschlußbericht der von der Kultusministerkonferenz eingesetzten Kommission. Weinheim/Basel 2000, S. 128.
[23] Ebd., S. 129.
[24] Vgl. Hänke-Portscheller (Anm. 1), S. 5.

6. Konsolidierung von Ausbildungspartnerschaften zwischen Institutionen der Geschichtskultur und Ausbildungsinstitutionen wie Universitäten oder Studienseminaren,

7. Einbeziehung fachfremder Experten in einzelne Ausbildungsprojekte (z.B. Experten für Kommunikation, Management oder Verwaltung),

8. Weiterentwicklung vernetzter Handlungsformen, um Synergieeffekte zu steigern,

9. Aushandeln der Bewertbarkeit von Austauschbeziehungen zwischen Ausbildungspartnern (Arbeitskraft von Studierenden im Tausch gegen besonderen Kompetenzzuwachs),

10. Entwicklung eines umfassenden Kommunikationsnetzes in den Arbeitsmarkt für Historikerinnen und Historiker.

Im konkreten Kontakt mit Publika, Institutionen und Professionen der Geschichtskultur erhalten Studierende die Gelegenheit, geschichtskulturelle Anforderungen in ihrer Heterogenität anschaulich zu erleben und rechtzeitig Grundlagen für einen lebenslangen berufsbiographischen Professionalisierungsprozeß zu legen. Die Notwendigkeiten, umfassende Medienkompetenzen zu erwerben, um historisch erzählen und präsentieren zu können, erschließen sich besonders nachhaltig im gegenständlichen Tun. Gestaltungs- und Vermittlungsfragen geschichtsdidaktischer Diskussionen werden nicht nur über theoretische Dispute, sondern auch in ihren sachlichen Auswirkungen wahrgenommen. Auseinandersetzungen über historischen Sinn, über historische Deutungen und Interpretationen erhalten somit in einem sinnlichen Kontext Bedeutung. Ebenso können Fragen historischer Verantwortung erst in geschichtskulturellen Arbeitskontexten deutlich konturiert werden. Fachliche Kontroversen akzentuieren die Sinnhaftigkeit des wissenschaftlichen Studiums. Evaluationen durch ein sachkundiges Publikum sind knallhart und wirklich; denn Presse und Öffentlichkeit nehmen in ihren Kommentaren keine didaktischen Rücksichten.

V. Ausblick

Lernorte sind Handlungsfelder, die sich für eine Erforschung geschichtsdidaktischer Pragmatik in besonderer Weise eignen. Das vielschichtige Konzept 'Geschichtskultur' wird in ihnen nicht nur theoretisch deduziert, sondern erschließt sich induktiv im konkreten Kommunikationsgefüge, in das verschiedene Publika und Professionen der Geschichtskultur eingebunden sind. Da die Dynamiken historischen Lehrens und Lernens an *Lernorten* nicht nur beobachtet, sondern durch die Gestaltung von Lernumgebungen in gewisser Weise auch gesteuert werden können, ergeben sich vielfältige Gelegenheiten, genauere Einblicke in unterschiedliche Dimensionen narrativer Ausdrucksformen des Geschichtsbewußtseins zu erhalten. Im Beobachten oder Handeln können Artikulationsweisen historischen Erinnerns und erzählerisches Umgehen mit Wertewandel, Pluralität, Sinndiffusion und Multiperspektivität erforscht werden. Eine künftige Aufgabe der Disziplin wird darin bestehen, für Forschungen im Felde der Pragmatik formative Methoden zu entwickeln und diese dann im Zuge der Erprobung weiter zu verfeinern.

Ruth Benrath

Biographisch-narrative Interviews zur Erhebung des Selbstverständnisses von Geschichtslehrerinnen und -lehrern aus der DDR vor und nach 1989

I. Kurzer Einblick in Thema und Fragestellung meiner Dissertation

In meiner Arbeit werde ich beschreiben, wie sich das Selbstverständnis eines Geschichtslehrers bzw. einer Geschichtslehrerin vor 1989 entwickelt und ob es sich nach 1989 möglicherweise verändert hat. Dazu habe ich 15 Frauen und Männer zwischen 33 und 60 Jahren befragt.

Folgende Fragenstellungen leiten die Analyse meiner empirisch gewonnenen Untersuchungsergebnisse:

- Welche didaktischen Handlungsmuster haben die LehrerInnen vor 1989 entwickelt und warum haben sie gerade diese entwickelt?
- Werden sie nach 1989 beibehalten oder verändert und warum werden sie beibehalten oder verändert?

Ziel meiner Interpretation ist die Formulierung verschiedener Strukturtypen bzw. Transformationstypen, anhand derer sich beschreiben lässt, wie sich GeschichtslehrerInnen aus der DDR zu den veränderten Rahmenbedingungen nach 1989 verhalten.

II. Überblick über die Prinzipen der qualitativen bzw. interpretativen Sozialforschung

- Prinzip der theoretischen Orientierung am „Mündlichen", „Prozessualen", „Nicht-Geläufigen", „Zeitgebundenen", „Historischen", „Biographischen".[1]
- Prinzip der *qualitativen*[2] Aussagen: Es wird danach gefragt, wie sich ein bestimmtes Phänomen angemessen beschreiben lässt und nicht danach, wie häufig es auftritt (quantitative Aussage).
- Prinzip der *gegenstandsbezogenen*[3] Theoriebildung: Es wird von dem Untersuchungsgegenstand ausgegangen, wie er in der Empirie vorkommt, und anhand dessen wird eine Theorie entwickelt.

---

[1] Stephen Toulmin: Kosmopolis. Die unerledigten Aufgaben der Moderne. Frankfurt a. M. 1994. Zitiert in: Natascha Naujok: Schülerkooperation im Rahmen von Wochenplanunterricht. Analyse von Unterrichtsausschnitten aus der Grundschule. Weinheim 2000. S. 32.

[2] Zum Begriff: Philipp Mayring: Einführung in die qualitative Sozialforschung. Eine Anleitung zum qualitativen Denken. 2., überarbeitete Auflage Weinheim 1993. Christel Hopf/Elmar Weingarten (Hrsg): Qualitative Sozialforschung. 2. Aufl. Stuttgart 1984.

- Prinzip des *rekonstruktiven*[4] statt des hypothesenüberprüfenden Verfahrens: Es wird nicht versucht, eine vorab bestehende Theorie zu beweisen, sondern man geht von der Empirie aus und versucht dann eine angemessene theoretische Beschreibung des dort vorgefundenen Phänomens.

- Prinzip der *Einzelfallanalyse*: Es wird vom interessanten Fall ausgegangen und anhand dessen ein allgemeines Merkmal expliziert, die Merkmale des Einzelfalls werden durch das Verfahren des *Fallvergleichs* und der *Typenbildung*[5] verallgemeinert.

III.   Das biographisch-narrative Interview als Erhebungsmethode

Das *biographisch-narrative*[6] Interview, in dem die Lebenserzählung der Interviewperson im Mittelpunkt steht, gliedert sich in einen ersten Teil, der von der AutobiographIn frei gestaltet wird (*Eingangserzählung*), und in zwei Nachfrageteile. Im *internen* Nachfrageteil können Verständnisfragen zur Eingangserzählung gestellt werden, im *externen* Nachfrageteil wird die Forschungsfrage vertieft. Der Verzicht auf das Eingreifen der InterviewerIn im ersten Teil der Befragung dient dazu, dass die Befragten selbst bestimmen können, auf welche Art und Weise und in welcher Länge sie ihre Lebenserzählung – hier: ihre Berufsgeschichte – präsentieren wollen.

Das Interview wird als Vorbereitung für die Auswertung mit allen lautlichen und nonverbalen Äußerungen der Interviewperson unter Zuhilfenahme bestimmter *Transkriptionszeichen* verschriftlicht.

IV.   Die Hermeneutische Fallrekonstruktion als Auswertungsmethode

Die *Hermeneutische Fallrekonstruktion* ist eine Form der Textanalyse, mit deren Hilfe man anhand bestimmter Textstrukturen entlang der Lebenserzählung einer Interviewperson deren Biographie rekonstruiert. Diese Interpretationsmethode wurde in Anlehnung an die *Strukturale Hermeneutik* von Ulrich Oevermann[7] ausgearbeitet und wird in der Biographieforschung unter anderem

---

[3]   Barney G. Glaser/Anselm L. Strauss: Die Entdeckung gegenstandsbezogener Theorie: Eine Grundstrategie qualitativer Sozialforschung. In: Ebd., S. 91-108.

[4]   Ralf Bohnsack: Rekonstruktive Sozialforschung. Einführung in Methodologie und Praxis qualitativer Forschung. 2. Aufl. Opladen 1993.

[5]   Udo Kelle/Susann Kluge: Vom Einzelfall zum Typus. Fallvergleich und Fallkontrastierung in der qualitativen Sozialforschung (Qualitative Sozialforschung, Bd. 6). Opladen 1999.

[6]   Fritz Schütze: Biographieforschung und narratives Interview. In: Neue Praxis 3 (1983), S. 283-294.
      Wolfram Fischer-Rosenthal/Gabriele Rosenthal: Narrationsanalyse biographischer Selbstpräsentation. In: Ronald Hitzler/Anne Honer (Hrsg.): Sozialwissenschaftliche Hermeneutik. Opladen 1997, S. 133-164.

[7]   Ulrich Oevermann u.a.: Die Methodologie einer >objektiven Hermeneutik< und ihre allgemeine forschungslogische Bedeutung in den Sozialwissenschaften. In: Hans-Georg Soeffner

von Gabriele Rosenthal und Wolfram Fischer-Rosenthal[8] verwendet: Ziel ist es zu verstehen, wie sich Orientierungs- und Handlungsmuster einer Person entwickelt und möglicherweise verändert haben. Die Methode der Hermeneutischen Fallrekonstruktion liefert die biographische Erklärung für die Ausprägung eines bestimmten Handlungsmusters. Darüber hinaus dient sie zur Herausarbeitung eines Typus', der aufgrund der biographischen Fallanalyse formuliert werden kann. Im weiteren Verlauf der Untersuchung wird dieser Strukturtyp auf eine spezielle Forschungsfrage angewendet – hier: das Selbstverständnis einer LehrerIn – und um diese erweitert.

Der Interviewtext bildet dafür die Datengrundlage, die Auswertung der Interviewaussagen erfolgt in mehreren Schritten. Dies ist nötig, um die Unterscheidung von erzählter und erlebter Lebensgeschichte methodisch zu gewährleisten, da es einen Unterschied gibt zwischen der Bedeutung, die die Erlebnisse für die Interviewperson damals hatten, und der Bedeutung, die sie heute für sie haben. Zwischen erlebter und erzählter Lebensgeschichte besteht ein Strukturzusammenhang, beide sind aufeinander bezogen. Um diesen Zusammenhang herauszufinden, muss man beide Ebenen erst voneinander getrennt betrachten, um sie später miteinander vergleichen zu können. Folgende methodische Prämissen liegen der Hermeneutischen Fallrekonstruktion zugrunde:

1. Die Gegenwartsperspektive, aus der heraus gesprochen wird, muss herausgearbeitet werden. Das Gesagte hat seinen Standort in der Gegenwart – genauer: in der jeweiligen Interviewsituation – , aus der heraus auf die Gegenwart selbst und auf die Vergangenheit geblickt wird.

2. Erinnerung und das Sprechen darüber funktionieren nach bestimmten Strukturprinzipien, die sich beschreiben lassen. Das, was uns in der Form des Interviewtextes vorliegt, ist die *Präsentationsebene* (Gegenwart). Die Ebene der *biographischen Erlebnisse* (Vergangenheit) muss rekonstruiert werden. Deutung im Rahmen der hermeneutischen Fallrekonstruktion ist demnach ein Vorgang der *Kontrastierung* der erzählten Lebensgeschichte (Interviewtext) mit der erlebten Lebensgeschichte, die anhand der biographischen Daten rekonstruiert wird.

Am Beispiel der Frau L. soll dies verdeutlicht werden:

(Hrsg.): Interpretative Verfahren in den Sozial- und Textwissenschaften. Stuttgart 1979, S. 352-434.

[8]   Wolfram Fischer-Rosenthal: Strukturale Analyse biographischer Texte. In: Elmar Brähler/Corinne Adler (Hrsg.): Qualitative Einzelfallanalysen und Qualitative Verfahren. Gießen 1996, S. 147-208.

Wolfram Fischer Rosenthal/Gabriele Rosenthal: Warum Biographieanalyse und wie man sie macht. In: Zeitschrift für Sozialisationsforschung und Entwicklungssoziologie (1997) H. 4, S. 405-427.

- Was meint Frau L., wenn sie sagt, sie habe „im Januar 1991 am Gymnasium angefangen zu unterrichten, als sei alles schon immer so gewesen"? (Aspekt der Kontextualisierung)
- Was will sie mir als Interviewerin damit sagen? (Aspekt der Interaktion)
- Warum hat sie das Bedürfnis, sich als Lehrerin darzustellen, die bruchlos den Übergang vom einen ins andere (Schul-)System gemeistert hat? (Aspekt der Darstellungsabsicht)

Diese Fragen zielen auf die Ebene des *Präsentationsinteresses* der Interviewperson. Es gibt aber eine 'Geschichte hinter der Geschichte', das ist die Ebene der Handlungen und Erlebnisse der Interviewperson, kurz: die Ebene der *Biographie*, die rekonstruiert werden muss. Nach Fischer-Rosenthal und Rosenthal ist eine Interpretation der Selbstaussagen der AutobiographIn, die über die reine Inhaltsanalyse des Gesagten hinausgeht, nur möglich, wenn analysiert wird, welche Funktion die Selbstpräsentation für die Interviewperson hat, d.h. welche Erlebnisse und Erfahrungen zu ihrem jeweils spezifischen Präsentationsinteresse geführt haben.

V. Die einzelnen Auswertungsschritte der Hermeneutischen Fallrekonstruktion[9]:

1. *Analyse der Biographischen Daten* (adressiert das gelebte Leben):
Die biographischen Daten, die von der AutobiographIn an verschiedenen Stellen des Interviews eingestreut wurden, werden aus dem gesamten Interviewtext zusammengestellt und in die chronologische Reihenfolge eines Lebenslaufes gebracht. Dann müssen zu jedem einzelnen Datum möglichst viele Hypothesen gebildet werden, um die *Biographie auf der Ebene des gelebten Lebens* zu rekonstruieren. Entlang der chronologischen Abfolge der Daten wird der Kontext für ein Ereignis, mit dem die AutobiographIn konfrontiert war, rekonstruiert. Dadurch kann man die Handlungsprobleme, die sich für sie daraus ergeben haben könnten, und die Handlungsalternativen, die ihr zur Verfügung gestanden haben könnten, gedankenexperimentell entwickeln. Im Folgenden sollen die Auswertungsschritte am Beispielfall der Frau L. konkretisiert werden. Da dies in exemplarischer Absicht geschieht, ist eine ausschnitthafte und vereinfachende Darstellungsweise unvermeidlich. Die Fragen zur *Hypothesenbildung* zu den biographischen Daten der Frau L. könnten unter anderem folgendermaßen lauten:

---

[9]   Hier folge ich der Darstellung der Hermeneutischen Fallrekonstuktion von Gabriele Rosenthal: Erzählte und erlebte Lebensgeschichte. Gestalt und Struktur biographischer Selbstbeschreibungen. Frankfurt a.M./New York 1995.

- Was bedeutet es für Frau L., 1938 in einem Lebensbornheim geboren zu werden?
- Welche Handlungsmöglichkeiten hat Frau L. als Schülerin, die auf dem elterlichen Bauernhof den Vater ersetzen muss?
- Welche Handlungsprobleme ergeben sich daraus, dass Frau L. in der Phase ihres Berufseinstiegs drei Kinder allein aufzuziehen hat?

Es werden möglichst gegensätzliche Hypothesen und Folgehypothesen aufgestellt, ohne dass man sich von der Kenntnis der noch folgenden Daten leiten lässt. Durch diese Dekontextualisierung soll erreicht werden, dass ein breites Spektrum an Handlungsmöglichkeiten hypothetisch generiert wird, vor dem sich die individuelle Gestalt der Biographie abzeichnet. Dieser erste Auswertungsschritt dient zur Hypothesenbildung über eine *mögliche Handlungsstruktur* im Kontext des gelebten Lebens. Nach Abschluss der Hypothesenbildung werden die beiden folgenden Fragen beantwortet – hier am Beispiel der Frau L. in stichwortartiger Zusammenfassung:

- Was sind im Leben der Frau L. die bestimmenden Ereignisse und welche Wirkung haben sie auf die Gesamtbiographie? Minderjährige Eltern; nach Kriegsende: Mithilfe auf dem Bauernhof (Abwesenheit des Vaters, Scheidung der Eltern); EOS: Abitur; Ausbildung zur Bibliothekarin am Institut für Marxismus-Leninismus beim ZK der SED; Heirat eines Doktoranden, der für drei Jahre zur Aspirantur nach Moskau geht; Studium Russisch/Geschichte/später auch Staatsbürgerkunde; Lehrerin an einer POS; erwartet das dritte Kind; Fernstudium: EOS-Qualifikation; Wechsel an 'Elite'-EOS (Internat des Außenministeriums, Schüler: Botschafterkinder); Kündigung; Wechsel zur „Schule der Interflug" (Eltern bei der „Interflug" oder im Staatsapparat): Lehrerin in der sogenannten „Berufausbildung mit Abitur"; 1989: Studium (abgewickelt); Weiterbildung; beginnt an einem Gymnasium (erst Russisch, dann Geschichte/Sozialkunde).
- Lässt sich eine mögliche Handlungsstruktur erkennen? 1. Strukturtransformation und Aufstieg durch Bildung; 2. hoher Kräfteeinsatz unter schwierigen Bedingungen (z.B. strenge Leistungsanforderungen, Zeitknappheit).

2. *Text- und Thematische Feldanalyse* (adressiert die Gegenwart der Lebenserzählung):

Im zweiten Auswertungsschritt wendet man sich von den biographischen Daten und damit von der Ebene des erlebten Lebens ab und konzentriert sich ganz auf die Selbstpräsentation der Interviewperson, um die *Ebene des erzählten Lebens* zu erfassen. Hierfür ist nur die Eingangserzählung relevant, der Textteil des Interviews, in dem die Interviewperson ihre Lebensgeschichte ohne Nachfragen der Interviewerin frei strukturieren kann. Diesem Auswertungsschritt liegt die

Prämisse zugrunde, dass es nicht zufällig ist, wie die Interviewperson ihre Lebensgeschichte – hier: ihren Berufsweg – entfaltet, sondern dass sie dabei nach bestimmten Strukturprinzipien verfährt, um ihrem Präsentationsinteresse, das im übrigen auch jeder Alltagskommunikation zugrunde liegt, Ausdruck zu verleihen. Ebenso wenig zufällig ist die Art und Weise des Erzählens, d.h. die *Textsorte*, die für die Darstellung bestimmter Erlebnisse gewählt wird. So ist für die Herausarbeitung des Darstellungsinteresses der Interviewperson nicht unerheblich, ob sie über ein Ereignis in beschreibender, argumentativer oder erzählender Form spricht.

Zunächst wird die Eingangserzählung in verschiedene Abschnitte eingeteilt. Kriterien für die *Sequenzierung* sind der Wechsel des Themas, der Wechsel der Textsorte und die Länge bzw. Kürze der Sequenz. Dieser Schritt dient der Vorbereitung der *Thematischen Feldanalyse*, bei der man sich überlegt, in welche thematischen Felder sich die Themen, die die Interviewperson im Laufe der Eingangserzählung erwähnt, einteilen lassen und welche Textsorte für diese Felder gewählt wird. Als thematisches Feld gilt der intentionale Gehalt bzw. der Präsentationsaspekt eines bestimmten Themas. Es wird analysiert, was die Interviewperson mit der Erwähnung eines Themas sagen will, und eine Verbindung dazu hergestellt, auf welche Art und Weise sie es sagt. Durch die thematische Feldanalyse wird es möglich, festzustellen, was die Verbindung der Themen strukturiert und warum dafür die jeweilige Textsorte gewählt wurde. Am Beispiel der Frau L.:

• Wie präsentiert Frau L. ihre Lebens- bzw. Berufsgeschichte? Sie erzählt sie unter dem Vorzeichen der Relativierung und Entsubjektivierung, z.B. benutzt sie oft Passiv-Formulierungen wie „ich bin eingesetzt worden/es ist passiert/man hat unterrichtet". Frau L.s biographische Selbstpräsentation ist darüber hinaus dadurch gekennzeichnet, dass sie ihren beruflichen Aufstieg vor und nach 1989 unter dem Vorzeichen von Kontinuität erzählt: Es ist ihr wichtig, die Interviewerin aus dem Westen davon zu überzeugen, dass sie nach 1989 schnell 'umlernen' konnte und jetzt eine genauso gut qualifizierte Lehrerin ist wie vorher. Weil es ihr aus heutiger Sicht nicht opportun erscheint, dass sie in der DDR als Geschichtslehrerin Karriere gemacht hat, stellt sie ihre Berufsgeschichte als Nivellierungsbiographie dar.

3. *Rekonstruktion der Fallgeschichte* (adressiert den Entstehungszusammenhang der präsentierten Gestalt):
Dieser Auswertungsschritt ermöglicht es, die Struktur der erlebten Lebensgeschichte in ihrer Gesamtgestalt zu rekonstruieren. Entlang der Chronologie der erlebten Lebensgeschichte wird gefragt, welche Bedeutung jedes einzelne Datum für die Interviewperson in der Vergangenheit gehabt haben könnte und

welcher Bedeutungszusammenhang für sie zwischen den einzelnen Erlebnissen in der Vergangenheit bestanden haben könnte, d.h. wie die einzelnen Erlebnisse in den Gesamtkontext der Lebensgeschichte eingebettet sind. Dazu müssen die biographischen Erlebnisse mit den dazugehörigen Erzählungen und Selbstdeutungen kontrastiert werden. Am Ende dieses Schrittes steht die Ausformulierung der Fallgeschichte z.b.:

- Warum präsentiert sich Frau L. gerade auf diese spezifische Art und Weise und was hat das mit ihrer Lebensgeschichte bzw. mit ihrer Berufsgeschichte zu tun? Frau L.s Lebensgeschichte ist durch Situationen existentieller Verunsicherung in Kindheit und Jugend bestimmt. Daher strebt sie zeit ihres Lebens nach Konsolidierung. Ihr gelingt es, ihre Existenz immer wieder durch Qualifizierungsbemühungen zu sichern. Ihr beruflicher Pragmatismus, ihre Anpassungsfähigkeit und ihre Leistungsbereitschaft lassen sie sowohl in der DDR Karriere machen als auch sich nach der Wende bruchlos auf das neue System umstellen.

4. *Kontrastierung der erzählten mit der erlebten Lebensgeschichte* (Vergleich von Vergangenheits- und Gegenwartsperspektive)

Mit diesem Auswertungsschritt kann man schließlich die Frage beantworten, warum sich die Interviewperson auf eine bestimmte Art und Weise präsentieren will und welche biographischen Erfahrungen zu der jeweiligen Darstellungsabsicht geführt haben könnten. Durch den Vergleich von Vergangenheits- und Gegenwartsperspektive fallen Widersprüchlichkeiten und Differenzen zwischen beiden Perspektiven auf, die aufgrund der Rekonstruktion der erlebten Lebensgeschichte erklärbar werden. Es können Aussagen darüber gemacht werden, aufgrund welcher Erlebnisse die Interviewperson eine ganz bestimmte Darstellungsform ihrer Biographie wählt. Am Beispiel der Frau L. wird der Vergleich zwischen Vergangenheits- und Gegenwartsperspektive ausschnitthaft veranschaulicht:

- Mit dem Darstellungsprinzip der Entsubjektivierung ihres Berufsweges vermeidet Frau L. die Frage nach eigener aktiver Teilhabe am System vor 1989, für die sie sich in der Interviewsituation meint rechtfertigen zu müssen. Wie Frau L. mit den an sie herangetragenen Forderungen, ihre Schüler unter Kontrolle zu halten, umgegangen ist, deutet sie auf Nachfragen hin nur an, während sie ihre eigenen Berührungen mit Indoktrination und Kontrolle im Beruf erzählerisch ausgestaltet. Diese Erlebnisse werden für Frau L. von den positiven Gemeinschaftserfahrungen, die sie sowohl als Schülerin als auch als Lehrerin in der DDR-Schule gemacht hat, relativiert und von den Karrieremöglichkeiten aufgewogen, die sie ergriffen hat.

6. *Typenbildung*

Der Strukturtypus wird so allgemein formuliert, dass er auch auf andere Fälle, die eine ähnliche Struktur aufweisen, zutreffen könnte. Seine Detaillierung muss in der Einzelfallanalyse geleistet werden. Entwickelt wird der Typus auf dem Hintergrund der Rekonstruktion der Fallgeschichte, in der bestimmte Grundmuster menschlichen Handelns im Einzelfall herausgearbeitet werden. Bezogen auf meine Untersuchung stellt sich somit die Frage, welche Handlungsstrukturen der AutobiographIn sich in ihrem Handeln als Geschichtslehrerin wiederfinden lassen.

Die Betrachtung der Gesamtbiographie einer GeschichtslehrerIn erschient mir aufgrund folgender Prämisse sinnvoll zu sein: Meine These besagt, dass sich didaktische Handlungsmuster einer LehrerIn aus einer bestimmten biographischen Konstellation heraus entwickelt haben und als ein auf das unterrichtliche Handeln bezogenes Substrat der Gesamtpersönlichkeit anzusehen sind. Mit dieser These berufe ich mich auf die in der Rekonstruktiven Sozialforschung vertretene Grundannahme vom Strukturzusammenhang des Handelns eines jeden Menschen.

Abschließend versuche ich, die eingangs gestellt Frage nach der Transformation des Selbstverständnisses einer GeschichtslehrerIn am Beispiel der Frau L. zu beantworten. Für die Analyse der didaktischen Handlungsmuster, die im Zentrum meiner Untersuchung steht, ist besonders der Teil des Interviews relevant, in dem Frau L. auf die Nachfragen zum Geschichtsunterricht antwortet. Frau L.s Ausführungen liegt auch hier das Darstellungsprinzip zugrunde, ihren Geschichtsunterricht vor und nach 1989 sowohl unter dem Vorzeichen der Kontinuität als auch unter dem Vorzeichen der Entsubjektivierung und Relativierung zu schildern. Mit der Methode der Hermeneutischen Fallrekonstruktion können Frau L.s Aussagen über ihr Selbstverständnis als Geschichtslehrerin gleichsam 'gegen den Strich' gelesen werden. Da aufgrund der Schwerpunktsetzung dieses Beitrages nicht das Untersuchungsergebnis selbst, sondern die Erläuterung der angewendeten Methode im Vordergrund steht, kann meine Analyse des Selbstverständnisses der Frau L. nicht hergeleitet und am Text belegt werden. Eine thetische Zusammenfassung meiner Interpretation muss an dieser Stelle ausreichen:

- Welche didaktischen Handlungsmuster hat Frau L. vor 1989 entwickelt und warum? Frau L. wollte vor 1989 Karriere machen und stellt sich deshalb den Leistungsanforderungen, die eine ständige Weiterqualifizierung mit sich bringt. Dadurch gerät sie unter Leistungsdruck und aufgrund ihrer familiären Doppelbelastung auch unter Zeitdruck. Deshalb entwickelt sie eine pragmatische Einstellung zum Lehrberuf: Sie plant ihre Stunden anhand der gängigen „Unterrichtshilfen" und hält sich an den Lehrplan und an das

Lehrbuch. Im Geschichtsunterricht legt sie auf Wissensvermittlung wert. Nachdem die Schüler von Frau L. über die sogenannten 'historischen Fakten' in Kenntnis gesetzt worden sind, sollen sie Frau L.s Fragen beantworten können.

• Werden die didaktischen Handlungsmuster von ihr nach 1989 beibehalten oder verändert und warum? Nach 1989 kann sich Frau L. schnell auf das neue Schulsystem umstellen. Nach einer kurzen Weiterbildung fängt sie an, an einem Gymnasium zu unterrichten. Frau L. empfindet die heutigen Unterrichtsbedingungen im Vergleich zu früher als belastender, da das Geschichtsbild und die Unterrichtsziele weniger vorgegeben seien und höhere Anforderungen an sie als Lehrerin gestellt würden. Den daraus resultierenden Mehraufwand an Unterrichtsvorbereitungen bewältigt sie mit ihrem bewährten Pragmatismus. Es ist ihr gegenüber der Interviewerin wichtig zu betonen, dass sie die neuen Standards eines „kontroversen Unterrichts" (Zitat Frau L.) kennt. Sie teilt die veränderten Ansprüche eines Geschichtsunterrichts, der die Schüler zum eigenständigen Urteilen befähigt und bezeichnet dies als größten Unterschied zum DDR-Unterricht. Sie ersetzt die alten Interpretationen historischer Sachverhalte durch neue, sucht aber noch immer nach einem strukturellen Ordnungsprinzip in der Geschichte. Dadurch gerät sie in das Dilemma, dass sie zwar die selbständige Urteilsbildung der Schüler fördern will, an einer eindeutigen Geschichtsinterpretation aber festhält. Gleichzeitig führt ihr Wunsch nach Eindeutigkeit und ihre dahingehende Vorstrukturierung der Erkenntnisse für die Schüler zur Beibehaltung darbietender Unterrichtsverfahren, die wenig Schülertätigkeit zulassen. Wie zu DDR-Zeiten setzt sie zum Einstieg auch heute gerne die provokative Lehrerfrage ein (z.B. „Der 17.Juni – ein Arbeiteraufstand?"), diese soll von den Schülern aber heute genau umgekehrt beantwortet werden als vor 1989, da im neuen Lehrbuch, an dem sich Frau L. orientiert, die historischen Sachverhalte anders interpretiert werden.

• Welchen *Transformationstypus* repräsentiert Frau L.?
Frau L. repräsentiert den Typus einer *„selektiven Anpassung an die neuen Rahmenbedingungen"*: Es fällt diesem Typus aufgrund seiner technokratischen Auffassung vom Lehrberuf leichter, die veränderten Anforderungen nach 1989 auf der Ebene der Unterrichtsinhalte zu übernehmen als seine Unterrichtsmethoden zu reflektieren und zu verändern.

Des Weiteren habe ich in meiner Untersuchung den Transformationstypus des *„Abarbeitens an den neuen Rahmenbedingungen"* und den Typus der *„Verweigerung der Transformation"* gefunden.

Saskia Handro

Geschichtsbewußtsein und Generation.
Theoretische Reflexion, empirische Befunde und forschungspragmatische Überlegungen

Der Rekurs auf Generationenverhältnisse ist untrennbar mit Prozessen des beschleunigten gesellschaftlichen Wandels verbunden. In diesen Phasen stellt sich weitaus stärker die Frage nach Kontinuität und Diskontinuität, treten generative Differenzen deutlicher zu Tage, werden Generationsverträge brüchig. So scheint es kaum verwunderlich, daß nach dem Zusammenbruch der DDR generativen Erklärungsmodellen eine große Bedeutung beigemessen wurde:[1] zum einen, um den scheinbar plötzlichen Loyalitätsverlust der „DDR-Bevölkerung" diachron differenzierter zu beschreiben, und zum anderen, um im deutsch-deutschen Einigungsprozeß die Auswirkungen der Zäsur des Jahres 1989 auf die politischen Denk- und Handlungspotentiale zu verstehen.

Doch unabhängig von der Zäsur des Jahres 1989 erlebten in der Geschichtswissenschaft, der Pädagogik und der Soziologie generationsbezogene Forschungs- und Erklärungsansätze verschiedene Konjunkturen. Anders in der geschichtsdidaktischen Forschung – hier schien die Skepsis gegenüber generativen Erklärungsmodellen bislang relativ groß.[2] Verwiesen sei hier zum einen auf den nach wie vor offenen Diskurs des Verhältnisses von „Reifung" und „Sozialisation".[3] Zum anderen zeigte eine erste empirische Erkundung zum Geschichtsbewußtsein Erwachsener Anfang der 80er Jahre, daß sich zwar altersspezifische Unterschiede nachweisen lassen, doch sind diese – so die Ergebnisse der von Bodo von Borries durchgeführten Intensivinterviews – eher in Abhängigkeit von den „angesammelten Lebens- und Zeitgeschichtserfahrungen" zu sehen. Damit gehörte nach seiner Auffassung das Geschichtsbewußtsein „wirklich unverwechselbar zu Lebenslauf und Charakterstruktur des

---

[1]   Lutz Niethammer: Erfahrungen und Strukturen. Prolegomena zu einer Geschichte der Gesellschaft der DDR. In: Hartmut Kaelble/Jürgen Kocka/Hartmut Zwahr (Hrsg.): Sozialgeschichte der DDR. Stuttgart 1994, S. 95-115; Dieter Geulen: Typische Sozialisationsverläufe in der DDR. Einige qualitative Befunde über vier Generationen. In: Aus Politik und Zeitgeschichte B 26-27/93, S. 37-44.

[2]   Eine Ausnahme bilden hier allenfalls die Untersuchungen von Rolf Schörken: Jugend 1945: Politisches Denken und Lebensgeschichte. Frankfurt a.M. 1994, u. ders.: Luftwaffenhelfer und Drittes Reich: die Entstehung eines politischen Bewußtseins. Stuttgart 1985, die in ihrer Fragestellung jedoch vorrangig dem Kontext der historischen Jugendforschung zuzuordnen sind.

[3]   Vgl. Bodo von Borries: „Reifung" oder „Sozialisation" des Geschichtsbewußtseins? Zur Rekonstruktion einer vorschnell verschütteten Kontroverse. In: Geschichtsdidaktik 12(1987), S. 143-159.

einzelnen, ist nicht einfach mit kollektiven Identitäten und kulturellen Selbstverständlichkeiten abgegolten".[4] Mit Blick auf neuere empirische Befunde von Bodo von Borries und Andreas Körber[5] sowie von Bernd Faulenbach, Annette Leo und Klaus Weberskirch[6] zeichnet sich – auch hier wieder vor dem Hintergrund der Zäsur 1989 – eine Aufwertung der generativen Zugehörigkeit als einer Variable von Geschichtsbewußtsein ab. Dieses neu erwachsene Interesse soll hier Anlaß sein, das Deutungspotential der Kategorie „Generation" im geschichtsdidaktischen Diskurs um Genese, Morphologie und Pragmatik des Geschichtsbewußtseins zu hinterfragen. Dazu sollen die in den Bezugsdisziplinen der Geschichtsdidaktik entworfenen theoretischen und methodischen Konzepte skizziert werden. Im Anschluß daran gilt es, die Möglichkeiten und Grenzen generativer Erklärungsansätze auszuloten.

1. Der Generationsbegriff in der Kritik

Mit dem Begriff der „Generation" werden nicht nur im feuilletonistischen Gebrauch, sondern auch im wissenschaftlichen Diskurs höchst unterschiedliche Phänomene bezeichnet. In Anschluß an Schelskys Unterscheidung zwischen der „Generation der Jugendbewegung", der „politischen Jugend" und der „skeptischen Generation"[7] suchen Typologisierungen wie die der „Flakhelfer-Generation", der „Nachkriegsgeneration", der „68er Generation"[8] und nun auch die „89er Generation"[9] oder in der pädagogischen Literatur kursierende Begriffe wie „Mediengeneration"[10] und nicht zuletzt permanent präsente alltagssprachliche Wortbildungskonstrukte wie „Fun-Generation", „No-future-

---

[4] Bodo von Borries: Geschichtsbewußtsein, Lebenslauf und Charakterstruktur. Auswertung von Intensivinterviews. In: Gerhard Schneider (Hrsg.): Geschichtsbewußtsein und historisch-politisches Lernen. Pfaffenweiler 1988. (Jahrbuch für Geschichtsdidaktik; 1), S. 163-181, hier 178f. Vgl. auch ders.: Alltägliches Geschichtsbewußtsein. Erkundung durch Intensivinterviews und Versuch von Fallinterpretationen. In: Geschichtsdidaktik 3(1980), S. 243-262.

[5] Bodo von Borries/Andreas Körber: Jugendliches Geschichtsbewußtsein im zeitgeschichtlichen Prozeß – Konstanz und Wandel. Eine Stabilitätsmessung zu Vergangenheitsdeutungen, Gegenwartswahrnehmungen und Zukunftserwartungen von Lernenden aus 9. Klassenstufen und ihren Lehrenden 1992 und 1994. In: Jörn Rüsen (Hrsg.): Geschichtsbewußtsein. Psychologische Grundlagen, Entwicklungskonzepte, empirische Befunde. Köln/Weimar/Wien 2001. (Beiträge zur Geschichtskultur; 21), S. 315-404, hier insbesondere 339f.

[6] Bernd Faulenbach/Annette Leo/Klaus Weberskirch: Zweierlei Geschichte. Lebensgeschichte und Geschichtsbewußtsein in West- und Ostdeutschland. Essen 2000. (Geschichte und Erwachsenenbildung; 11), S. 19 u. 461f.

[7] Helmut Schelsky: Die skeptische Generation: Eine Soziologie der deutschen Jugend. Düsseldorf/Köln 1963.

[8] Bärbel Danneberg (Hrsg.): Die '68er: eine Generation und ihr Erbe. Wien 1998.

[9] Claus Leggewie: Die 89er. Porträt einer Generation. Hamburg 1995.

[10] Birgit Richard/Heinz-Hermann Krüger: Mediengenerationen: Umkehrung von Lernprozessen? In: Jutta Ecarius (Hrsg.): Was will die jüngere mit der älteren Generation? Generationsbeziehungen in der Erziehungswissenschaft. Opladen 1998, S. 159-181.

Generation" oder „Generation Golf"[11] mit unterschiedlichem Bedeutungsinhalt und Bedeutungsumfang überindividuelle Zusammenhänge von Einstellungs-, Verhaltens- und Handlungspotentialen zu rekonstruieren und mit ihrer Hilfe beschleunigten sozialen und kulturellen Wandel zu verstehen. Unstrittig besitzen alle diese Wortbildungsbemühungen einen semantischen Kern – den der altersgemäßen Zusammengehörigkeit. Doch über diesen semantischen Kern hinaus verschwimmt der Bedeutungsgehalt. Ferner läßt sich im Diskurs um das Generationskonzept diachron und disziplinübergreifend ein Kontinuum erkennen: Den Anhängern des Generationskonzepts steht eine ebenso starke Lobby der Kritiker gegenüber. Aus der Vielzahl der Einwände seien hier nur drei zentrale Fragestellungen genannt, die auch die Skepsis der geschichtsdidaktischen Forschung gegenüber generationsbezogenen Deutungsmodellen erhellen.

Erstens: Kann das Generationsphänomen als universales, die gesamte Gesellschaft prägendes Phänomen beschrieben werden, oder erklärt es nur partielle Zusammenhänge innerhalb sozial und institutionell begrenzter Gruppen?[12]

Zweitens: Sind Generationen in erster Linie Ergebnis endogener Prozesse und damit auf natürlich-biologische Lebenskonstanten zurückzuführen? Oder ist Generationenbildung weitreichend mit dem Wirken exogener gesellschaftlich-kultureller Prozesse erklärbar und so Ergebnis der primären und sekundären Sozialisation? Oder aber sind Generationen allein Kohorten und damit ein heuristisches Konstrukt?[13]

Drittens: Besitzt der Begriff der „Generation" überhaupt eine Bindungskraft, die der politischer und sozialer Klassen, religiöser Gemeinschaften oder ethnischer Großgruppen vergleichbar wäre?

Hier sei die These gewagt, daß die Kritik weitgehend gegen eine Verabsolutierung des von Karl Mannheim entworfenen Generationskonzepts gerichtet ist. Nicht die Existenz generativer Differenz wird also in Frage gestellt, sondern vielmehr geht es um eine Bestimmung der Reichweite generativer Erklärungsansätze. Die Kritik wendet sich mit Recht gegen die Vorstellung, daß Generationsphänomene ein universales, gleichsam die Gesellschaft als ganzes prägendes Phänomen seien und damit eine weitreichende Erklärung

---

[11]   Florian Illies: Generation Golf: eine Inspektion. Frankfurt a.M. 2001.

[12]   Hans Jäger: Generationen in der Geschichte. Überlegungen zu einer umstrittenen Konzeption. In: Geschichte und Gesellschaft 3(1977), S. 429-452, hier 429 u. 436.

[13]   Joachim Rohlfes: Generation: eine gehaltvolle historische Kategorie. In: Angela Schwarz (Hrsg.): Politische Sozialisation und Geschichte. Festschrift für Rolf Schörken zum 65. Geburtstag. Hagen 1993. (Beiträge zur Geschichtskultur; 8), S. 19-35.

für gesellschaftlichen Wandel bieten würden.[14] Doch ist eben diese Interpretation bei Mannheim keineswegs angelegt. In seiner klassischen Studie „Das Problem der Generationen" aus dem Jahre 1928, in der er die Diltheysche „Prägungshypothese" weiterentwickelt,[15] geht Mannheim von drei Prämissen aus: erstens von der Differenz generationsspezifischer Schlüsselerfahrungen und Schlüsselereignisse; zweitens von der Existenz generationsprägender Gemeinsamkeiten; drittens von der Permanenz intergenerationeller Konflikte. Vor diesem Hintergrund – so Mannheim – findet jede kollektiv sozialisierte Generation einen eigenen und damit neuen Zugang zu der sie umgebenden politischen Kultur. Doch neben den diachronen Prozessen der Generationenfolge nimmt Mannheim auch eine synchrone Binnendifferenzierung in „Generationslagerung", „Generationszusammenhang" und „Generationseinheit" vor und erklärt somit lediglich die Möglichkeit der Herausbildung generativer Gemeinsamkeiten.[16]

Doch nicht nur die Rückbesinnung auf die Grundlagen des theoretischen Konzeptes, sondern ebenso die Vergegenwärtigung seiner durchaus kontroversen Weiterentwicklung und seiner Transformation in die empirische Forschung der Bezugswissenschaften könnte ein erneutes Nachdenken über die Brauchbarkeit für geschichtsdidaktische Fragestellungen und auch über mögliche Modifizierungen des Konzeptes anregen.

2. Das Generationskonzept im Diskurs

Ohne den Blick auf die unterschiedlichen Zugriffe der Einzeldisziplinen vorwegzunehmen, läßt sich dennoch eine Reihe von disziplinübergreifenden Entwicklungen feststellen. „Generation" versteht sich vor allem als heuristische Kategorie, als ein Strukturelement unter vielen zur Beschreibung komplexer Prozesse. Mit dem Begriff der Generation kann Realität nicht faßbar gemacht, können aber Faktoren zur Analyse von Realität strukturiert werden. Von einer globalen Wirkung von Zeitgeschichte für die Generationsbildung benachbarter Geburtsjahrgänge wird nicht mehr ausgegangen.[17] Unstrittig ist jedoch, daß die Differenz zwischen einzelnen Generationen, im Sinne von Alterskohorten, in der Differenz der zeitlichen Erfahrungen und Erinnerungen

---

[14]   Die Genese und Rezeption des Generationsbegriffes wurde vielfach diskutiert, daher sei hier nur verwiesen u.a. auf Helmut Fogt: Politische Generationen. Empirische Bedeutung und theoretisches Modell. Opladen 1982. (Beiträge zur sozialwissenschaftlichen Forschung; 32), S. 6-25.

[15]   Wilhelm Dilthey: Über das Studium der Geschichte der Wissenschaften vom Menschen, der Gesellschaft und dem Staat. In: Georg Misch (Hrsg.): Gesammelte Schriften. Bd. 5, 6. Aufl. Stuttgart/Göttingen 1974, S. 31-73, hier 37.

[16]   Karl Mannheim: Das Problem der Generationen. In: Kölner Vierteljahreshefte für Soziologie 7(1928), S. 157-180 u. 309-330.

[17]   Gerhard Schmied: Der soziologische Generationsbegriff. In: Neue Sammlung 24(1984), S. 231-244, hier 244.

besteht und somit eine generationsspezifische Zeitperspektive zur Folge hat. Verstärkt wird der Prozeß der Ereignisvermittlung und -verarbeitung, der Aufbau und Wandel kognitiver Strukturen untersucht: Zum einen betrachtet man ihn als diachron zu beschreibenden lebenslangen Prozeß, um die Persistenz generationsspezifischer Prägungen zu hinterfragen. Zum anderen gewinnt die Binnendifferenzierung des Sozialisationsprozesses an Bedeutung, um Möglichkeiten und Grenzen der Herausbildung generativer Strukturen überhaupt zu problematisieren. An die beiden erstgenannten Punkte schließt sich die Frage nach der Bedeutung, nach den Formen und Veränderungen des inter-, aber auch des intragenerationellen Erfahrungstransfers an.

Jenseits der fächerübergreifenden Gemeinsamkeiten lassen sich jedoch in Abhängigkeit von den erkenntnisleitenden Interessen der Einzeldisziplinen ebenso markante Unterschiede festhalten. So folgt der Rekurs auf den Begriff der „Generation" in Pädagogik, Soziologie und Historiographie höchst unterschiedlichen Fragestellungen.

2.1. Pädagogik

In der Pädagogik stehen Generationsbeziehungen und Generationsverhältnisse im Zentrum des Interesses. So gehört es seit Schleiermacher (1826) zu den Grundmustern pädagogischen Denkens, daß die Vermittlung zwischen Individuum und Gesellschaft als Interaktions- und Kommunikationsprozeß zwischen Jüngeren und Älteren zu begreifen ist.[18] Betrachtet man die jüngste pädagogische Diskussion, dann zeichnet sich jedoch ein Funktionsverlust der Generation als soziale Kategorie und identitätsstiftendes Ordnungsmuster ab.[19] Generationendifferenz wird weniger als ein realiter existierendes, sondern vielmehr als ein gesellschaftlich konstituiertes und repräsentiertes Problem gesehen. Für diesen Paradigmenwechsel sprechen eine Reihe von Argumenten, die hier nur schlagwortartig erwähnt werden können: die Entdifferenzierung der Lebensalter, die Entstandardisierung von Lebensläufen, die Relativierung lebensalterspezifischer Erfahrungsstrukturen aufgrund universeller Medialität, die Pluralisierung von Lebensformen und die „Erosion intergene-

---

[18] Vgl. F.D.E. Schleiermacher: Pädagogische Vorlesung 1826. In: ders.: Pädagogische Schriften. Hrsg. von Theodor Schulze/Erich Weniger, I. Bd., Düsseldorf/München 1957. Zur Schleiermacher Rezeption vgl. u.a. Benno Hafeneger: Jugendbilder. Zwischen Hoffnung, Kontrolle, Erziehung und Dialog. Opladen 1995, S. 29-58; Wolfgang Sünkel: Der pädagogische Generationenbegriff. Schleiermacher und die Folgen. In: Eckart Liebau/Christoph Wulf (Hrsg.): Generation. Versuche über eine pädagogisch-anthropologische Grundbedingung. Weinheim 1996. (Pädagogische Anthropologie; 3), S. 280-285.

[19] Jutta Ecarius: Generationsbeziehungen und Generationsverhältnisse. Analyse zur Entwicklung des Generationsbegriffs. In: dies. (Hrsg.): Was will die jüngere mit der älteren Generation? Generationsbeziehungen in der Erziehungswissenschaft. Opladen 1998, S. 42-66.

rativer Verstrebungen".[20] In Frage gestellt werden hier in erster Linie traditionelle Erziehungsverhältnisse, und erweitert wird der Blick auf die Vernetzungen der Sozialisationsagenturen. Muster des intergenerationellen Erfahrungstransfers, die Bedeutung individueller Vorerfahrungen und vorhandener „naiver Theorien" für den Lernprozeß der Schüler geraten daher ins Blickfeld. Das veränderte Paradigma ist kompatibel mit einem neuen konstruktivistischen Lernansatz, der in seinen Konsequenzen für historisches Lernen bereits innerhalb der Geschichtsdidaktik diskutiert wird.[21] Jenseits der sich hier abzeichnenden Individualisierung von Lernprozessen besteht jedoch Konsens, daß generative Differenz ein Ergebnis von Diskontinuität und Asynchronität von individueller und sozialer Zeiterfahrung ist.[22]

2.2. Soziologie

In der Soziologie ist der Rückgriff auf das Generationskonzept vor allem an die Identifizierung spezifischer Altersgruppen gebunden. Dabei lassen sich zwei methodische Ansätze erkennen: Zum ersten der in der historischen Sozialisationsforschung praktizierte Ansatz der Rekonstruktion von Genese, Selbstverständnis und Handlungspotentialen bestimmter Altersgruppen. Generationen werden hier als vorfindbare empirische Einheiten angesehen. Die Rekonstruktion ist eng an das Selbstverständnis der Handelnden gebunden. Dabei richtet sich der Fokus insbesondere auf Generationenkonflikte als Erklärungsansätze für politische und sozial-strukturelle Umbrüche.[23] Anders verfährt der sogenannte Kohortenansatz. Alterskohorten verstehen sich dort als konzeptionelle Einheiten mit heuristischer Funktion. Sie dienen der Kon-

---

[20] Michael Wimmer: Fremdheit zwischen den Generationen. Generative Differenz, Generationsdifferenz, Kulturdifferenz. In: Ecarius (Hrsg.), S. 81-113, hier besonders S. 83-85. Vgl. auch wie Anm. 19, S. 49-51.

[21] Dies belegen die Ergebnisse der Sektion „Primarstufe" der Tagung der „Konferenz für Geschichtsdidaktik" vom 1.-3. Oktober 2001 „Von der Einschulung bis zum Abitur. Prinzipien und Praxis des historischen Lernens in den Schulstufen" in Kassel. Zu verweisen ist hier insbesondere auf die Beiträge von Maria Fölling-Albers „Sozialisatorische und lernpsychologische Aspekte der Kindheit" und von Dietmar von Reeken „Paradiesgarten oder Höllenpfuhl? Historisches Lernen im Sachunterricht zwischen Fachansprüchen und Lebensweltbezug". Der Tagungsband erscheint voraussichtlich 2002.

[22] Wimmer, S. 82; Vgl. auch Christoph Wulf: Alter und Generation. Historische Relativität, kulturelle Differenz und intergenerativer Austausch. In: Eckart Liebau/Christoph Wulf (Hrsg.): Generation. Versuche über eine pädagogisch-anthropologische Grundbedingung. Weinheim 1996. (Pädagogische Anthropologie; 3), S. 41-74, hier 42.

[23] Vgl. u.a. Ulrich Herrmann: Historische Sozialisationsforschung. In: Klaus Hurrelmann/Dieter Ulich (Hrsg.): Handbuch der Sozialisationsforschung. 5. Aufl. Weinheim/Basel 1991, S. 231-250; Helmut Fend: Sozialgeschichte des Aufwachsens. Bedingungen des Aufwachsens und Jugendgestalten im zwanzigsten Jahrhundert. 3. Aufl. Frankfurt a.M. 1996; Walter Jaide: Generationen eines Jahrhunderts. Wechsel der Jugendgenerationen im Jahrhunderttrend. Zur Sozialgeschichte der Jugend in Deutschland 1871-1985. Opladen 1988.

struktion von prognostisch erfolgreichen Hypothesen. Mit Hilfe der Kohorten-
analyse können jedoch allenfalls Generationseffekte beschrieben werden.[24] Für
geschichtsdidaktische Fragestellungen scheinen vor allem zwei, auf Grundlage
empirischer Forschungsergebnisse gewonnene Differenzierungen des Mannheimschen Modells fruchtbar. Zunächst die in Auswertung von Inter- und
Intrakohortenvergleichen von Gerhard Schmied gewonnene Unterscheidung
von „Alterseffekten", d.h. bestimmte Vorstellungen und Handlungen können sich bei verschiedenen Kohorten im Verlauf ihres Lebens in gleicher
Weise ändern; „Epochaleffekten", d.h. zeitgeschichtliche Ereignisse können alle Kohorten in gleicher Weise beeinflussen; „Kohorteneffekten",
d.h. daß Erfahrungen der Jugendzeit im Mannheimschen Sinne ausschlaggebend sind.[25] Ob entsprechende Differenzierungsmöglichkeiten auf der Suche
nach den Konstruktionsmechanismen von Geschichtsbewußtsein sich als sinnvoll erweisen, muß an dieser Stelle offen bleiben. Zwar sind im Bereich der
Inter- und Intrakohortenvergleiche erste Schritte getan, doch scheint es noch
zu früh, derartige metastufige Aussagen zu treffen.

Impulse könnte auch das von Helmut Fogt (1982) erarbeitete Modell
generationsspezifischer Ereignisverarbeitung bieten.[26] Ohne daß an dieser
Stelle das Modell in seiner Komplexität vorgestellt werden kann, soll jedoch
die Frage nach der generationsspezifischen Prägung aufgenommen werden.
Nach Fogt liegt diese sensible Phase zwischen dem 17./18. und dem 25. Lebensjahr. Der Erwerb einer Grundstruktur von Orientierungen, Verhaltensweisen und kognitiven Wahrnehmungsstrukturen fällt somit nicht in den Verfü-
gungsrahmen der familiären und schulischen Sozialisation. Er ist vielmehr an
den Erfahrungsraum der altershomogenen peer-groups gebunden und fällt in
eine Zeit entscheidender lebensgeschichtlicher Umbrüche.[27] Die in dieser
Phase erworbenen sogenannten „cognitive maps" erweisen sich als relativ
persistent. Sind neue Informationen nicht integrierbar, so können sie entweder
ignoriert oder als Dissonanz angelagert werden. Wenn beides durch die le-
bensweltliche Kraft von „Schlüsselereignissen" verhindert werden sollte, dann
muß eine kognitive Umstrukturierung stattfinden. „Diese Umstrukturierung
bildet die Grundlage einmal für bestimmte generationsspezifische Verhaltens-
dispositionen, die ein rückgekoppeltes System kollektiven politischen Handelns in Gang bringen; und zweitens für das Generationsbewußtsein als dem
neuen Orientierungsmuster, das dann langfristig gespeichert wird."[28]

---

[24] Vgl. wie Anm. 17, S. 242.
[25] Vgl. Ebd., S. 241.
[26] Vgl. wie Anm. 14, S. 102-108.
[27] Vgl. Ebd., S. 55-68.
[28] Ebd., S. 90.

Gerade die empirischen Befunde zum Geschichtsbewußtsein in Ost und West der letzten zehn Jahre könnten hinsichtlich dieser Strukturen sinnvoll hinterfragt werden.[29] Daß solche relativ gleichförmigen Umstrukturierungsprozesse infolge tiefgreifender historischer Zäsuren wie 1945 und 1989 sich auf das Geschichtsbewußtsein einzelner Alterskohorten oder aller untersuchten Kohorten auswirken, konnten Faulenbach, Leo und Weberskirch durch qualitative Untersuchungen zum Geschichtsbewußtsein von Arbeitnehmern aus Ost und West nachweisen. Doch jenseits der auf gemeinsame zeithistorische Erfahrungen zurückzuführenden generativen und intergenerativen Parallelen traten in den Intensivinterviews deutliche Divergenzen hervor, die allein als Resultante des Lebenslaufes zu interpretieren sind.[30] Anders die Befunde der quantifizierenden Untersuchungen von von Borries und Körber und auch des Zentralinstituts für Jugendforschung (ZIJ) in Leipzig. Stärker als beim „Arbeitnehmerprojekt" fällt hier die Gleichförmigkeit der Ereignisverarbeitung der Zäsur 1989 bei den befragten ostdeutschen Jugendlichen ins Auge. Dies läßt sich einerseits auf den unterschiedlichen methodischen Zugriff zurückführen, liegt aber weiter auch in der Wahl der Untersuchungsgruppe begründet. Wählten Faulenbach, Leo und Weberskirch in ihrem intergenerativen Vergleich Angehörige unterschiedlicher Alterskohorten, bildeten Schüler der 9. Klasse (von Borries) bzw. Jugendliche (ZIJ) die Untersuchungsbasis der quantitativen Intervallstudien.[31] Erfaßt werden – und dies ist keinesfalls neu – inkonsistente Deutungen im Vorfeld der kognitiven Umstrukturierung.

Feststellbar ist weiter, daß die Prozesse der kognitiven Umstrukturierung, die sich vor allem im Kontext tiefgreifender gesellschaftlicher Umbrüche nachweisen lassen, sich zunächst auf zeitgeschichtlich nahe und daher lebensbiographisch relevante Bereiche beziehen. Weiter zurückliegende Vergangenheitsdeutungen sind von diesem Wandel weniger betroffen.

---

[29] Vgl. wie Anm. 5 u. 6; Felix Philipp Lutz: Das Geschichtsbewußtsein der Deutschen. Grundlagen der politischen Kultur in Ost und West. Köln/Weimar/Wien 2000.

[30] Wie Anm. 6, S. 461f.

[31] Vgl. Anm. 5 sowie die Intervallstudien zum Geschichtsbewußtsein ostdeutscher Jugendlicher des Zentralinstituts für Jugendforschung in Leipzig in 1987, 1988 und 1990. Zentralarchiv für Empirische Sozialforschung. Universität Köln. (ZA-Köln): ZA-Nr. 6339: Geschichtsbewußtsein 1983, ZA-Nr. 6000: Geschichtsbewußtsein 1987 (Erhebungszeitraum Mai 1987 bis Juni 1987), ZA-Nr. 6001: Geschichtsbewußtsein 1988 (Erhebungszeitraum Ende 1988 bis Anfang 1989), ZA-Nr. 6003: Geschichtsbewußtsein 1990 (Erhebungszeitraum Mai 1990 bis Juni 1990). Anfänge der Auswertung vgl. u.a. Wilfried Schubarth: Forschungen zum Geschichtsbewußtsein. In: Walter Friedrich/Peter Förster/Kurt Starke: Das Zentralinstitut für Jugendforschung Leipzig 1966-1990. Geschichte, Methoden, Erkenntnisse. Berlin 1999, S. 206-224.

2.3. Geschichtswissenschaft

Höchst gespalten ist das Verhältnis der Geschichtswissenschaft zum Generationsbegriff.[32] Die Skepsis liegt nicht nur in der Unschärfe des Begriffes begründet, sondern richtet sich gegen frühe Versuche, historischen Wandel in der Gesellschaft durch den Gegensatz von Gewohnheiten der Generationen zu begreifen, d.h. das Generationsphänomen als universales, die gesamte Gesellschaft prägendes Phänomen überzubewerten.[33] Vertreter eines Biologismus, wie beispielsweise der Jenenser Historiker Ottokar Lorenz, suchten im Prozeß der Generationenfolge einen verstehenden Zugang zur diskontinierlichen Folge historischer Entwicklung zu liefern und gleichsam ein generelles Gesetz der historischen Rhythmik zu finden.[34] Jenseits des theoretischen Diskurses besteht im forschungspragmatischen Umgang mit der Kategorie „Generation" Konsens darüber, daß eine systematische Zerlegung des Geschichtsverlaufes in Generationenabschnitte kein geeignetes Mittel zur Periodisierung ist, daß jedoch begrenzte Phänomene hinsichtlich generativer Strukturen sinnvoll untersucht werden können.[35] So erwiesen sich generationsgebundene Ansätze als ein Weg zum differenzierteren Verständnis individueller und gruppenspezifischer Handlungsmotive. Erinnert sei hier nur an die Ergebnisse der Kindheits-, Jugend- und Familiengeschichte, aber auch an die qualitativen und quantitativen Befunde jüngster professionsspezifischer Untersuchungen vor allem im Bereich der DDR-Geschichte.[36]

---

[32] Dies bestätigte erst jüngst die Diskussion auf dem 43. Historikertag im September 2000 in Aachen in der Sektion „ Generationswechsel und historischer Wandel". Vgl. Andreas Schulz: Individuum und Generation – Identitätsbildung im 19. und 20. Jahrhundert. In: GWU 52(2001)7/8, S. 406-414. Neue Aufschlüsse könnten auch die hier noch nicht einbezogenen Betrachtungen zum Thema „Generationengeschichte" von Ute Daniel: Kompendium Kulturgeschichte. Theorien, Praxis, Schlüsselwörter. Frankfurt a.M. 2001, S. 330-344, geben.

[33] Zur frühen Kritik vgl. u.a. Richard Alewyn: Das Problem der Generation in der Geschichte. Zeitschrift für deutsche Bildung 5(1929)10, S. 519-527. Grundlegend zum geschichtstheoretischen Diskurs sind Hans Jäger: Generationen in der Geschichte. Überlegungen zu einer umstrittenen Konzeption. In: Geschichte und Gesellschaft 3(1977)4, S. 429-452; Arnold Esch: Zeitalter und Menschenalter. Die Perspektiven historischer Periodisierung. In: Historische Zeitschrift 239(1984)2, S. 309-351.

[34] Vgl. Ottokar Lorenz: Die Geschichtswissenschaft in Hauptrichtungen und Aufgaben. Zweiter Teil: Leopold von Ranke. Die Generationenlehre und der Geschichtsunterricht. Berlin 1891, S. 143-278; zum zeitgenössischen Diskurs besonders S. 166-185. Heute noch lesenswert sind die Transformation des Generationenansatzes in den Geschichtsunterricht. Hier argumentiert Lorenz für eine Anknüpfung an den alltagsweltlichen intergenerationellen Erfahrungstransfer der Schüler im Sinne eines nationalerzieherischen Geschichtsunterrichts. Ebd., S. 358-416. Vgl. auch Helmut Klocke: Der Begriff der Generation. In: Blätter für Deutsche Philosophie 7(1933/34)5, S. 405-414.

[35] Vgl. Jäger, S. 445 u. 451.

[36] Vgl. Konrad H. Jarausch/Rüdiger Hohls: Brechungen von Biographie und Wissenschaft. Interviews mit deutschen Historikern/innen der Nachkriegsgeneration. In: Rüdiger Hohls/Konrad H. Jarausch: Versäumte Fragen: Deutsche Historiker im Schatten des Nationalsozialismus.

Dennoch bedarf es weiterer Einschränkungen: Rekonstruierbare Generatio-
neneinheiten lassen zwar durchaus gemeinsame Einstellungen und Weltbilder
erkennen, diese führen aber nicht zwangsläufig zu gemeinsamen späteren
politischen Entscheidungen und zu konformen Verhaltensweisen.[37] Oder um
mit Jäger zu argumentieren: Generationen sind „Problemgemeinschaften",
aber keine „Problemlösungsgemeinschaften".[38]

Ferner verweisen Ergebnisse der Memoirenforschung darauf, daß eine
durchaus heterogene Generationserfahrung im Prozeß des Erinnerns zur Konstruktion realiter nicht vorhandener Generationsgemeinschaften führen
kann.[39] Möglicherweise erhellt dieser Befund auch Ergebnisse der qualitativen
intergenerativen Studie zum Geschichtsbewußtsein von Arbeitnehmern in Ost
und West. Während im Geschichtsbewußtsein der vor 1937 Geborenen noch
vergleichbare Strukturen erkennbar gewesen seien, zerflossen diese bei den
jüngeren Alterskohorten.[40] Dem Argument, daß somit nicht allein die tiefgrei-
fende Zäsur des Jahres 1945 zur Ausbildung generationsspezifischer Gemeinsamkeiten führte, sondern die Ergebnisse auch Ausdruck einer lebensaltersbe-
dingten wachsenden Divergenz zwischen Generationserfahrung und Genera-
tionserinnerung ist, die sich in einer Verfestigung von Deutungsstrukturen
niederschlägt, kommt daher einige Plausibilität zu. Vielleicht deutet dies aber
auch lediglich auf die lange Dauer des Wertungs- und Umwertungsprozesses,
der Umstrukturierung von Deutungsmustern hin.

Letztlich bedarf die bereits erwähnte Konjunktur generationsbezogener
Deutungsansätze bei der Erforschung der DDR-Geschichte und insbesondere
mit Blick auf die professionsspezifischen Untersuchungen einer Relativierung.
Angesichts des hohen Maßes an sozialer Entdifferenzierung und Säkularisie-
rung der DDR-Gesellschaft und eines nach 1945 politisch gewollten Genera-
tionenwechsels kommt hier generativen Strukturen eine größere Erklärungs-
kraft zu, als dies bei der Analyse der Parallelgeschichte der Bundesrepublik
der Fall sein könnte, deren Gesellschaft weitaus stärker von sozialer, religiöser, aber auch ethnischer Segmentierung geprägt ist. Dies kann jedoch nicht
den Ausschluß der Kategorie der Generation aus dem Reigen der historischen
Fundamentalkategorien wie Klasse, Schicht, Geschlecht, Stand, Religion etc.
bedeuten. Vielmehr ist ihre Deutungskraft in Abhängigkeit vom Untersu-

---

Stuttgart/München 2000, S. 15-54, hier 19-21; Ralph Jessen: Akademische Elite und
kommunistische Diktatur. Die ostdeutsche Hochschullehrerschaft in der Ulbricht-Ära. Göttingen
1999. (Kritische Studien zur Geschichtswissenschaft); Ulrike Mietzner: Enteignung der Subjekte -
Lehrer und Schule in der DDR. Eine Schule in Mecklenburg von 1945 bis zum Mauerbau.
Opladen 1998.
[37]   Vgl. Schulz, S. 413.
[38]   Wie Anm. 35, S. 445.
[39]   Vgl. wie Anm. 37, S. 409-411.
[40]   Vgl. wie Anm. 6, S. 461.

chungsgegenstand immer wieder neu zu bestimmen. Ob generelle Hierarchi-
sierungen wie von Bernd Faulenbach, welcher die determinierende Wirkung
des generationellen Zusammenhangs zur Erklärung von Geschichtsbewußtsein
z.t. als relevanter ansieht als Unterschiede in der sozialen Herkunft, sich als
tragfähig erweisen, muß vorerst offen bleiben.[41]

3. Forschungspragmatische Überlegungen aus geschichtsdidaktischer Sicht

Geht man davon aus, daß die Kategorie „Generation" Eingang in den Diskurs
um die Zentralkategorie gefunden hat (von Borries und Körber sprechen zumindest hypothetisch davon, Faulenbach hat die generationelle Zugehörigkeit
bereits in den Kreis der Determinanten des Geschichtsbewußtseins aufgenommen), dann ist es durchaus berechtigt, erste Überlegungen zu forschungspragmatischen Konsequenzen anzustellen. Wie der Streifzug durch den Diskurs der Bezugsdisziplinen der Geschichtsdidaktik gezeigt hat, lassen sich
eine Vielzahl von bereits realisierten Vernetzungen bzw. parallelen Fragestellungen, aber auch von Bedenken gegen den Umgang mit der Kategorie
„Generation" erkennen. Wirft man vor allem die begrifflichen Vorbehalte über
Bord und reduziert generative Differenz auf das Phänomen von Diskontinuität
und Asynchronität von Zeiterfahrung, so bietet sich mit Blick auf die geschichtsdidaktische Zentralkategorie „Geschichtsbewußtsein" die Untersuchung intra- und intergenerativer Strukturen an. Mit Hilfe generationsbezogener Frageansätze könnten sich nicht nur wesentliche Rückschlüsse auf die
Genese von Geschichtsbewußtsein als einem dynamischen Prozeß ergeben,
sondern auch Interdependenzen von individuellem, kommunikativem und
kulturellem Geschichtsbewußtsein erhellt werden. An dieser Stelle sollen drei
Forschungsfelder bzw. Anwendungsbereiche zumindest schlaglichtartig umrissen werden.

Erstens das Feld der historisch-empirischen Forschung: Gerade für Untersuchungen der Unterrichtsfachgeschichte bieten generationsbezogene Ansätze
die Möglichkeit, das Spannungsfeld zwischen Intentionen historischen
Lehrens und Lernens, der Realität des Geschichtsunterrichts und der
Wirkungen differenzierter zu beschreiben. Berücksichtigt werden müssen die
generativen Prädispositionen der Lehrer- und Schülerschaft sowie die Mechanismen der Vernetzung inner- und außerschulischer Sozialisationsinstanzen.
Die Reichweite eines derartigen Zugriffs wurde bereits für das Feld schulischer
historisch-politischer Sozialisation in der SBZ und DDR erprobt, die Übertragbarkeit auf andere Zeiträume bzw. auf die bundesrepublikanische Parallel-

---

[41] Ebd.

geschichte gilt es, wenn auch unter den bereits genannten Einschränkungen, zu hinterfragen.[42] Ferner bieten die genannten Intervallstudien des Zentralinstituts für Jugendforschung der DDR zum Geschichtsbewußtsein Jugendlicher, aber auch dort seit Anfang der sechziger Jahre durchgeführte Erhebungen zum politischen Bewußtsein Jugendlicher sowie Schülerintervallstudien einen umfangreichen, noch nicht ausgewerteten Datencorpus, der generative Zugriffe ermöglicht.

Zweitens das Feld der sozial-empirischen Forschung: Generative Strukturen lassen sich sinnvoll nur durch Intra- und Interkohortenvergleich erschließen. Die ersten Spatenstiche in diesem großen und nur schwer zu beackernden Feld geschichtsdidaktischer Forschung sind bereits getan. Gerade bei Lehrerbefragungen müßte die Erhebung generativer Zusammenhänge stärker als bisher bei der Konstruktion von Untersuchungssamples berücksichtigt werden. Nicht nur die jeweils spezifischen Generationenstaffelungen innerhalb der Lehrerschaft Ost und West, sondern auch der anstehende umfassende Generationenaustausch könnte so für Fragestellungen der Professionalisierung genutzt werden. Für die empirische Erkundung von Geschichtsbewußtsein wäre eine Vernetzung qualitativer und quantitativer Befunde wünschenswert, um das Zusammenspiel kultureller, kommunikativer und individueller Determinanten genauer herauszudestillieren.[43] Zu fragen wäre weiter, inwieweit sich sinnvolle Synergieeffekte mit den Ergebnissen der Jugendforschung nutzen ließen.[44]

Drittens die Curriculumgestaltung: Wie die Ergebnisse der Nachbardisziplinen belegen, ist Generation keineswegs ein gesellschaftliches Konstrukt, sondern eine Kategorie mit historischer und lebensweltlicher Deutungskraft. Dabei dürfte die Darstellung des Wandels von Generationsverhältnissen sowie die synchrone und diachrone Diskussion generativer Strukturen und generationsbezogener Prägungen und Verhaltensweisen für die Förderung des Geschichtsbewußtseins hochrelevant sein. Genannt werden können hier nur die Stichworte Temporalbewußtsein, Historizitätsbewußtsein, Identitätsbewußtsein, Perspektivübernahme und Empathie. Denn unstrittig gehört generative Differenz zu den anthropologischen Konstanten. Ihre Historisierung ermöglicht eine Vielzahl von Anknüpfungen an die lebensweltlichen Erfah-

---

[42] Die Dissertationsschrift von Saskia Handro: Geschichtsunterricht und historisch-politische Sozialisation in der SBZ und DDR. Erscheint voraussichtlich Ende 2001.

[43] Dafür sprechen die Befunde von Bodo von Borries (unter Mitarbeit von Andreas Körber): Geschichtsbewußtsein als System von Gleichgewichten und Transformationen. In: Rüsen (Hrsg.), S. 239-280, besonders S. 241-247.

[44] Vgl. Bodo von Borries/Rainer H. Lehmann: Geschichtsbewußtsein Hamburger Schülerinnen und Schüler 1988. Empirische Befunde einer quantitativen Pilotstudie. In: ders./Hans-Jürgen Pandel/Jörn Rüsen (Hrsg.): Geschichtsbewußtsein empirisch. Pfaffenweiler 1991 (Geschichtsdidaktik. Studien, Materialien. (NF); 7), S. 121-220, hier 209-213.

rungen von Schülern und vor allem auch an alltäglich erlebte Konfliktstruktu-
ren Jugendlicher. Stärker könnte so der Fokus historischen Lernens auf Gene-
rationskonflikte als Modelle zur Sicherung von Konstanz und Varianz in der
Kultur gerichtet und ihre kulturkonservierende und entwicklungsstimulierende
Funktion problematisiert werden.[45] Sicher werden auch hier nicht neue Felder
für historisches Lernen erschlossen. Kindheitsgeschichte, Familiengeschichte
und die Geschichte der Jugendbewegung sind bereits in den Lehrplänen etabliert; was fehlt, ist die Verknüpfung dieser Themenfelder durch die Kategorie
der Generation. Zudem verfügt der Geschichtsunterricht wie kein anderes
Fach mit der Methode der Oral History über ein geeignetes Instrumentarium,
den intergenerativen Erfahrungstransfer herbeizuführen und zudem auf einer
Metaebene zu problematisieren.

---

[45] Max Liedtke: Über die Funktion der Generationenkonflikte. In: Liebau/Wulf (Hrsg.), S. 139-154.

V. Geschichtsdidaktische Forschung und kommunikations- sowie medientheoretische Orientierung

Heike Christina Mätzing

Schulbuchanalyse als Methode der Geschichtsdidaktik – Diktaturerfahrung und Erinnerung am Beispiel spanischer Geschichtsbücher[1]

1. Fragestellung

Mehr als fünfzig Jahre nach dem Ende der nationalsozialistischen Diktatur sind die Jahre zwischen 1933 und 1945 noch immer ein Thema, welches engagierte wissenschaftliche und publizistische Erörterungen zu provozieren vermag. Dabei markieren Stichworte wie „Historikerstreit", „Wehrmachtsausstellung" oder „Goldhagen-Debatte" lediglich besonders nervöse Streckenabschnitte auf dem Wege einer Dauerdiskussion, die wohl – trotz oder gerade wegen ihrer Vehemenz – auf absehbare Zeit nicht zu einer wirklichen Historisierung ihres Gegenstandes führen wird.[2] Dabei geht es jedoch schon längst nicht mehr ausschließlich um die Erforschung des „Dritten Reiches", vielmehr ist mittlerweile auch der Umgang mit dieser Vergangenheit zum Gegenstand des erkenntnisleitenden Interesses geworden. In diesen Kontext gehört ferner der Vorwurf der „zweiten Schuld", also die Kritik, „die Deutschen" hätten sich in den ersten Jahrzehnten nach 1945 nicht genügend mit ihren schuldhaften Verstrickungen während des Nationalsozialismus auseinandergesetzt und seien daher nach den Massenvernichtungen ein weiteres Mal schuldig geworden.[3] Geht man einmal von der Richtigkeit dieser Aussage aus[4], so ruft der Befund doch unmittelbar

---

[1] Das Thema stellt lediglich einen Teilaspekt meines Habilitationsprojektes dar, welches sich dem Vergleich der Nationalgeschichtsschreibungen in Deutschland, Spanien, Chile und England im 20. Jahrhundert widmet.

[2] Aus der Fülle der Publikationen der letzten Jahre vgl. Wolfgang Wippermann: Wessen Schuld? Vom Historiker-Streit zur Goldhagen-Kontroverse. Berlin 1997. Helmut Dubiel: Niemand ist frei von der Geschichte. Die nationalsozialistische Herrschaft in den Debatten des Deutschen Bundestages. München 1999; Aleida Assmann/Ute Frevert: Geschichtsvergessenheit, Geschichtsversessenheit. Vom Umgang mit deutschen Vergangenheiten nach 1945. Stuttgart 1999. Peter Reichel: Vergangenheitsbewältigung in Deutschland. Die Auseinandersetzung mit der NS-Diktatur von 1945 bis heute. München 2001.

[3] So Ralph Giordano: Die zweite Schuld oder Von der Last, ein Deutscher zu sein. München 1987. Aus anderer Perspektive auch Alexander u. Margarete Mitscherlich: Die Unfähigkeit zu trauern. Grundlagen kollektiven Verhaltens. 14. Aufl. München 1982.

[4] Die simplifizierende, mitunter bereits die Züge eines Mythos tragende Behauptung, unmittelbar nach 1945 sei „überhaupt nicht" über die Verbrechen des NS-Regimes gesprochen worden, hat inzwischen auch zu Publikationen angeregt, die dieser These widersprechen. Vgl. Manfred Kittel: Die Legende von der „Zweiten Schuld". Vergangenheitsbewältigung in der Ära Adenauer. Frankfurt a.M. 1993. Andere, wie etwa Hermann Lübbe, stimmen dem Befund „kommunikativen Beschweigens" zwar zu, sehen darin aber auch die Voraussetzung dafür, daß

die Frage hervor, ob sich ein solches Verhalten ausschließlich für Deutschland nach 1945 konstatieren läßt. Allein, dies scheint nicht der Fall zu sein. In ihrem 1997 erschienenen Buch über die „zerstörerische Macht des Schweigens" listet die Politikwissenschaftlerin Gesine Schwan gleich einleitend mehrere Pressemeldungen über politische Verbrechen auf, die alle dem Phänomen „beschwiegener Schuld" zuzuordnen sind, so etwa der Umgang mit der Kriegsschuldfrage in Japan oder jener mit der Militärdiktatur in Argentinien.[5] Mithin scheint es kein Sonderweg zu sein, den eine junge Demokratie geht, wenn sie ihre diktatorische Nahvergangenheit einschließlich der damit verbundenen Verbrechen (zunächst) nicht zum Hauptgegenstand des öffentlichen Diskurses macht. Allerdings steht die Forschung zur Erinnerungskultur in Transitionsprozessen noch eher am Anfang.[6] Der vorliegende Beitrag lehnt sich an die skizzierte Fragestellung an und beschreibt am Beispiel Spaniens, wie sich die junge Demokratie im Spiegel ihrer Geschichtsschulbücher an Bürgerkrieg und Franco-Diktatur erinnert.

2. Die Franco-Diktatur als Gegenstand der Erinnerung

Der Betrachtung der Geschichtsbücher muß jedoch zunächst eine knappe Darstellung der historischen Ereignisse vorangehen, wobei besonders jene Begebenheiten zu erwähnen sind, die den Terminus „Schuld" assoziieren: Nachdem 1936 ein großer Teil des Militärs unter General Franco gegen die Republik geputscht hatte, begann in Spanien ein Bürgerkrieg, der erst 1939 mit dem Sieg der Falangisten über die Republikaner endete und der die spanische Gesellschaft mittelfristig in zwei Gruppen spalten sollte. Denn in Folge des militärischen Triumphes errichteten die Sieger eine fast 40jährige Diktatur, die erst 1975, mit dem Tode des „caudillo" (Führer), zuende ging und die sich eben gerade durch den Sieg über „die Roten" legitimierte.[7]

---

sich Deutschland nach 1945 in eine Demokratie verwandeln konnte. Hermann Lübbe: Der Nationalsozialismus im deutschen Nachkriegsbewußtsein, in: HZ, Bd. 236 (1983), S. 597-599.

[5] Gesine Schwan: Politik und Schuld. Die zerstörerische Macht des Schweigens. 3. Aufl. Frankfurt a.M. 2001, hier insbes. S. 10-12.

[6] Vgl. dazu Petra Bock/Edgar Wolfrum (Hrsg.): Umkämpfte Vergangenheit. Geschichtsbilder, Erinnerung und Vergangenheitspolitik im internationalen Vergleich. Göttingen 1999. Mark Arenhövel: Demokratie und Erinnerung. Der Blick zurück auf Diktatur und Menschenrechtsverbrechen. Frankfurt a.M. 2000.

[7] Vgl. Walther L. Bernecker: Krieg in Spanien, 1936-1939. Darmstadt 1991. Manuel Tuñón de Lara u.a.: Der Spanische Bürgerkrieg. Eine Bestandsaufnahme. Frankfurt a.M. 1987. José Antonio Biescas/Manuel Tuñón de Lara: España bajo la dictadura franquista (1939-1975). 2. Aufl. Barcelona 1994. Walther L. Bernecker: Spaniens Geschichte seit dem Bürgerkrieg. 3., neubearb. u. erw. Aufl. München 1997. Juan Pablo Fusi: Franco. Spanien unter der Diktatur 1936-1975. München 1992.

Zahlenangaben, die sich ausschließlich auf die Opfer der Kampfhandlungen während des Bürgerkriegs beziehen, variieren zwischen 100.000 und 300.000.[8] Zudem sollen im Jahr 1939 ca. 270.000 Menschen im Gefängnis und weit über 100.000 in Gefangenenlagern inhaftiert gewesen sein. Die geschätzte Zahl der Bürgerkriegsflüchtlinge liegt zwischen 160.000 und 300.000.[9] Während des Gewaltregimes lag die Macht fast ausschließlich in den Händen Francos; er war Staatschef, Regierungschef sowie Führer der Einheitspartei („Bewegung"), und er übte den Oberbefehl über die Streitkräfte aus. Außerdem manifestierte sich in ihm die gesetzgebende Gewalt. Gesellschaftliche Stützen fand Franco vor allem in der katholischen Kirche, im Militär und in den Großgrundbesitzern. Dabei sind die Prinzipien franquistischer Politik schnell genannt. Tomás Garicano Goñi, spanischer Innenminister zwischen 1969 und 1973, faßte sie in den Begriffen „Vaterland", „Religion", „Einheit" und „Ordnung" zusammen.[10] Diesen Werten korrespondierten die Parameter „Autorität", „Antiliberalismus", „Antikommunismus" sowie „Autarkie". Das zu Erhalt und Bewahrung dieser Werte notwendige Unterdrückungssystem, das erst die Kontinuität des Franco-Regimes sicherte, hat eine Vielzahl von Opfern zu verantworten, die vor allem in der ersten Hälfte der Militärdiktatur der Siegerrache anheim fielen. Einige Schätzungen sprechen von etwa 150.000 bis 200.000[11], andere von 28.000 bis 200.000 Hinrichtungen.[12] 300.000 Personen sollen zwischen 1939 und 1945 Gefängnisstrafen verbüßt haben, die Zahl sei allerdings zwischen 1940 und 1945 von über 270.000 auf knapp 40.000 gesunken.[13] Über die Häufigkeit von Folterungen gibt es keine verläßlichen Daten.

3. Material und Methode[14]

Doch welche Argumente können plausibel begründen, weshalb gerade Schulbücher als Gradmesser für die Erinnerungskultur und die historische Selbstvergewisserung der spanischen Nation hinzugezogen werden? Geben Literatur und Film darüber nicht viel besser Auskunft? Der seit mehr als zehn Jahren disku-

---

[8] Vgl. Bernecker (Anm. 7, 1991), S. 212.
[9] Vgl. ebd.
[10] Vgl. Fusi (Anm. 7), S. 69.
[11] Vgl. Bernecker (Anm. 7, 1991), S. 212.
[12] Vgl. Fusi (Anm. 7), S. 74.
[13] Vgl. ebd., S. 75.
[14] Vgl. dazu Christoph Kleßmann: Zur Methodik vergleichender Schulbuchanalyse. In: Internationales Jahrbuch für Geschichts- und Geographieunterricht (LJGU), XVH (1976), S. 59-68. Wolfgang Marienfeld: Schulbuchanalyse und Schulbuchrevision. Zur Methodenproblematik. In: IJGU, XVII (1976), S. 47-58. Falk Pingel: UNESCO guidebook on text-book research and textbook revision. Hannover 1999. Dietrich Scholle: Schulbuchanalyse. In: Handbuch der Geschichtsdidaktik, hrsg. v. Klaus Bergmann u.a. 5. überarb. Aufl. Seelze-Velber 1997, S. 369-375.

tierte Begriff der Geschichtskultur macht eine solche Dichotomie überflüssig und ordnet Geschichtsbücher im Umgang mit der Vergangenheit der politischen Dimension zu.[15] Die normativen, zumeist von Kultusministerien genehmigten Texte erfüllen bestimmte Sozialisationsfunktionen und versuchen auf diese Weise, der nachwachsenden Generation eine bestimmte Vorstellung von (nationaler) Vergangenheit zu vermitteln. In einer pluralistischen Demokratie beruht dieses kollektive Erinnern mehr oder weniger auf einem breit angelegten, gesellschaftlichen Konsens:

„Schulbücher sind in dieser Perspektive ein Indikator für allgemein anerkanntes, soziales Wissen, das durch eine Vielzahl von ,Filtern' (Verlage, Schulbuchkommissionen, Kultusministerien) hindurch gegangen, als , lehrreich' erachtet wurde und damit zeitgeistig ,approbiert' ist".[16]

Insofern besteht in der Wissenschaft Einigkeit über den Quellencharakter, den gerade Schulbücher für das „offiziell" gewünschte Geschichtsbild haben, und damit besitzen sie auch einen heuristischen Wert bei der Frage nach der spanischen Selbstvergewisserung im Anschluß an die Franco-Zeit.

Der vorliegende, in den Kontext internationaler Schulbuchforschung[17] gehörende Beitrag stützt sich insgesamt auf sechs Geschichtsbücher. Davon erschien die eine Hälfte Ende der 70er, Anfang der 80er Jahre, die andere Mitte bzw. Ende der 90er Jahre. Das auf den ersten Blick bescheidene Sample untersuchter Titel steht dennoch exemplarisch für die im Unterricht verwendeten Bücher, da diese aus Verlagen entstammen, die zu 60% in den katalonischen

---

[15] Gleichwohl spiegeln sich im Schulbuch auch die kognitive und die ästhetische Dimension wider. Vgl. Jörn Rüsen: Geschichtskultur. In: Handbuch der Geschichtsdidaktik (Anm. 14), S. 38-41.

[16] Thomas Höhne/Thomas Kunz/Frank-Olaf Radtke (Hrsg.): Zwischenbericht: Bilder vom Fremden. Formen der Migrantendarstellung als der „anderen Kultur" in deutschen Schulbüchern von 1981-1997. Frankfurt a.M.: Fachbereich für Erziehungswissenschaften der Johann Wolfgang Goethe-Universität 1999, S. 39.

[17] Vgl. dazu Karl E. Jeismann: Internationale Schulbuch Forschung. Aufgaben und Probleme. In: ISF 1(1979), S. 7-22. Zu weiteren Analyseformen vgl. Christoph Kleßmann bzw. Wolfgang Marienfeld (beide Anm. 14). Die dort verzeichneten Varianten lassen sich jedoch um zwei weitere, ausschließlich in der Unterrichtspraxis anzutreffende Schulbuchanalysen ergänzen. So sind die täglichen Unterrichtsvorbereitungen der Lehrenden zu nennen, die, soweit sie das Lehrbuch einbeziehen, immer auch eine, wenngleich noch so fragmentarische Schulbuchanalyse durchführen müssen. Weiterhin gehören dazu jene Entscheidungen, die innerhalb von Fachkonferenzen für oder gegen ein Schulbuch getroffen werden. Darauf hinzuweisen ist insofern notwendig, als diese Auswahl allzu oft durch Sachzwänge wie Preis oder Gewicht eines Buches und weniger durch didaktische Kriterien bestimmt ist. Bislang liegen zwar über durch die Praxis bestimmte Schulbuchuntersuchungen keinerlei Erkenntnisse vor, um so nachdrücklicher ist zu fordern, die Methodik der Schulbuchanalyse obligatorisch in die Studienpläne von Lehramtsstudiengängen zu integrieren!

staatlichen Schulen verwendet werden.[18] Der Befund ist auf die Gesamtheit der spanischen Schulen übertragbar.[19]

Wie die meisten Schulbuchanalysen geht auch diese Studie deskriptiv-analytisch vor, so daß, ähnlich einer Quelleninterpretation, beschreibende Erfassung mit wertender Beurteilung verbunden ist. Nur in Ansätzen kommen hingegen quantitative Methoden (Raum- und Frequenzanalyse) zur Anwendung.[20] Ebenso fehlt der Untersuchung eine explizit didaktische Fragestellung. Darin spiegelt sich zugleich ein Desiderat der. Schulbuchforschung insgesamt, und es wäre zu fragen, ob sich hinter dieser Forschungslücke nicht generell ein methodisches Problem verbirgt.[21]

4. Ergebnisse

Dem Postulat folgend, daß Fragestellung, Methoden und Bewertungskriterien jeder Schulbuchanalyse explizit zu benennen sind, sei dem Blick auf die spanischen Schulbücher noch einmal die Hypothese vorangestellt: Ausgehend vom Phänomen „beschwiegener Schuld" wird vermutet, daß die nach dem Franco-Regime erschienenen Geschichtsbücher die jüngste Vergangenheit sowie das damit verübte Unrecht zunächst nicht thematisierten und daß eine kritische Auseinandersetzung mit dieser Zeit fehlte. Erst nach mehreren Jahren würde eine intensivere und vor allem kritischere Behandlung der Diktatur sowie eine Auseinandersetzung mit der Frage nach Schuld und Verantwortung einsetzen. Der 1980 im Verlag Vicens Vives erschienene Band „Ibérica" für den dritten

---

[18]   Spanische Untersuchungen ergaben für die frühen 80er Jahre beim Gebrauch von Schulbüchern folgende Verteilung der Verlage: Vicens Vives 53,1%, Akal 9,6%, Anaya 8,8%, Santillana 3,5%. 1995 zeigten sich folgende Anteile: Vicens Vives 36,5%, Santillana 15,8%, Anaya 19%. Vgl. Rafael Valls Montés: Recepeión de los manuales de historia en los centros escolares españoles (siglo XIX y XX): estado de la cuestión. En: Didáctica de las ciencias experimentales y sociales, Nr. 12, 1998, S. 3-28, hier S. 21-23.

[19]   Vgl. ebd., S. 20.

[20]   Verwiesen sei hier noch auf die „qualitative Inhaltsanalyse", die zumeist nur in komplexen Forschungsfragen und, aufgrund des immensen Arbeitsaufwandes, vornehmlich von Forschergruppen angewandt wird. Ein gut verständliches, und übersichtliches Beispiel dazu bietet Wolfgang Marienfeld: Die deutsch-jüdische Beziehungsgeschichte von der Aufklärung bis zum Zweiten Weltkrieg in der Darstellung gegenwärtiger Schulgeschichtsbücher der Bundesrepublik Deutschland, In: ISF 7(1985), S. 327-339.

[21]   Dietrich Scholle erblickt in dem Faktum, daß die didaktische Analyse von Schulbüchern „lediglich neben anderen Zugriffsweisen eine Rolle spielt", ein verkürztes Verständnis von Didaktik. Dietrich Scholle (Anm. 14), S. 370. Eine Ursache dieses Defizits könnte in der mangelnden Beschäftigung der Disziplin mit geeigneten Methoden bestehen. So werden etwa die wenigsten Geschichtslehrer und -lehrerinnen über methodische Kenntnisse verfügen, mit denen sie Schulbücher unkompliziert und zügig auf Kriterien wie „Angemessenheit von Arbeitsaufträgen", „Altersgemäßheit" oder die richtige „Dosierung der Lernanforderungen" überprüfen können. Zum Zusammenhang von geschichtsdidaktischen Kriterien und Schulbuchgestaltung vgl. Joachim Rohlfes: Schulgeschichtsbuch und Schulgeschichtsbuchkritik. In: GWU 9(1983), S. 537-551, hier S. 540f.

Jahrgangskurs des „Bachillerato Unificado y Polivalente" (B.U.P.)[22] erschien erstmalig 1977, also zwei Jahre nach Ende der Diktatur und basierte noch auf der 1970 unter Franco erlassenen „Ley General de Educación" (LGE).[23] Das Buch behandelt integrativ Themen der Geographie und Geschichte und erschließt den Zeitraum vom 18. Jahrhundert bis zur Gegenwart auf insgesamt 512 Seiten. 80 Seiten sind dem 20. Jahrhundert gewidmet, davon entfallen sieben auf die Geschichte des Bürgerkriegs und 13 auf die Franco-Zeit. Die Darstellung des Krieges ist auch vierzig Jahre nach seinem Ende und im Jahre fünf nach der Diktatur noch deutlich durch die Sicht der vormaligen Sieger bestimmt, die vor dem Hintergrund der notwendigen Legitimation der Diktatur die Republikaner im offiziellen Geschichtsbild der Franco-Zeit marginalisierten.[24] So werden zwar mit Blick auf den Bürgerkrieg „beide Spanien" dargestellt, doch der Wechsel von der Republik zur Diktatur bleibt undeutlich. So heißt es:

„Im ersten Moment des Aufstandes bildete stich in Burgos ein Verteidigungsrat, bestehend aus Militärs und präsidiert durch General Cabanellas; aber bald bemerkte man die Notwendigkeit, das militärische und das politische Kommando zu vereinen, um den Krieg, der sich länger als erwartet hinzog, mit Erfolg fortführen zu können. Die Staatsführung fiel an General Franco, der am 1.10.1936 auch zum Oberbefehlshaber der Streitkräfte des Heeres, der Marine und der Luftwaffe ernannt wurde."[25]

---

[22] Dabei handelt es sich um die letzte, auf das Abitur vorbereitende Klasse der allgemeinbildenden Sekundarstufe II, wie sie neben der Pflichtschule bis zur Bildungsreform im Jahre 1990 existierte. Mittlerweile gliedert sich das spanische Schulsystem in eine Primarstufe (6.-12. Lebensjahr), eine verpflichtende Sekundarstufe (12.-16. Lebensjahr) sowie eine freiwillige Sekundarstufe (16.-18. Lebensjahr), welche zum Abitur führt. Zum Bildungssystem vgl. Claudia Hölzle: Das Schulsystem und die europäische Herausforderung. In: Walther L. Bernecker/Klaus Dirscherl (Hrsg.): Spanien heute. Politik, Wirtschaft, Kultur. Darmstadt 1998, S. 353-379.

[23] Ibérica. Geografia e Historia de España y los Países Hispánicos, B.U.P. Tercer curso. Editorial Vicens Vives: Barcelona 1977. Für die Analyse wurde die vierte, unveränderte Auflage von 1980 verwendet.

[24] Vgl. Paloma Aguilar Fernández: Memoria y olvido de la Guerra Civil española. Madrid 1996. Julio Aróstegui: La memoria de la Guerra Civil en la sociedad española de la Transición. In: Walther L. Bernecker (Comp.): De la Guerra Civil a la Transición: memoria histórica, cambio de valores y conciencia colectiva. Institut für Spanien und Lateinamerikastudien (ISLA) Augsburg 1997, S. 38-69. (Mesa redonda Neue Folge Nr. 9).

[25] „En los primeros momentos del alzamiento se constituyó en Burgos una Junta de Defensa, formada por militares y presidida por el general Cabanellas, pera pronto se advirtió la necesidad de unificar el mando político y militar para poder continuar con éxito la guerra, que se presentaba más larga de lo previsto. La Jefatura del Estado recayó en el general Franco, que fue designado también, el 1 de octubre de 1936, Generalísimo de los Ejércitos de Tierra, Mar y Aire." (Ü.d.V.) Ibérica (Anm. 23), S. 281.

Die Staatsführung „fiel" an Franco; daß es dafür keine Legitimation gab, wird nicht erwähnt. Es findet sich lediglich der Hinweis auf den Aufstand („alzamiento"), der aber nicht weiter bewertet wird. Zugleich wohnt dem Begriff eine euphemistische Funktion inne, denn letztlich hatte es sich nicht um einen Aufstand, sondern um einen Putsch gehandelt. Nicht erwähnt wird zudem, daß die rechtmäßig gewählte Regierung unter Juan Negrín noch bis zum Ende des Krieges existierte. Der Begriff „Diktatur" findet in diesem Kapitel keine Verwendung, und ebenso fehlt ein kritisch-reflektierter Umgang mit dem Vokabular der Franco-Zeit. Vielmehr spricht das Buch ganz im Selbstverständnis der alten Machthaber und ohne Verwendung von Anführungszeichen von „Movimiento nacionál" (nationale Bewegung), wenn Einheitspartei und Franquisten gemeint sind.[26] Opfer von Bürgerkrieg und Diktatur werden nur beiläufig erwähnt, das Buch kennt weder Verhaftete noch Exekutierte oder Exilierte. Es heißt lediglich:

„Am Ende des Krieges wurde eine Reihe von Gesetzen verabschiedet, um jene, die mit den Obrigkeiten der republikanischen Partei zusammengearbeitet hatten, zur politischen Verantwortung zu ziehen (...)."[27]

Eine Aufzählung der verschiedenen Gesetze schließt sich an, aber welche Folgen ihre Anwendungen zeitigten, wird verschwiegen. Ein ähnlicher Befund zeigt sich im Band „Ciencias sociales" der achten Jahrgangsstufe für die Educación General Basica, also für das letzte Jahr der Pflichtschulzeit, wie sie in dieser Form bis 1990 bestand. 1975 erschienen, umfaßt das Werk 272 Seiten, behandelt denselben Zeitraum wie „Ibérica" und thematisiert dabei den Bürgerkrieg auf vier sowie die innenpolitischen Aspekte der Diktatur auf zehn Seiten.[28] Auch hier wird das diktatorische System kaum kritisch hinterfragt. Die Autoren verweisen lediglich darauf, daß sich die Anhänger des Aufstandes bereits während des Bürgerkriegs als „Nationale" oder „Nationalisten" bezeichneten. Der Begriff „alzamiento" findet hier ebenfalls mehrfache Verwendung.[29] Doch wird die republikanische Regierung behandelt, und die Schüler erfahren, daß die Verfassung der Zweiten Republik in den von den Republikanern gehaltenen Zonen bis zum Schluß ihre Gültigkeit behielt.[30]

---

[26] Vgl. ebd., S. 286
[27] „Al terminar la guerra se promulgaron una serie de leyes para exigir responsabilidades politicas a quienes hubieran tenido algún tipo de colaboración con las autoridades del bando republicano [...]." (Ü.d.V.) Ebd., S. 284.
[28] Ciencias sociales. 8.° E.G.B., Narcea, S. A. de Ediciones, Madrid 1975. Der Band muß allerdings, ohne daß dies explizit gemacht würde, nach 1975 noch einmal überarbeitet worden sein, da er bereits auf die Verfassung von 1978 verweist. Dies bedeutet, daß Bücher, die unter der Diktatur konzipiert wurden, auch noch im postfaschistischen Spanien Verwendung fanden.
[29] Vgl. ebd., S. 143.
[30] Vgl. ebd., S. 145.

Einen Hinweis auf die Opfer des Bürgerkriegs enthält lediglich das Kapitel über die Anfange des Regimes, wo es heißt: *„Im Krieg waren Tausende von Spaniern gestorben.“*[31]

Die Franco-Zeit selbst jedoch, glaubte man diesem Buch, kannte weder Exekutierte noch Verfolgte oder Emigrierte, wobei der Begriff Diktatur ohnehin keine Verwendung findet. Die Einschränkung der Grundrechte wird nur indirekt berührt, indem, bei gleichzeitigem Verzicht auf jegliche Bewertung, die gesetzlichen Grundlagen des Franco-Regimes, die sieben „Leyes fundamentales“, stichwortartig aufgelistet werden.[32] Dabei unterbleibt, bedingt durch die Form der reinen Aufzählung, sowohl eine kritische Auseinandersetzung mit dem System als auch die Thematisierung verübten Unrechts. Hier wie im Band „Ibérica“ stellt sich so erst gar nicht die Frage, inwieweit das Franco-Regime und seine Anhänger in irgendwelche Vergehen schuldhaft verstrickt waren. Etwas anders gestaltet sich in diesem Punkt der erstmalig 1980 erschienene, ebenfalls für die letzte Klasse der Pflichtschule vorgesehene Band „Ciencias sociales“ aus dem Hause Anaya.[33] Zwar kennt auch er keine Todesopfer von Bürgerkrieg und Diktatur und vermeidet jede Zahlenangabe, doch spricht der Text ausdrücklich von der Franco-Zeit als „Diktatur“[34], und er verweist auf das Exil unter Künstlern.[35] Die Verantwortung für all dies trägt gemäß dieser Darstellung allerdings nur einer, nämlich Franco.

Die Befunde stützen die Annahme, daß die junge spanische Demokratie die Opfer des Bürgerkriegs und der diktatorischen Vergangenheit und damit die Frage nach Schuld und Verantwortung in den ersten Schulbüchern nach 1975 weitgehend „übersah“. Welches Geschichtsbild spiegeln nun Bücher der 90er Jahre?[36]

„Ibérica“[37] aus dem Jahre 1997 unterscheidet sich deutlich von seinem Vorgängerband aus den 70er Jahren, indem er sich unzweifelhaft vom Franco-Regime distanziert. Überall, wo von der „nationalen Bewegung“ oder Regierung die Rede ist, erscheint diese in Anführungszeichen. Ein einleitendes Kapitel reflektiert kritisch das politische System des Franquismus, benennt die

---

[31] „En la guerra habían muerto miles de españoles;“ (Ü.d.V.) Ebd., S. 228.

[32] Vgl. ebd., S. 229-232.

[33] Ciencias sociales 8°. E.G.B. Ediciones Anaya S. A.: Madrid 1983.

[34] Vgl. ebd., S. 136-143.

[35] Vgl. ebd., S. 172.

[36] Unabhängig von der inhaltlichen Gestaltung zeigen die Geschichtsbücher, die nach der Bildungsreform des Jahres 1990 erschienen, in didaktischer Hinsicht ein vollkommen neues Gesicht. Statt um Lehrbücher handelt es sich nunmehr um Lehr- und Arbeitsbücher, die eine Fülle von Abbildungen, Quellentexten und Arbeitsaufträgen beinhalten und zudem deutlich durch die Wirtschafts- und Sozialgeschichte geprägt sind.

[37] Ibérica. Geografía e historia de España y de los Países Hispánicos. Tercer Curso de B.U.P. Quinta edición. Edición Vicens Vivesi: Barcelona 1997.

Merkmale des autoritären Regimes und bezeichnet selbiges als „Diktatur". Dennoch: auch hier fehlen Angaben über Opfer von Bürgerkrieg und Diktatur, über Gefallene, Gefangene, Gefolterte, Exekutierte oder Emigrierte. Aber dort, wo es keine Vergehen gibt, kann auch nicht über Schuld und Verantwortung gesprochen werden.

Ein weiteres Beispiel ist der 1998 erschienene Band „Historia" für den zweiten Jahrgang der obligatorischen Sekundarstufe.[38] Zunächst charakterisieren die vielen Arbeitsaufträge das Buch eindeutig als Lehr- und Arbeitsbuch. Bemerkenswert ist weiterhin, daß der Autorentext dezidiert auf die Träger der Diktatur verweist:

> *„Die lange Dauer des Franquismus wäre nicht ohne die Unterstützung einer Reihe von einflußreichen Einrichtungen und wichtigen politischen und soziale Gruppen möglich gewesen."[39]*

Im einzelnen werden diese Gruppen dann genannt und auch behandelt, von der katholischen Kirche über das Militär und die Falangisten bis zu den Parteigängern der Monarchisten. Damit trifft das Buch zumindest bis zu einem gewissen Grad Aussagen über die Verantwortung. Die Ausführungen bleiben aber insofern abstrakt, als auch hier die Opfer vor allem der frühen Diktatur nicht wirklich in Erscheinung treten. Lediglich ein Passus informiert über die nach dem Ende des Bürgerkriegs emigrierten Künstler.[40] Ansonsten begnügt sich der Band mehr oder weniger mit allgemeinen Hinweisen auf Verstöße gegen die Grundrechte. Die einzige Gelegenheit, bei der Schüler und Schülerinnen innerhalb dieses Themas mit der Frage nach (persönlicher) Verantwortung konfrontiert werden könnten, findet sich in einem Arbeitsauftrag mit der Überschrift: „Deine Familie während des Franquismus".[41] Neben der Aufgabe, Gegenstände aus jener Zeit zusammenzutragen (z.B. Geldscheine oder Zeitschriften), soll die Biographie eines Mitglieds der Familie, das entweder emigrierte, politisch unterdrückt wurde oder ein wichtiges politisches Amt innehatte, untersucht werden.

Abschließend werden zwei Unterrichtswerke aus der Reihe „Tiempo" betrachtet. 1996/97 bei Vicens Vives für die obligatorische Sekundarstufe herausgegeben, behandelt Band 3 den Bürgerkrieg auf acht Seiten[42]; der Diktatur

---

[38]   Historia. Secundo ciclo. Grupo de Santillana de Ediciones: Madrid 1998.

[39]   „La larga pervivencia del franquismo no hubiera sido posible sin la colaboración de una serie de influyentes instituciones y de importantes grupos sociales y políticos." (Ü.d.V.) Ebd., S. 273.

[40]   Vgl. ebd., S. 280.

[41]   Ebd., S. 275.

[42]   Tiempo 3. Ciencias sociales. Educación secundaria, segundo ciclo, tercer curso. Vicens Vives: Barcelona 1996. Der Band umfaßt insgesamt 267 Seiten und behandelt die Geschichte vom 17. Jahrhundert bis 1939.

werden im vierten Band 18 von insgesamt 273 Seiten zugestanden.[43] Dabei fehlen nunmehr weder Abbildungen noch Zahlen über Bürgerkriegsopfer, seien es Ermordete oder Emigrierte.[44] Die Schüler und Schülerinnen erhalten Informationen über die Motive aller am Krieg Beteiligten und bekommen durch Arbeitsaufträge Gelegenheit, sich eine eigene Meinung zu bilden. Dies gilt auch für das Thema „Diktatur". Alltag wie Exil werden hier ausführlich geschildert, und unter der Überschrift „Nachkriegszeit: Widerstand und Unterdrückung" heißt es:

„Die erste Zeit des Franquismus war gekennzeichnet durch die grausamste Unterdrückung. Zehntausende von Menschen wurden wegen ihrer politischen Aktivitäten eingesperrt, gefoltert und hingerichtet, und alle politischen Parteien und Gewerkschaften mußten in den Untergrund gehen."[45]

Im Vergleich zu den übrigen der hier betrachteten Werke erweist sich dieser Band insofern durchaus als „aufklärerisch" im Sinne des Themas. Allerdings: die Frage nach Schuld und Verantwortung wird auch hier nicht gestellt.

5. Zusammenfassung

Ausgehend von der eingangs in Anlehnung an Gesine Schwan formulierten Frage, inwieweit in spanischen Schulbüchern der postdiktatorischen Zeit das Phänomen „beschwiegener Schuld" nachweisbar ist, hat sich die Grundüberlegung einerseits bestätigt, sie ist aber zugleich auch zu differenzieren. So trifft es zwar zu, daß die Opfer in den frühen Geschichtsbüchern verschwiegen und erst in den Lehrwerken der 90er Jahre thematisiert werden. Doch anders als vermutet wird auch mehr als 20 Jahre nach Ende der Diktatur die Frage nach Schuld und Verantwortung nicht gestellt. Sie ist bis heute kein Thema der Geschichtsbücher, und damit spiegelt der Befund letztlich noch immer den 1975, im Anschluß an die Diktatur unausgesprochen eingegangenen „consenso", die stille Übereinkunft, die Vergangenheit ruhen zu lassen und Amnesie zu praktizieren.[46] Zwar gibt es durchaus einen diesbezüglichen Diskurs, doch vollzieht

---

[43] Tiempo 4. Ciencias sociales. Educación secundaria,. seguado ciclo, cuarto curso. Vicens Vives: Barcelona 1997.

[44] Vgl. Tiempo 3 (Anm. 42), S. 250-267, hier insb. S. 250 sowie S. 264f.

[45] „Los primeros tiempos del franquismo estuvieron marcados por la más feroz represión. Decenas de miles de personas fueron encarceladas, torturadas y asesinadas por su actividad política y todos los partidos políticos y sindicatos tuvieron que pasar a la clandestinidad." (Ü.d.V.) Tiempo 4 (Anm. 43), S. 86.

[46] Exemplarisch dafür steht der 50. Jahrestag des Kriegsbeginns im Jahr 1986 und die Ansprache des damaligen Ministerpräsident González an die Spanier. Darin hieß es, der Bürgerkrieg sei kein Ereignis, dessen man gedenken solle, auch wenn er für die, die ihn erlebt hätten, eine entscheidende Episode ihres Lebens darstelle. Inzwischen jedoch sei der Krieg Erinnerung und nicht mehr präsent in einem Land, das auf den Prinzipien der Freiheit und der Toleranz basiere.

er sich nur in kleinen Zirkeln, und es fehlt ihm jegliche politische oder akademische Unterstützung.[47]

Aus geschichtsdidaktischer Perspektive ergeben sich aus diesen Befunden eine Reihe von Fragen, die hier zwar gestellt, aber weder auf der Grundlage einer Schulbuchanalyse noch im Rahmen eines einzelnen Artikels hinreichend beantwortbar sind. So wäre zu untersuchen, wie sich eine Gesellschaft ihrer Geschichte bedient, zumal wenn es sich um eine Diktatur handelt. Warum wird das eine erinnert und das andere vergessen? Wie verhalten sich Erinnern und Vergessen bzw. Verdrängen zueinander? Welche Funktion wohnt Amnesie und/oder Anamnese inne? Vorläufig ließe sich mit Friedrich Nietzsche antworten:

„Nur soweit die Historie dem Leben dient, wollen wir ihr dienen: aber es gibt einen Grad, Historie zu treiben und eine Schätzung derselben, bei der das Leben verkümmert und entartet".[48]

Auf Spanien gewendet könnte dies heißen, daß man auf eine Debatte über Schuld und Verantwortung nach 1975 verzichtete, um den Weg in die (europäische) Zukunft gehen zu können. Der Preis dafür war bzw. ist zwar nicht das Vergessen der eigenen Geschichte, wohl aber das Verdrängen der Verantwortung für sie. Ob und inwieweit dieser Umgang mit der Nahvergangenheit, wie er sich u.a. auch in Geschichtsbüchern zeigt, Auswirkungen auf das spanische National- und Geschichtsbewußtsein hat, dies ist eine sich aus der Studie ergebende Frage. Sie zu beantworten wäre jedoch Aufgabe der Wirkungsforschung.[49]

Vgl. „Una guerra civil ne es un acontecimiento conmemorable", afirma el Gobierno, in: El País v. 18.7.1986, S. 17, zit. nach Walther L. Bernecker (Anm. 7, 1991), S. 217f. Der Begriff „consenso" im verwendeten Sinne entstammt dem während der Transition (1975 bis 1978) ausgehandelten politischen Kompromiß zwischen den alten Machthabern und der (linken) Opposition. Vgl. Peter A. Kraus/Wolfgang Merkel: Konsolidierung der Demokratie nach Franco. In: Walther L. Bernecker/Klaus Dirscherl (Anm. 22) S. 37-62, insb. S. 42f.

[47] Diesen Hinweis verdanke ich Rafael Valls Montés, Universitat de València.

[48] Friedrich Nietzsche: Unzeitgemässe Betrachtungen. Zweites Stück: Vom Nutzen und Nachtheil der Historie für das Leben. In: Nietzsche Werke. Kritische Gesamtausgabe, hrsg. von Giorgio Colli und Mazzino Montinari. Dritte Abteilung, erster Band. Berlin/ New York 1972, S. 241.

[49] Die Frage nach der Wirkung von Schulbüchern ist ein innerhalb der Geschichtsdidaktik intensiv diskutiertes Desiderat; allerdings bedarf es zu seiner Bearbeitung vollkommen anderer Methoden, als sie bei der Analyse von Schulbüchern zur Anwendung kommen. Insofern richtet sich der häufig an die Schulbuchforscher ergangene Appell, sie mögen sich doch bitte auch der Wirkungsforschung widmen, nicht an die richtigen Adressaten.

Stefan Albrecht

Qualitative Forschung in der Geschichtsdidaktik am Beispiel des Forschungsgegenstandes „Infografik"

I. Allgemeines

Qualitative Forschung ist in der Erziehungs- und Unterrichtswissenschaft und damit auch in der Geschichtsdidaktik national wie international akzeptiert und etabliert. Der Trend der letzten Jahre zeigt in allen geisteswissenschaftlichen Bereichen eine zunehmende Forschungsaktivität auf qualitativer Ebene.

Allgemein formuliert, bezieht sich mein Dissertationsvorhaben, das innerhalb der Geschichtsdidaktik angesiedelt ist, auf die Erforschung eines Medienprodukts und sinnhaltigen Dokuments sowie dessen qualitativen Analyse und Interpretation: der Infografik. Konkret ausgedrückt beschäftige ich mich mit diesem in Schulgeschichtsbüchern auftauchenden Medium und seiner Kommunizierbarkeit im Geschichtsunterricht. Dabei sollen diejenigen Wissenschaften, die sich mit den Entwicklungen im Kommunikations- und Medienbereich befassen, stärker als bisher üblich berücksichtigt werden, da deren Forschungsergebnisse voraussichtlich neue Fragestellungen und Antworten innerhalb der Geschichtsdidaktik initiieren könnten. Ein interdisziplinäres Vorgehen unter Einbeziehung der Forschungsergebnisse auf den Gebieten der Medienpädagogik (Mediendidaktik und -erziehung), der Psychologie (Kognitions- und Wahrnehmungspsychologie), der Semiotik (Bildkommunikation) und der Kunstwissenschaft (Bildanalyse) soll für die Geschichtsdidaktik nutzbar gemacht werden.

Bilder und Grafiken sind schon lange Gegenstände qualitativer Forschung, vor allem in der Kunstgeschichte und in der Ethnografie. Alle Kulturen artikulieren seit jeher ihre Weltsicht auch in Form von Bildern und Grafiken. In unserer Zeit nehmen sie beständig zu und bestimmen in wachsender Zahl unseren Alltag. Die latente Ausweitung der „Sehräume" geschieht sowohl oberhalb als auch unterhalb der Artikulationsschwelle. Diese Janusköpfigkeit der Bilder und Grafiken ist auch verantwortlich für die unterschiedliche Beurteilung der zunehmenden Visualisierung und deren Konsequenzen für unsere Lebenswelt. Innerhalb der Erziehungs- und Unterrichtswissenschaft, insbesondere der Didaktik, werden diese Entwicklung und deren Folgen seit einigen Jahren wieder mit größerer Aufmerksamkeit bedacht und kritisch untersucht[1]; denn Nichtbe-

---

[1] Vgl. Michael Sauer: Bilder im Geschichtsunterricht. Seelze-Velber 2000.Hanno Schmitt (Hrsg.): Bilder als Quellen der Erziehungsgeschichte. Bad Heilbrunn/Obb. 1997. Manfred

achtung oder Ablehnung dieser Phänomene hieße, eine Chance zu verpassen, die Prozesse des Sehens zu verstehen und kritisch zu reflektieren. Andererseits stellt eine Bildwissenschaft und ausformulierte Philosophie des Sehens noch immer ein Desiderat dar im Vergleich zur Sprach- und Textwissenschaft, die längst etabliert ist.

II. Die Infografik als qualitativer Forschungsgegenstand

Infografiken sind hochkomplexe Bilder, bei denen mehrere Codes gleichzeitig angewendet werden, die in korrespondierender Weise aufeinander abgestimmt sind. Sie kombinieren und integrieren mehrere Gestaltungselemente traditioneller Medien, nämlich aus Karte, Bild, Text, Statistik, Schema usw., und fügen diese grafisch zu einem eigenständigen Medium zusammen. Ob diese Kombination bekannter Bausteine lediglich eine Addition oder eine Synthese in Form eines tatsächlich neuen Mediums darstellt, ist zu untersuchen.

Infografiken wurden, speziell in Printmedien eingesetzt, in den 90er Jahren des 20. Jahrhunderts zu einem wichtigen Nachrichtenträger, um Informationen schnell überschaubar und effektiv zu vermitteln. Inzwischen erscheinen sie vermehrt auch in allen neueren Schulgeschichtsbüchern, insbesondere für die Klassenstufen 9/10, und sind damit bereits im Medienangebot des Geschichtsunterrichts fest etabliert. Die überwiegende Zahl der im Geschichtsbuch verwendeten Infografiken sind jedoch ursprünglich nicht für Schüler, sondern für erwachsene Leser konzipiert worden: Sie wurden von Zeitungsverlagen bei Grafikagenturen in Auftrag gegeben und dann zu einem späteren Zeitpunkt in unveränderter Konfiguration von Schulbuchverlagen übernommen. Adressaten und die damit verbundenen Intentionen dieser Infografiken sind also ursprünglich andere als Schüler/innen und der Geschichtsunterricht. Daß sie nun in Schulbüchern auftauchen, bedeutet noch nicht, daß sie auch für den Lehr- und Lernprozeß brauchbar sind und bei ihrer Analyse und Interpretation von Schülern/innen richtig verstanden werden.

Die zunehmende Präsenz von Infografiken als Mittel zur Visualisierung lief in der Schule bisher eher unterschwellig ab, das heißt, Infografiken wurden von Seiten der Didaktik mit keiner erkennbaren theoriegeleiteten Aufmerksamkeit bedacht. Bisher wurden sie weder formal noch inhaltlich unter geschichtsdidaktischen Gesichtspunkten beschrieben, analysiert und interpretiert. Auch hat sich bislang keine Diskussion, weder über ihre pädagogischen Aufgaben, Ziele und Funktionen noch über die mit ihnen vermittelten bzw. zu vermittelnden Inhalte, vollzogen, geschweige denn eine Methodendiskussion in Fachdidaktikerkreisen entwickelt. Dieses Stillschweigen täuscht eine Selbstverständlichkeit

---

Treml: Bildquellen. In: Waltraud Schreiber (Hrsg.): Erste Begegnungen mit Geschichte. Grundlagen historischen Lernens. Bd. 1. Neuried 1999, S. 365-390.

dieser medialen Präsentationsform und ihrer methodischen Nutzung vor, die so selbstverständlich nicht ist und auch nicht sein darf. Es existieren weder eine wissenschaftlich genaue Beschreibung des Phänomens, eine systematische Erfassung, eine Klassifikation und wissenschaftlich brauchbare Definition, noch Ansätze einer kritischen Analyse, wie man sich im Geschichtsunterricht diesem Medium didaktisch nähern sollte. Zusammenfassend lässt sich feststellen, daß die Infografik in Schulgeschichtsbüchern zwar auftaucht, sich jedoch bis jetzt einer didaktisch-theoretischen Analyse und Reflexion entzieht. Dies wäre jedoch notwendige Voraussetzung, bevor sie überhaupt als Arbeitsmittel didaktisch aufbereitet und methodisch sinnvoll eingesetzt werden kann.

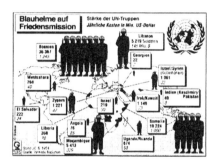 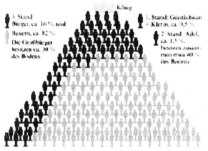

Infografik zur Stationierung von UN-Truppen in der Welt, die von einer Grafikagentur konstruiert wurde. Beispiel aus: Expedition Geschichte, Bd.3, Frankfurt a.M. Diesterweg 1999, S. 284.

Infografik zum Gesellschaftsaufbau Frankreichs am Vorabend der Revolution, die von einem Schulbuchverlag konstruiert wurde. Beispiel aus: Geschichte plus, Berlin, Volk und Wissen 2000, S. 174.

In meinem Dissertationsvorhaben soll die Infografik durch den qualitativen Forschungsansatz unter Zuhilfenahme der Phänomenologie und Hermeneutik fachdidaktisch erschlossen und zugänglich gemacht werden. Diese Erkenntnisse könnten dann als Basis für weitergehende Studien genutzt werden, etwa hinsichtlich ihrer konkreten, praxisorientierten Gestaltung und Konstruktion oder bezogen auf die Entwicklung einer medienspezifisch orientierten Lehr-Lernmethode. Auch empirische Studien in Form von Unterrichtsbeobachtungen zum Verstehen und zur Einprägsamkeit von Infografiken bei Schülern/innen, sowie zum quantitativen Einsatz und zur Eindringlichkeit im Vergleich zu anderen fachspezifischen Medien (wie Texten, Karten, Schemata etc.) könnten sich anschließen.

III. Methoden und Schritte in der qualitativen Forschung

Die qualitative Forschung verfährt eher entdeckend und gewinnt daraus sukzessive erkenntnistheoretische Ergebnisse. Hierbei korrelieren Materialsammlung, -analyse und die daraus abzuleitenden Erkenntnisgewinne zeitlich eng. Beim qualitativen Forschungsansatz steht am Anfang des eigentlichen Forschungsprozesses eine eindeutige, klar umgrenzte Fragestellung. Sie muß genau und präzise formuliert sein, damit die Auswahl des Datenmaterials nicht ins Uferlose oder Beliebige führt. Die Schritte qualitativer Forschung in der Geschichtsdidaktik sind nicht algorithmisch reglementiert, jedoch ist folgende Vorgehensweise etabliert und sinnvoll:

1) Fragestellung entwickeln

Dieser erste Schritt dient dem Formulieren, Abfassen und Begründen einer präzisen Fragestellung. Das etwaige Thema wird dadurch umrissen und eingegrenzt.

2) Überblick über den Forschungsstand geben

Hierbei muß die für die Fragestellung relevante Literatur sowie der neueste Forschungsstand zunächst überblicksartig dargestellt werden. Diese Darstellung soll nicht zu umfangreich sein. Dabei ist die eigene Fragestellung ein guter und einfacher Filter für die zu erwähnenden und zusammenzufassenden Erkenntnisse. Weiter ins Detail gehende Informationen können exemplarisch anhand zweier oder dreier relevant erscheinender Positionen gegeben werden, welche derzeitige Ergebnisse, offene Fragen und Defizite erkennen lassen, die dann in der eigenen Untersuchung zu thematisieren sind. Als Abschluß wird ein Resümee in Form eines Fazits gezogen.

3) Theoretischen Begriffsrahmen festlegen

An dieser Stelle müssen die Begrifflichkeiten, mit denen operiert wird, genau definiert und damit zugleich festgelegt werden. Sollte dies nicht möglich sein, wie im Falle der Infografik, ist dieses Faktum zu erläutern und zu begründen. Eine vorläufige Arbeitsdefinition ist dann hilfreich.

4) Forschungsmethode festlegen

Hier wird nun das spezielle Forschungsdesign (Materialerhebungs- und Materialauswertungsverfahren) für die eigene Arbeit definitiv festgelegt und auch begründet. Beides geschieht in Zusammenhang mit der eingangs formulierten Fragestellung.

5) Untersuchung durchführen

Die Untersuchung (Analyse des Datenmaterials) soll mit Literatur begleitet und gestützt werden.

6) Ergebnisdarstellung und Interpretation

An dieser Stelle sind Konsequenzen zu ziehen und gewonnene Erkenntnisse aufzuzeigen. Auch dabei ist es wichtig, theoretisch relevante Literatur begleitend einzusetzen, um die Ergebnisse zu fundieren und kritisch zu diskutieren.

III.1 Materialerhebungsverfahren

In der explorativen Phase der Materialerhebung werden zunächst die in Schulgeschichtsbüchern vorhandenen Infografiken mit Hilfe eines nichtreaktiven Verfahrens gesichtet. Als Datengrundlage sollen mir die aktuellen allgemeinen Ausgaben der in Deutschland zugelassenen Verlagswerke ab 1991 dienen.

Beim theoretischen Sampling erfolgt die Auswahl und Zusammenstellung des Materials erst während des Prozesses der Materialerhebung und -auswertung. Dabei wird ein System von Kategorien entwickelt und festgelegt, woraufhin weitere Infografiken untersucht und analysiert werden. Ziel ist der Ausbau und die Differenzierung der sich entwickelnden Theorie. Die ersten Fälle werden zunächst analysiert, danach dienen Kontrastfälle der Erweiterung und Spezifizierung der Theorie. Die Erhebung wird durch das Prinzip der theoretischen Sättigung beendet, d. h. wenn sich durch weiteres Datenmaterial keine Neuerungen oder Veränderungen mehr ergeben. Bei diesem Vorgehen wird die Einzelfallanalyse relativ schnell zugunsten einer kategoriengeleiteten Querschnittsauswertung aufgegeben. Das bedeutet: es sollen keine extensiven Analysen und Interpretationen einer möglichst großen Anzahl von Infografiken vorgenommen, sondern signifikante Fälle in exemplarischer Präsentation beleuchtet werden. Dabei erfolgt die jeweilige Einzelanalyse und -interpretation vor dem Hintergrund des gesamten Spektrums an Aussagemöglichkeiten. Die statistische Repräsentativität des Materials spielt, anders als bei quantitativen Studien, keine oder zumindest eine untergeordnete Rolle.

III.2 Materialauswertungsverfahren

Die von mir zu leistende qualitative Forschung im Bereich der Materialauswertung setzt sich aus der Kombination zweier Forschungsmethoden zusammen, nämlich der Phänomenologie und der Hermeneutik.

Die Phänomenologie geht der Hermeneutik voran, denn diese ist auf einen schon existierenden und klar definierten Gegenstand angewiesen, der dann auf seine Bedeutung hin befragt werden soll. In meinem Falle muß die Infografik erst genau umgrenzt und definiert werden, denn es herrscht insgesamt ein unpräziser Umgang mit dem Begriff und dem, was darunter zu verstehen ist. Viele der Begriffsdefinitionen sind unter wissenschaftlichen Aspekten eher dürftig und müssen neu diskutiert werden. Meist sind es nur grobe Rahmen, innerhalb derer sich die Definitionen bewegen, oder es werden ausschließlich Beispiele gegeben, so daß sich unter dem Begriff „Infografik" vielfach alle diejenigen Grafiken subsumieren, die sich nicht ausschließlich aus textlichen Elementen zusammensetzen. Das Spektrum reicht von einfachen Statistiken bis zu Photographien in Kombination mit Wortanteilen. Die Beliebigkeit, mit der sich der Begriff auf fast jegliche Grafik bezieht, zeigt sich deutlich in den unterschiedlichen Inhalten, Funktionen und Darstellungsweisen der Grafiken. Eine umfangreichere, beschreibende Definition muß aber auch die Anforderungen der Rezipienten berücksichtigen, denn eine Infografik vermittelt nicht nur Informationen in Form einer Kombination aus Text und grafischer Darstellung, sondern sie verbindet auch emotionales und rationales Aufnehmen. Text- und Bildrezeption sind notwendige Voraussetzungen, um sie zu verstehen. Ebenso herrscht großer Dissens über den Zeitpunkt ihres erstmaligen Erscheinens in den Medien sowie über deren Vorläufer. Unabhängig von dieser Debatte, ob die ersten Infografiken in der Renaissance (Diagramme von William Playfair) oder in der Zeit der Weimarer Republik erschienen, ist offensichtlich, daß sich in den 80er Jahren des 20. Jahrhunderts in Deutschland eine bemerkenswerte, umfangreiche Wiederbelebung dieses Mediums in den Zeitungen und Zeitschriften und dann seit Mitte der 90er Jahre in den Schulgeschichtsbüchern vollzog. Aus diesen Gründen erscheint mir eine wissenschaftlich fundierte Definition, welche Abbildungen unter dem Begriff „Infografik" zusammengefaßt werden können, notwendig, und sie soll mit Hilfe der Phänomenologie entwickelt und für den Geschichtsunterricht didaktisch aktiviert werden. Ich klassifiziere die Infografik, indem ich ihre Komponenten und deren Beziehungen zueinander analysiere. Ich systematisiere sie, indem ich unterschiedliche Typen von Infografiken differenziere. Ich kategorisiere sie, indem ich sie in eine Medientaxonomie einordne. Anschließend werde ich ihr methodisch-mediales Potential für das Lehren und Lernen geschichtlicher Inhalte im Unterricht analysieren und beurteilen. Hieraus ziehe ich abschließend pädagogischdidaktische Konsequenzen für die formale Gestaltung von Infografiken und ihre praktische Anwendung im Geschichtsunterricht.

III.2.a Phänomenologie als Methode

„Phänomenologisch verfahren heißt (...), in unvoreingenommener und vorbehaltloser Weise die Phänomene beschreibend zur Selbstdarstellung bringen."[2] Das Ziel der Phänomenologie besteht im Herausfiltern allgemeiner, invarianter Strukturen, die allen Infografiken gemeinsam sind und die prinzipiell auf jede Grafik dieser Art zutreffen. Eine sog. algorithmische Vorgehensweise existiert bei der Phänomenologie nicht, jedoch besteht die Methode formal aus zwei

---

[2] Zit. nach: Helmut Danner: Methoden geisteswissenschaftlicher Pädagogik. München/Basel 4. Aufl. 1998, S. 147.

Schritten, die sich ergänzen. Die phänomenologische Grundfrage, die es zu beantworten gilt, lautet: Was ist eine Infografik? Dieses „Was" ist ein auf Deskription und nicht ein auf Verstehen abzielendes Fragepronomen.

Der erste Schritt ist in Analogie zur Husserlschen Epoché zu sehen. Ziel ist es, die Infografik möglichst unvoreingenommen zu beschreiben. Als Leitfaden hierfür können die von Diemer aufgestellten Forderungen gelten, die kurz und prägnant zusammengefaßt sind:[3] Man solle schlicht, so unvoreingenommen, so genau, so einfach, so vollständig wie möglich die Tätigkeiten des Sehens und Beschreibens[4] ausüben und sich dabei nur in den Grenzen der Phänomengegebenheit bewegen. Eine Beschreibung darf sich aber nicht in der Begriffsklärung „Infografik" erschöpfen, denn erst die Analyse ermöglicht eine Kategorisierung und Verallgemeinerung von Merkmalen des Phänomens. Aus dieser Verallgemeinerung konstruiert sich dann eine begriffliche Bestimmung, d. h. ein inhaltliches und formales Erfassen der Infografik. Zwar kann die Begrifflichkeit Hinweise auf die Spezifika der Infografiken geben (Wortbedeutungen verdeutlichen oft das Wesen einer Sache), jedoch müssen die gewonnenen Erkenntnisse aus der Begriffsanalyse anschließend am Gegenstand selbst entweder verifiziert oder falsifiziert werden.

Bei der bloßen Beschreibung der Infografiken in Form einer Datensammlung kann es jedoch ebenfalls nicht bleiben. Ein zweiter Schritt besteht in der phänomenologischen Reduktion, die bei Husserl als eidetische Reduktion bezeichnet wird. In der pädagogischen Phänomenologie bezieht sich diese Einengung auf den Inhalt, nicht aber auf die Intentionen des Phänomens. Konkret bietet sich für mein Forschungsvorhaben deshalb folgende methodische Vorgehensweise an:[5] Jede Infografik ist durch eine Benennung und Unterscheidung zu ähnlichen Medien sowie nach ihrer Genesis so genau wie möglich zu beschreiben. Zunächst ist also eine Abgrenzung der Infografik und die Ausgrenzung anderer Medien vorzunehmen. Diese beiden Vorgehensweisen sind vergleichend. Hierbei steht das gedankliche und sprachliche Präzisieren der Infografik im Vordergrund. Anschließend sollte sie in ihren historischen Zusammenhängen erfaßt werden, etwa mit Hilfe der Fragen, ob sie schon einmal auftauchte, in welchen Kontexten sie zu beobachten war, wie sie beschrieben wurde und wie sie sich geschichtlich entwickelt hat. Abschließend steht eine systematisch geordnete und vollständige Charakteristik der Infografik und eine

---

3   Vgl. Alwin Diemer: Die Trias Beschreiben, Erklären, Verstehen in historischem und systematischem Zusammenhang. In: Ders. (Hrsg.): Der Methoden- und Theorienpluralismus in den Wissenschaften. Meisenheim 1971, S. 13.

4   Beschreibung ist der Begriff, der die vollständige und systematisch geordnete Erfassung wesentlicher Merkmale eines Gegenstandes meint.

5   Vgl. Farsin Banki/Friedrich K. Rothe: Wege pädagogischer Forschung. Eine Einführung. Bad Heilbrunn/Obb. 1979, S. 31 ff.

Aussage darüber, welche Forschungserkenntnisse und -probleme sie potentiell enthält und ermöglicht.

III.2.b Qualitative Inhaltsanalyse

Bei jeder Infografik ist sichtbar, *was* dargestellt wird und *auf welche Art und Weise* es dargestellt wird. Nicht nur diese doppelte Sichtbarkeit ist relevant und muß bei einer Analyse und Interpretation berücksichtigt werden, sondern auch, *wie* die Infografik vom Schüler wahrgenommen und verarbeitet wird. Die Infografik besitzt potentiell einen kommunikativen Charakter und kann als Element einer Kommunikationskette begriffen werden, die einerseits aus dem Produzenten und seinen jeweiligen Wirkungsabsichten besteht, die er mit dem Produkt bezweckt, andererseits aus dem Rezipienten und seiner emotionalen und kognitiven Aufnahme und Verarbeitung des angebotenen Produkts.

Herkömmliche Bildanalyseschemata aus dem kunstwissenschaftlichen Bereich, wie z. B. die Ikonologische Analyse von Panofsky, berücksichtigen dieses Kommunikationspotential bzw. die Voraussetzungen des Betrachters nicht. Für die Geschichtsdidaktik als Unterrichtswissenschaft erscheint es jedoch sinnvoll, diese Kommunikationssituation zwischen Bild (Infografik) und Betrachter (Schüler) nicht nur einseitig vom Bild her, sondern ebenso vom Betrachter her zu analysieren und dessen Qualifikationsstand für ein adäquates Bildverständnis festzustellen.

Die Charakteristika dieser methodischen Zugangsweise seien hier zusammenfassend genannt:

Qualitative Inhaltsanalyse hat fixierte Kommunikation zum Gegenstand. Sie arbeitet mit symbolischem Material (Texten, Noten, Bildern), analysiert dessen Übertragungsweg und impliziert das Material, in diesem Fall also die Infografik, als Teil eines Kommunikationsprozesses. Das modale Verstehen, d. h. das Erfassen der kommunikativen Rolle der Infografik wird neben ihrer Analyse berücksichtigt. Hierbei geht die qualitative Inhaltsanalyse systematisch und regelgeleitet vor: sie orientiert sich an vorab festgelegten Analyseschritten und unterscheidet sich dadurch von zahlreichen anderen hermeneutischen Verfahren. Die qualitative Inhaltsanalyse ist eine methodische Verfahrensweise, jedoch keine Technik, die nach einem festen Algorithmus vorgeht und die vorbehaltlos in gleicher Weise auf jeden Gegenstand angewendet werden kann. Ihre Angemessenheit entsteht und erweist sich erst am jeweiligen Gegenstand selbst. Die Vorgehensweise ist also variabel, jedoch ein von selbst auferlegten Festlegungen eingegrenztes methodisches Verfahren. Die Auswertung erfolgt dann in Form einer Deskription. Die Analyseergebnisse werden anschließend unter Berücksichtigung des Forschungsstandes interpretiert.

Oliver Näpel
Die Phänomenologie des Comic – Überlegungen zur Entwicklung einer gattungsspezifischen Quellenkritik

I. Comics – ein legitimer Untersuchungsgegenstand von Geschichtswissenschaft und Geschichtsdidaktik?[1]

Wer einen Blick über die Comicauslage an Kiosken oder Bahnhofsbuchhandlungen schweifen läßt, wird darin wohl kaum ein lohnenswertes Objekt geschichtswissenschaftlicher Auseinandersetzung vermuten. Außer der raschen Befriedigung infantiler oder präpubertärer Phantasien à la *Micky Maus* oder *Wonder Woman* vermögen die Heftchen augenscheinlich wenig zu bieten. Die sich in solchen Überlegungen artikulierende Skepsis gegenüber einer ernsthaften Auseinandersetzung mit Comics auch jenseits der anspruchsvolleren Erwachsenencomics scheint durch die Mehrzahl der aktuellen Publikationen bestätigt zu werden. Dabei handelt es sich aber auch um die bis heute wirksame tiefverwurzelte Ablehnung des Mediums, gespeist aus Abgrenzungsversuchen des aufstrebenden Bildungsbürgertums und geschürt durch die Vorurteile der sogenannten Schmutz- und Schundkampagne der 1950er und 1960er Jahre, die trotz grundsätzlich unterschiedlicher Marktsituationen unreflektiert von Amerika nach Deutschland importiert wurde.[2]

Die Frage nach der geschichtsdidaktischen Relevanz der Analyse von Comics als Bestandteil geschichtskultureller Diskurse kann hier nicht erschöpfend beantwortet werden. Es gibt aber durchaus Überlegungen, welche die Legitimität von Comics als geschichtswissenschaftlichem und geschichtsdidaktischem Untersuchungsgegenstand nahe legen. So wurde mehrfach kritisiert, daß der als *iconic turn* bezeichneten Ikonologisierung unserer Gesellschaft,[3] die zu einer verstärkten Beschäftigung mit der Bildkultur führen müsse, nach wie vor die Präferenz schriftlicher Quellen und Darstellungen entgegenstehe. Und auch wenn sich langsam eine historische Bildkunde zu etablieren beginne, bleibe eine „Didaktik des Bildes" noch immer Desiderat. Comics finden in diesem zögerlich einsetzenden Prozeß bislang die geringste Beachtung. Dabei fügen sie

---

[1] Der Aufsatz basiert auf einem Bildervortrag. Aus Platzgründen mußte jedoch auf eine große Anzahl dieser Bilder verzichtet werden. Alle Abbildungen verstehen sich als Bildzitate.

[2] Vgl. David Kunzle: History of the Comic Strip. Vol. I: The Early Comic Strip (1450-1800). Berkeley 1978, S 1. Die von ihm festgestellte Diskrepanz zwischen Vorurteil und Popularität des Mediums herrscht auch heute noch ungebrochen vor wie es (nicht-repräsentative) Umfragen unter Studierenden im Rahmen von Seminaren immer wieder bezeugen.

[3] Hans-Jürgen Pandel: Bild und Film. Ansätze zu einer Didaktik der „Bildgeschichte". In: Bernd Schönemann/Uwe Uffelmann/Hartmut Voit (Hrsg.): Geschichtsbewußtsein und Methoden historischen Lernens. Weinheim 1998 (Schriften zur Geschichtsdidaktik, 8) S. 157-168, hier S. 157.

sich – der Erzähltheorie Jörn Rüsens folgend – nahtlos der Struktur von Geschichte ein, sind sie doch gleich der Narratio obligatorisch erzählend und
daher – wie andere erzählende Medien auch – besonders geeignet zur Darstellung von Geschichte. Zu diesem Aspekt liegen hauptsächlich für historisierende
Comics einige Untersuchungen vor.[4]

Aber weder die gewachsene Bedeutung von Bildern in der bildüberfluteten
Welt noch die strukturelle Affinität zu Geschichte sind der alleinige Grund,
sich mit Comics auseinanderzusetzen. Das Medium steht vielmehr auf Grund
kommerzieller Interessen in enger Kommunikation zwischen Produzent und
Rezipient und ist dadurch mit gesellschaftlichem Wandel aufs Engste verzahnt.
In ihm manifestieren sich auf häufig unverblümte Weise Geschichtsbilder,
gesellschaftliche Dispositionen: Es lassen sich aus ihnen Mentalitäten vergangener Zeiten und daher auch die Genese des Geschichtsbewußtseins unserer
eigenen Gesellschaft ablesen, was sie nicht nur für die Geschichtswissenschaft,
sondern auch für die Geschichtsdidaktik, die über den Schulunterricht hinaus-
gehen muß, interessant machen sollte. Untersuchungen, die einen solchen Quel-
lenwert von Comics beispielhaft analysieren, liegen bisher allerdings kaum vor.
Dabei kann die verschiedentlich aufgeworfene Frage nach der Relevanz der zu
erwartenden Erkenntnisse nicht quantitativ mit der angeblich heute nur noch
geringen Verbreitung von Comics bzw. ihrer als in der Geschichtskultur rand-
ständig wahrgenommenen Position negativ beantwortet werden. Selbst wenn
diese Einwände zutreffend wären, ist die Relevanz der Wirkungsgeschichte für
normative Quellen sicherlich höher als für deskriptive Quellen. Es bleibt im
Einzelfall also immer auch zu überlegen, um welche Art von Quelle es sich
handelt.

II. Die Phänomenologie des Mediums

1.) Definitionsansätze

Ein wesentliches Problem im Umgang mit Comics besteht darin, daß zwar
jeder genau zu wissen meint, was Comics sind, eine allgemein akzeptierte
Definition in den Wissenschaften aber nicht existiert. Wenn man von den noch
immer verbreiteten Vorurteilen gegenüber Comics abstrahiert und unterschiedliche Formen piktoralen Erzählens einer genaueren Betrachtung unterzieht,
wird die Schwierigkeit einer exakten Abgrenzung evident. So wird die Frage,
ob es sich bei historischen Artefakten wie z.B. Friesmalereien, der Trajansäule
oder dem Teppich von Bayeux um Comics handele, durchaus unterschiedlich

---

[4] Vgl. Oliver Näpel: Auschwitz im Comic – die unvorstellbare Abbildung von Zeitgeschichte.
Münster 1998 (Zeitgeschichte – Zeitverständnis, 4); jüngst: Gerald Munier: Geschichte im Comic. Aufklärung durch Fiktion? Über Möglichkeiten und Grenzen des historisierenden Autoren-
comic der Gegenwart. Hannover 2000.

beantwortet. Nicht etwa um eine „noble heritage"[5] zu schaffen, wurde auf die erzählstrukturelle Verwandtschaft zwischen solchen Artefakten und Kunstwerken wie z.b. William Hogarths Bildersequenzen, den Bilderromanen Rodolphe Töpffers und den Geschichten Wilhelm Buschs einerseits und Comics andererseits hingewiesen. Dennoch handelt es sich eher um einen Beleg für die tiefe historische Verwurzelung des Erzählprinzips Bildergeschichte, als daß es nahe legt, Comics existierten bereits seit Anbeginn der Menschheit. Betrachtet man solche Artefakte, ist „Comics" sicher nicht die naheliegendste Konnotation beim Betrachter – und das nicht nur, weil nicht Superman die Hauptrolle spielt. Daher greift auch der von Will Eisners Begriff der „sequential art"[6] ausgehende Definitionsansatz Scott McClouds zu kurz, beschreibt er doch eher allgemein das diesen Ausdrucksformen gemeinsame Erzählprinzip, als daß er zur notwendigen Trennschärfe führt: „Juxtaposed pictorial and other images in deliberate sequence, intended to convey information and/or to produce an aesthetic response in the viewer."[7]

Genausowenig hilft es, aus den modernen Erscheinungsformen von Comics Definitionsmerkmale abzuleiten, weil eben nicht alle Comics diese Merkmale besitzen. So sind von den wiederholt als konstitutiv bezeichneten Gestaltungsmitteln weder Sprechblase noch ‚stehende Figuren' obligatorischer Bestandteil von Comics, wie ein Blick auf die vielfachen Erscheinungsformen schnell bestätigt – man denke nur an e.o.plauens ‚Pantomimenstrip' *Vater und Sohn*. Ebensowenig entsprangen Comics allein dem erfindungsreichen Geist amerikanischer Zeitungsverleger, die sie als Beilage von Zeitungen gegen Ende des 19. Jahrhunderts als Mittel zur dauerhaften Leserbindung etablierten. Wenngleich hier ein Grundstein zu ihrer weiten Verbreitung und Popularität gelegt wurde, und sie zu – wenn auch bescheidener – gesellschaftlicher Akzeptanz gelangten, wurden viele ihrer gestalterischen Mittel bereits in Flugblättern und Satiremagazinen entwickelt. Im späten 18. Jahrhundert hatte dort Komik inhaltliche Präferenz errungen, manchmal gepaart mit sozialkritischen Anleihen, woraus sich ihre Bezeichnung ‚Comics' ableitete. Da sich diese Bezeichnung in den 1930er Jahren im englischsprachigen Raum etabliert hatte, wurde sie auch beibehalten, als andere Genres wie z.B. Abenteuer-, Superhelden- oder Horrorcomics sich durchzusetzen begannen, eine primär humoristische Ausrichtung also nicht mehr beibehalten wurde. Da Deutschland lange Zeit keine umfassende eigene Comicproduktion besaß, wurde mit den Heften und Serien auch ihr US-amerikanischer Name importiert. Der Vorschlag, für Comics wie z.B. Art

---

[5] Maurice Horn: 100 Years of Comics. An Introduction. In: Ders. (Hrsg.): 100 Years of American Newspaper Comics. An Illustrated Encyclopedia. New York 1996, S. 11.

[6] Will Eisner: Comics and Sequential Art. o.O. 1985.

[7] Scott McCloud: Understanding Comics. The Invisible Art. New York 1993, S. 9.

Spiegelmans *Maus* die neue Bezeichnung „Tragics" einzuführen,[8] offenbart demnach ein eher mangelhaftes Verständnis des Mediums, mindestens aber die Unkenntnis ihrer jüngeren Geschichte. Nicht erst seit Spiegelmans künstlerischer Be- und Verarbeitung des Holocaust in Form einer Tiermetapher werden ernsthafte, tragische Geschichten in Comics erzählt.[9]

Abbildung 1: 'unkomische Comics' - der Holocaust in Spiegelmans *Maus*

Der Versuch in den 1970er Jahren, Comics unter andere künstlerische Ausdrucksformen, je nach Intention an die Hoch- bzw. an die Trivialformen von Literatur und Kunst, zu subsumieren, wurde der Eigenständigkeit des Mediums nicht gerecht, bringt aber das bis heute ungelöste Dilemma mangelhafter Abgrenzung zu anderen Formen der Bildergeschichte deutlich zum Ausdruck.

Hans-Jürgen Pandels und Dietrich Grünewalds Ansätze sind da vielversprechender, da sie die Narrativität des Comics und ihre Funktionsweise stärker in ihre Überlegungen einbeziehen. So mag das „piktturale Verweissystem",[10] das durch Setzung, Verweis und Wiederaufnahme pikturaler Zeichen einen engen narrativen Bezug der Einzelbilder zueinander schafft, Hinweise auf die Unterschiede zwischen Comics und „weiten Bildfolgen"[11] wie Illustrationen oder Gemäldezyklen geben. Auch das Zusammenspiel von Wort und Bild sowie der Einfluß der Trägermedien auf Gestaltung und Struktur der Bildergeschichten können hier zusätzliche Hinweise liefern.[12] Eine weitere Reflexion der definitorischen Ansätze bleibt allerdings nach wie vor Desiderat.

2.) Formale Merkmale des Mediums

Viele der comicspezifischen Ausdrucksmittel von Comics sind hinlänglich

---

[8] Vgl. Kai-Steffen Schwarz: Zur Rezeption von Art Spiegelmans *Maus* in den deutschen Medien. Grenze des Strips oder Jahrhundertwerk? In: Hans Jürgen Kagelmann (Hrsg.): Comics Anno. Jahrbuch der Forschung zu Comics, Zeichentrickfilmen, Karikaturen und anderen populär-visuellen Medien. Vol. 3. München 1995, S. 244.

[9] Abbildung 1: Art Spiegelman: Maus: A Survivor's Tale. Band II: And Here My Troubles Began. New York 1991, S. 72.

[10] Hans-Jürgen Pandel: Comics. Gezeichnete Narrativität und gedeutete Geschichte. In. Ders./Gerhard Schneider (Hrsg.): Handbuch Medien im Geschichtsunterricht. Schwalbach/Ts. 1999, S. 339-364, hier S. 347-349.

[11] Dietrich Grünewald: Comics. Tübingen 2000, S. 31f.

[12] Vgl. Bill Watterson: The Calvin and Hobbes Tenth Anniversary Book. Kansas 1995, S. 14-16.

bekannt und wurden in der fachdidaktischen Literatur beschrieben.[13] Daher kann an dieser Stelle auf eine ausführliche Beschreibung der gängigsten Mittel verzichtet werden.

Für eine Übersicht der 'klassischen' Gestalt von Comics, seiner wesentlichen gestalterischen Mittel und ihrer Terminologie führe ich das von Pandel kommentierte Beispiel an.[14] Der Pandelschen Terminologie sei hinzugefügt, daß Habitus auch als Panelumrandung, Blase mit Dorn als Sprech- bzw. in leicht variierter Gestalt und Funktion als Gedankenblase und Hiatus auch als Ellipse, oder ironisch-despektierlich von Mc-Cloud als *gutter*, als Rinnstein bezeichnet wird.[15] Diese Form der Sequenzbildung etablierte sich hauptsächlich in den Beilagen amerikanischer Zeitungen (Comic Strips) und den franko-belgischen Comicmagazinen, in denen die Geschichten in einzelnen Episoden veröffentlicht wurden, bevor sie als Album o.ä. erschienen, wie z.B. Hergés *Tim und Struppi*. Heute werden viele Comics von Beginn an im Hinblick auf eine zusammenhängende Publikation (Heft oder Album) mit deutlich größerem Gestaltungsspielraum in der Sequenzbildung konzipiert, was zu avantgardistischeren Seitenlayouts und Bildkombinationen führen kann. (Siehe hierzu weiter unten, Abbildung 6.)

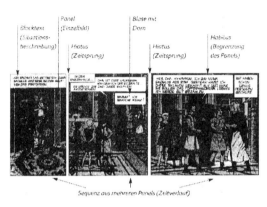

Abbildung 2: Die 'klassische' Bildfolge

Die einzelnen Bilder einer Sequenz stehen meist in engem chronologischen und kausalen Bezug zueinander, und das Panel repräsentiert im Sinne des pars pro toto ganze Handlungsabläufe. Eisners Beispiel verdeutlicht den hierfür erforderlichen gedanklichen Prozeß des Betrachters.[16] Dieser sieht vor seinem inneren Auge nicht lediglich ein starres Bild zweier Personen, die im Begriff zu sind, ein Auto zu besteigen, sondern er vervollständigt diesen Moment zu einer ganzen Handlungssequenz, indem er das Vorher und Nachher ergänzt.

---

[13] Siehe hierzu Pandel (Anm. 10) und Grünewald (Anm. 11).
[14] Abbildung 2: Hans-Jürgen Pandel: Comics. In: Michael Sauer (Red.): Lernbox Geschichte. Seelze/Velber 2000, S. 33.
[15] McCloud (Anm. 7), S. 63.
[16] Abbildung 3: Eisner (Anm. 6), S. 39.

In seinen Ausführungen vereinfacht Eisner diesen gedanklichen Prozeß allerdings und berücksichtigt zu wenig, welche Rolle die Sehgewohnheiten der Betrachter dabei spielen: Dieser nimmt in aller Regel zuerst die gesamte Seite

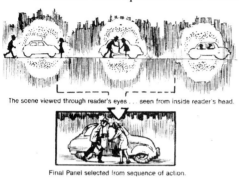

The scene viewed through reader's eyes ... seen from inside reader's head.

Final Panel selected from sequence of action.

Abbildung 3: Das Panel als pars pro toto

und beim ‚Lesen' des Comics auch die umliegenden Panel wahr. Durch die periphere Rück- und Vorschau überprüft der Betrachter daher immer, ob der von ihm interpretierte Handlungsablauf plausibel ist. Denkbar sind andere Fortsetzungen der Handlung, die wiederum zu einer unterschiedlichen Ergänzung des Betrachters führen würden. Wenn der Hiatus einen größeren Zeitraum oder Ortswechsel zu überbrücken hat, kann im folgenden Panel die verbale Verknüpfung vermittels der Angaben im Blocktext dazutreten, z.B. „Einige Monate später..." oder „Gleichzeitig in Australien ..." o.ä.

Auch wenn durch die von der Plausibilität der Panelfolge durch den Künstler gesteuerte gedankliche Leistung des Betrachters vor dessen innerem Auge ein Lesefluß entsteht, vergleichbar mit den ‚bewegten' Bildern des Films, handelt es sich hier um mehr als nur um die banale Verknüpfung von Einzelszenen zu einer flüssigen Handlung. Scott McCloud führt diesen gedanklichen Prozeß und seine Bedeutung für die Funktionsweise deutlich vor Augen.[17] Der von ihm als *closure*, in der deutschen Übersetzung mit Induktion bezeichnete Prozeß, läßt unterschiedlich großen Spielraum für eine individuelle Dekodierung von Comics. McCloud vergleicht diesen Akt des fließenden Panelübergangs mit dem Trapezakt der Zirkusartisten, die mit Schwung von einem Trapez zum nächsten fliegen. Dem Moment zwischen Loslassen des einen und Auffangen des weiterführenden Trapezes entspricht das Momentum der Induktion beim Comic.

Abbildung 4: Induktion nach McCloud

---

[17] Abbildung 4: Scott McCloud: Comics richtig lesen. Hamburg 1994. S. 76.

Auch andere formale Mittel des Comics übernehmen narrative Funktionen. In *Maus* lassen sich z.b. mehrere Beispiele finden, in denen die Form des Habitus bzw. die Anordnung der Bilder inhaltliche Aussagen verstärken, kontrastieren oder 'eigene' Aussagen machen, die durch die Bildinhalte nicht unmittelbar zum Ausdruck gebracht werden. So zeigt der Künstler eine Szene, in der Spiegelmans Vater, Vladek, seinem Sohn Fotos der von den Nazis ermordeten Familienangehörigen zeigt.[18] Vladek scheint gleichsam mit dem Betrachter in der Bilderflut, die weder Panel noch die physikalische Begrenzung des Seitenformates einzudämmen vermögen, zu ertrinken. Die Photos ragen über die Panelgrenzen hinaus, und verlängern sich so ins Unermeßliche, womit die Unermeßlichkeit der Anzahl der ermordeten Juden verdeutlicht wird. Dies ist nur ein Beispiel dafür, daß noch vor der ikonologisch-ikonographischen Ebene durch die optische

Abbildung 5: Vladek 'ertrinkt' in seinen Erinnerungen

Wahrnehmung des Seitenlayouts ein Kommunikationsfluß zwischen Bild und Rezipient entsteht.[19] Durch Aufbrechen der traditionellen, eher statischen Panelanordnung, bis heute von den Anforderungen der Trägermedien Zeitung und Magazin diktiert, kann es so gelingen, bereits auf formaler Ebene inhaltliche Aussagen zu treffen. In durch solche Restriktionen weniger eingeschränkten Formaten – Comic-Heft und -Album – finden diese dynamischen, avantgardistischen Layouts folgerichtig zunehmend Anwendung.

Das folgende Beispiel eines dynamischen Seitenaufbaus sei auch deshalb kurz angeführt, weil sich an ihm noch weitere comicspezifische Merkmale erläutern lassen.[20] Zum einen fallen die unterschiedlichen ,Kamera'-Einstellungen, -Perspektiven und die Körpersprache des Akteurs ins Auge, die ähnliche Funktionen wie im Film erfüllen und hier als bekannt vorausgesetzt werden.

Zum anderen wird ebenfalls ein Teil der lautlichen Komponente des Comic in diesem Beispiel visualisiert. Die Stärke, Größe und Form des Letterings (in die Sprechblasen mit der Hand gesetzte Buchstaben) zeigen genau so die Lautstärke und Intonation des ,Gesagten' wie die Form der Sprechblase selbst, deren herabhängende Eiszapfen in den Panels 5 und 6 den kalten, schneidigen Ton verdeutlichen. Diese Mittel funktionieren so gut, daß der Betrachter die

---

[18] Abbildung 5: Spiegelman: Maus II (Anm. 9), S. 253.
[19] Munier (Anm. 4), S. 53.
[20] Abbildung 6: Dave Sim: Cerebus: Minds. Ontario 1996, S. 139.

Schrift nicht nur liest, sondern das Gespräch beinahe mitzuhören meint.

Ein weiteres, nicht selten spielerisch eingesetztes Mittel ist die Visualisierung von Metaphern wie in Panel 3 und 4, in denen der Protagonist vor Liebe

blind ist. Der Künstler treibt hier die für die cartoonhaften Funny-Comics übliche Verliebtheitsmetapher, in der Hunderte von Herzen in Richtung der begehrten Person fliegen, noch auf die Spitze, indem er die Pupillen durch Herzchen ersetzt und so versinnbildlicht, daß die Hauptfigur hier sprichwörtlich mit Blindheit geschlagen wird. Dieser Comic spielt generell, auch wenn das am gewählten Ausschnitt nicht ersichtlich werden kann, bewußt mit der Aufhebung und Verletzung von Genreregeln, wodurch die Bedeutung von Stil- und Genrekonventionen ebenfalls deutlich wird, denn es handelt sich trotz des antropomorphisierten, ‚tierischen' Protagonisten nicht um einen Funny-Animal Comic wie *Micky Maus* o.ä., sondern um einen mit Ausnahme des Protagonisten realistisch gezeichneten Comic, der damit eher zum Genre des Abenteuercomics zu zählen ist.[21]

Abbildung 6: Avantgardistisches Seitenlayout

3.) Auf dem Weg zu einer gattungsgerechten Quellenkritik?

Wie eingangs festgestellt, wurden Comics als historiographische Quelle bislang kaum ausführlichen Analysen unterzogen. Wenn sie als mentalitätsgeschichtliche (oder sozialgeschichtliche) Quelle herangezogen wurden, bestand die Untersuchungsmethode meist in der Inhaltsanalyse, wenn z.B. kolonialistische und imperialistische Tendenzen in den Walt Disney Comics nachgewiesen wurden oder wenn Phänomene wie der Kalte Krieg oder gesellschaftliche Vorstellungen in US-amerikanischen Superheldenserien untersucht wurden.[22]

---

[21] Der Comic ist insgesamt gesehen schwierig einzuordnen: zunächst als Persiflage auf realistisch gezeichnete Abenteuercomics wie Marvels *Conan, der Barbar* begonnen, flossen mit zunehmender Dauer und kommerziellem Erfolg der Serie viele inhaltliche und stilistische Elemente der unterschiedlichsten Genres ein.

[22] David Kunzle: Carl Marx. Dagobert und Donald Duck. Welteroberung aus Entenperspektive. Frankfurt a.M. 1990; Reinhard Schweizer: Ideologie und Propaganda in den Marvel-Superheldencomics. Vom Kalten Krieg zur Entspannungspolitik. Frankfurt/M. 1992; Thomas Sieck: Der Zeitgeist der Superhelden. Das Gesellschaftsbild amerikanischer Superheldencomics von 1938 bis 1998. Meitingen 1999.

Iris Andrea Bär stellte am Beispiel des Comics *Tim im Kongo*[23] aus Hergés (d.i. Georges Rémis, 1907-1983) belgischer Serie *Tim und Struppi* die auch im

Abbildung 7: 'White Man's Burden'

Comic wirksame zeitgenössisch typische Propaganda des belgischen Kolonialismus heraus. Diese Erkenntnis gewann sie zum einen aus dem Vergleich mit Hergés offensichtlichen Quellen und andererseits durch die historisch-ikonologische Analyse des Comics.[24] Hierfür stellte sie wiederholt die Analyse von Einzelbildern vor, in denen sich die kolonialistischen Einstellungen des Künstlers fast schon ikonenhaft verdichten. Angesichts der Vielzahl solcher Darstellungen im Comic kommt sie zu Recht zu ihrem scharfen Verdikt.[25]

An einem anderen Beispiel läßt sich kurz skizzieren, daß diese Einzelbildanalyse nicht immer der comicspezifischen Erzählweise gerecht wird und somit modifiziert werden muß. Ich greife hierfür auf ein weiteres Comic Hergés zurück, *Tim und die Picaros*, auch weil es sich formal nur wenig von den frühen Alben unterscheidet, da es primär der Bildreihung nach Art der o.a. bandes dessinée (Comic Strips) verpflichtet bleibt. Im Zentrum der Überlegungen sollen die Panel 10-12 der S. 36 der deutschen Albumfassung stehen.[26] Betrachtet man diese Untersequenz isoliert, scheint die Bildaussage lediglich die Trinkfestigkeit des Indios zu betonen, wenngleich auch hier das Klischee des trunksüchtigen Wilden, dessen ‚Feuerwassergenuß' maßlos ist, aufgegriffen wird. Die Reaktionen des ‚zivilisierten' Tims und Professor Ridgewells – Verblüf-

---

[23] Hergé: Tim im Kongo. Hamburg 1997. [Erstveröffentlichung 1930]

[24] Iris Andrea Bär: Historiker im ‚Bilderdschungel': Zwischen ‚Comicgeschichte' und ‚Geschichte im Comic, – eine historisch-ikonologische Analyse des Hergé-Comics ‚Die Abenteuer von Tim und Struppi im Kongo'. Unveröffentlichte Magisterarbeit an der Philosophischen Fakultät der Westfälischen Wilhelms-Universität Münster. Münster 1999. Sie greift hierbei auf das Modell der ikonologisch-ikonographischen Methode Wohlfeils zurück. Vgl. dazu Rainer Wohlfeil: Methodische Reflexionen zur Historischen Bildkunde. In: Ders./Brigitte Tolkemitt: Historische Bildkunde. Probleme – Wege – Beispiele. Berlin 1991 (Zeitschrift für Historische Forschung, Beiheft 12), S. 17-36.

[25] Abbildung 7: Hergé: Tim im Kongo. Hamburg 1997. [Erstveröffentlichung 1930] S. 22. Vgl. auch Kurosch Sadjadi Nasab: Tim und Struppi am Kongo. Rassistische Stereotype in Hergés Afrika. In: Blätter für deutsche und internationale Politik 43 (1998), H. 1, S. 94-103. Da es sich bei dieser Comic-Reihe um eine der erfolgreichsten und künstlerisch einflußreichsten europäischen Produktionen handelt, wurden die fragwürdigen ersten Bände wiederholt als ‚Ausrutscher' verharmlost.

[26] Abbildung 8: Hergé: Tim und die Picaros. Hamburg 1997, S. 36. [Erstveröffentlichung 1975] Die ersten drei Panels der Comicseite wurden bei der vorliegenden Reproduktion weggeschnitten und werden hier nicht mitgezählt.

fung und Verwunderung, symbolisiert durch Ausrufe- bzw. Fragezeichen in den Sprechblasen – wird noch durch eine kryptische Aussage Bienleins im Bildhintergrund ergänzt.

Abbildung 8: Trinkfeste Indios

Um diese Sequenz in ihrer ganzen Tragweite erfassen zu können, muß der Blick auf das Gesamtwerk gerichtet werden, denn diese Szene wurde lange vorbereitet. Schon früh greift Hergé das Thema des Alkoholkonsums auf, indem er seine als Säufer bekannte Nebenfigur, Kapitän Haddock, zeigt, wie sie offensichtlich Schwierigkeiten beim Genuß desselben hat. Viermal ‚stolpert' der Betrachter über die ihm unerklärlichen Szenen, in denen Haddock, im Verlauf der Geschichte mit der zunehmenden Verzweiflung des zwangsweise ‚trockengelegten' Alkoholikers, genußvoll ‚einen Schluck' zu sich nehmen möchte, nur um diesen in der nächsten Sekunde mit angewidertem Gesicht auszuspucken.[27] Im Verlauf des Albums tritt ein aufmerksam beobachtender Professor Bienlein hinzu, dessen Reaktionen und Aktivitäten dem Betrachter offenbaren, daß eine von ihm entwickelte Chemikalie Verursacher dieses untypischen Verhaltens ist. Nachdem Bienlein die Chemikalie auch dem gemeinsamen Essen bei dem Indio beigemischt hat, ist diese Reaktion auch bei Tim und Ridgewell (Abbildung 8: Panel 3 / 4 bzw. 7 / 8) zu beobachten, die nicht in der Lage sind, den traditionellen ‚Friedensschluck' zu sich zu nehmen.

Der Betrachter wird also insgesamt sechs Mal mit dieser Szene konfrontiert, die jedes Mal mit derselben Panelaufteilung, Einstellung, Blickwinkel etc. inszeniert wird. Um so größer und dramatischer ist dann die Überraschung, daß dieses Mittel bei dem Indio keine Wirkung zu haben scheint, und erst nach der dramatischen Verzögerung durch den Seitenwechsel sieht der Betrachter die verspätete Reaktion des Häuptlings, der unter offensichtlich großen Schmerzen leidet. Ohne an dieser Stelle detaillierte Interpretations- und Analyseergebnisse des Werks Hergés vorwegnehmen zu wollen, kann diese Szene nur in ihrem

---

[27] Hergé (Anm. 26), S. 9, Panel 6/7; S. 18, Panel 4/5; S. 25, Panel 5/6.

Gesamtkonzept im Werk, das hier nur angedeutet werden konnte, vollständig erfaßt werden: es ist nach wie vor die ‚Bürde des Weißen Mannes', die kindischen, weil unvernünftigen Indios zu zivilisieren; daß dieser Prozeß schmerzhaft sein kann – für die Indios – dient letztlich ihrem eigenen Wohl und ist somit billigend in Kauf zu nehmen.

4.) Kriterien einer comicspezifischen Quellenkritik

Durch das gewählte Beispiel sollte deutlich werden, daß Interpretationsmethoden auf das gesamte Werk angewendet werden müssen, wenn sie nicht die comictypische Erzählweise mißachten und wenn sie die Bildaussage mit all ihren Implikationen erfassen wollen.[28] Wenn selbst Comics traditioneller Machart nicht anhand einzelner Bilder in ihrer Aussage adäquat erfaßt werden können, gilt dies in noch stärkerem Maße für avantgardistische Comics, die mit formalen Gestaltungsmitteln experimentieren und so die traditionelle Ausdrucksweise erweitern. Daher müssen formale Gestaltungsmittel wie Perspektive, ‚Aufnahmeeinstellung', Seitenaufbau oder Stil als sinntragende Elemente betrachtet und als solche in die Interpretation des Gesamtwerkes und der Einzelsequenzen einfließen. Hierbei sind Genre- und Stilkonventionen genauso zu berücksichtigen wie formale ‚Anforderungen' durch Trägermedien.

Das bisherige Verfahren der ikonographisch-ikonologischen Analyse kann nur ein Element einer gattungsspezifischen methodischen Erschließung des Comic darstellen. Als narratives Medium müssen zu seiner Beschreibung und Quellenkritik auch Kategorien historiographischer Sinnbildung und der Erzähltheorie hinzugezogen werden. Für eine umfassende Interpretation bedarf es zusätzlich der Synthese der historischen Bildkunde, filmanalytischer, kunst-, kultur- und literaturwissenschaftlicher Verfahren und Erkenntnisse sowie der Prinzipien der inneren und äußeren Quellenkritik.

III. Ausblick

Einzelne Untersuchungen haben bereits belegt, daß Comics auch als Quelle z.B. für gesellschaftliche Dispositionen und Vorstellungen dienen können, daß auch Comics ein tieferer „Dokumentensinn" inhärent ist. Wenn sie aber einen ernstzunehmenden Platz im Quellenkanon von Geschichtswissenschaft und Geschichtsdidaktik einnehmen sollen, gilt es, einige Problemfelder bei ihrer Analyse in Betracht zu ziehen.

Comics decken nur einen Teilbereich des geschichtskulturellen Diskurses ab und sind nur ein kleiner Teil der Unterhaltungskultur. Eine empirische Si-

---

[28] Daher greift auch Bärs Ansatz, die ihrer Analyse Wohlfeils Bildverständnis unterlegt, wobei „das einzelne *panel* als Ausdruck eines zum Comic komponierten Gesamtbildes angesehen" wird, zu kurz. (Bär (Anm. 24), S. 17.) Vgl. dazu Grünewald (Anm. 11), S. 41 und Ulrich Krafft: Comics lesen. Untersuchungen zur Textualität von Comics. Stuttgart 1978, S. 12.

cherung und die Überprüfung der Erkenntnisse durch Vergleiche mit anderen
Quellen ist daher obligat, wie z.b. der Vergleich mit anderen Comics, Unterhal-
tungsmedien (Kino, TV, Zeitschriften, Werbung) oder eben auch mit gesellschaftlicher ‚Realität'. Untersuchungen zur Rezeptions- und Wirkungsgeschichte sind unverzichtbar, genauso wie Überlegungen, welchen Einfluß die
Globalisierung des Marktes auf die Botschaften nimmt, da Comics heute als
weltweit zu vertreibendes Medium konzipiert werden.

Auf Grund der mangelhaften Archivierung des Konsumartikels Comics lassen sich nicht alle diese Probleme zufriedenstellend lösen. Im Einzelfall muß
das jeweilige Untersuchungsergebnis als vorläufig angesehen werden und kann
nur im Zusammenspiel mit anderen Untersuchungen Gültigkeit beanspruchen.
Genauso bleibt zu berücksichtigen, daß sich nicht jeder Comic gleich gut für
eine Analyse eignet, sei es, weil sich aus ihm nur wenige Erkenntnisse gewinnen lassen, sei es, weil Hintergrundinformationen für die äußere Kritik gänzlich
fehlen.

Ein aufgeklärter Blick über die Comicpublikationen läßt aber unschwer erahnen, daß Comics als Quelle bislang zu Unrecht vernachlässigt worden sind.
Für die bundesrepublikanische Geschichte ließen sich Erkenntnisse gewinnen
über die Systemauseinandersetzungen in den beiden deutschen Staaten in der
Öffentlichkeit oder über Rollenverständnis und -präsentation als Teil der Ge-
schlechtergeschichte, um nur zwei Beispiele zu nennen.

Andrea Brockmann

Erinnerung, Rekonstruktion, Visual History – Ein neuer methodologischer Zugang zum Gedächtnismedium Fernsehen

1. Erinnerung

1. Erinnern als konstruktive Verhaltenssynthese

Ausgehend von der Beobachtung, daß audiovisuelle Medien heute Geschichts- und Weltbilder umfassender als die schriftliche Vermittlung prägen und so das Leitmedium Fernsehen als ein Hauptträger der Geschichtsvermittlung begriffen werden kann, stellt sich die Frage, wie das Fernsehen bzw. bestimmte Fernsehsendungen Geschichte rekonstruieren, Vergangenheit inszenieren, Erinnerung visualisieren und so zum medialen Gedächtnis unserer fernsehsozialisierten Gesellschaft werden.[1] Denn Ereignisse der Vergangenheit manifestieren sich nicht a priori in Erinnerungen, sondern erst das Erinnern und Gedenken konstruiert eine Vorstellung dieser Vergangenheit.

Im individuell-biographischen Vergangenheitsbezug heißt das, Erinnerung ist – in Abhängigkeit zur Situation, die sie evoziert – eine aktuelle und aktive Gedächtnistätigkeit, die die „sedimentierten Spuren" aus Primärerfahrung, Sekundärberichten und überlieferten Dokumenten synthetisiert.[2] Demnach ist das Gedächtnis nicht als topographisch genau lokalisierbarer, statisch fest verankerter Speicher zu begreifen, in den die Vergangenheit chronologisch und systematisch abgelegt wird, sondern es gestaltet sich vielmehr als ein liquides Reservoir von Wahrnehmungen, Bildern und Deutungen, die zu einem früheren Zeitpunkt ausgebildet und konserviert worden sind und in einem aktuellen

---

[1] Gerhard Jagschitz: Visual History. In: Das Audiovisuelle Archiv (1992), H. 29/30, S. 23-51, hier S. 23. Zur Diskussion über Praxis und Konsequenz der Bearbeitung historischer Themen im Fernsehen vgl. Helmut Dotterweich: Möglichkeiten und Grenzen der Vermittlung von Geschichte im Fernsehen. In: Literaturwissenschaftliches Jahrbuch, Neue Folge 28 (1987), S. 283-297; Guido Knopp/Siegfried Quandt (Hrsg.): Geschichte im Fernsehen. Ein Handbuch. Darmstadt 1988; Ulrich Kröll: Geschichtsfernsehen im Wandel. In: Paul Leidinger/Dieter Metzler (Hrsg.): Geschichte und Geschichtsbewußtsein. Festschrift Karl-Ernst Jeismann zum 65. Geburtstag. Münster 1990, S. 742-777; Erhard Klöss: Die Last der Bilder – Geschichte im Fernsehen. In: Klaus Füßmann/Heinrich Theodor Grütter/Jörn Rüsen (Hrsg.): Historische Faszination. Geschichtskultur heute. Köln u.a. 1994, S. 189-193; Frank Bösch: Das ‚Dritte Reich' ferngesehen. Geschichtsvermittlung in der historischen Dokumentation. In: GWU 50 (1999), H. 4, S. 204-220.

[2] Paul Ricœur: Gedächtnis – Vergessen – Geschichte. In: Klaus E. Müller/Jörn Rüsen (Hrsg.): Historische Sinnbildung, Reinbek 1997, S. 432-454, hier S. 434.

Handlungszusammenhang und Wahrnehmungsrahmen – wie dem Dispositv Fernsehen – vom Subjekt reaktiviert bzw. rekonstruiert werden können.[3]

2. *Gesellschaftliche Bezugsrahmen und symbolische Sinnwelten*

Der Erinnerungsprozeß verläuft in der alltäglichen Gegenseitigkeit sozialer Beziehungen, denn die inhärenten Erinnerungen des Einzelnen sind kollektiv geprägt. Die individuellen und subjektiven Erinnerungen konstituieren sich erst durch die Interaktion und Kommunikation mit anderen und implizieren eine weit reichende Transformation des Status der Einzelnen und ihrer Beziehungen zur Gemeinschaft. „Es gibt kein mögliches Gedächtnis außerhalb derjenigen Bezugsrahmen, deren sich die in der Gesellschaft lebenden Menschen bedienen, um ihre Erinnerungen zu fixieren und wiederzufinden", so lautet die zentrale Aussage des französischen Soziologen Maurice Halbwachs (1877-1945), der 1925 in seinem Hauptwerk *Les cadres sociaux de la mémoire* das Fundament einer kulturwissenschaftlichen Gedächtnistheorie legte.[4] Er interpretiert das Gedächtnis als soziales Phänomen, das unter Verwendung räumlicher und zeitlicher Bezugsrahmen entsteht. Sowohl im materiellen wie im immateriellen Milieu findet das Gedächtnis Orte, in denen es sich kondensiert und kristallisiert.[5] Ebenso werden Erinnerungen innerhalb eines bestimmten Zeitkontinuums aktualisiert oder orientieren sich im periodischen Rhythmus an Festen, Feiern und Gedenktagen des politischen, religiösen oder familiären Kalenders. Erinnerungen werden so in einen Sinnrahmen eingehängt, den Peter Berger und Thomas Luckmann in ihren Ausführungen zur gesellschaftlichen Konstruktion

---

[3] Gebhard Rusch: Erinnerungen aus der Gegenwart. In: Siegfried J. Schmidt (Hrsg.): Gedächtnis. Probleme und Perspektiven der interdisziplinären Forschung. Frankfurt a. M. 1991, S. 267-292, hier S. 279. Den konstruktiven Charakter des Erinnerungsprozesses beschreibt der Radikale Konstruktivismus, der in enger Beziehung zu Forschungsansätzen der Neurobiologie eine kognitionswissenschaftliche Theorie einsetzt, die die Dynamik und Konstruktivität der Gedächtnisleistungen hervorhebt. Zu den Grundlagen des Radikalen Konstruktivismus vgl. Siegfried J. Schmidt (Hrsg.): Der Diskurs des Radikalen Konstruktivismus. Frankfurt a. M. 1987.

[4] Maurice Halbwachs: Das Gedächtnis und seine sozialen Bedingungen. 2. Aufl. Frankfurt a. M. 1985, S. 121. Nach seinem Tod erschien 1950 das Werk *La mémoire collective* (Maurice Halbwachs: Das kollektive Gedächtnis. 2. Aufl. Frankfurt a. M. 1985). Zur Biographie vgl. Victor Karady: Biographie de Maurice Halbwachs. In: Maurice Halbwachs: Classes Sociales et Morphologie. Paris 1972, S. 9-22; Klaus Große-Kracht: Gedächtnis und Geschichte: Maurice Halbwachs – Pierre Nora. In: GWU 47 (1996), S. 21-31.

[5] Die Dekadenz des kollektiven Gedächtnisses bedingt dessen Verankerung in topographischen, institutionellen und symbolischen Orten, z.B. in Museen, Denkmälern, Friedhöfen, Jahrestagen. Vgl. Pierre Nora: Zwischen Geschichte und Gedächtnis. Berlin 1990. In ihrem Gegenwartsbezug repräsentieren die Gedächtnisorte als kulturelle Kristallisationen eine Art nationales Gedächtnis-Inventar, das das Selbstbild des Staates und der Gesellschaft symbolisiert. Vgl. Peter Reichel: Politik mit der Erinnerung. Gedächtnisorte im Streit um die nationalsozialistische Vergangenheit. Frankfurt a. M. 1999, S. 17.

von Wirklichkeit als symbolische Sinnwelten fassen.[6] Diese setzen die Grenzen dessen, was im Sinne der gesellschaftlichen Interaktion relevant ist, und manifestieren einen Projektionsrahmen für die individuelle Erinnerungsarbeit. Gegenwartsbezogene Sinnproduktion konkretisiert bereits vorhandene, kognitive Muster und Vorstellungen von der Vergangenheit. Da das Gedächtnis selektiv verfährt und zu einem bestimmten Zeitpunkt nur spezifische Inhalte rekonstruiert, sind dessen Auswahlprinzipien und Relevanzkriterien zu explizieren.

2. Rekonstruktion

1. Kommunikative Strategie

Im komplizierten und zugleich ephemeren Zusammenspiel von individueller Erinnerungsarbeit und kollektivem Gedächtnis kommt der medialen Artikulation und Präsentation eine spezifische Funktion zu. Ein kollektives Gedächtnis kann nur kommunikativ erzeugt und erlebt werden. Seine (Re-)Konstruktionen, die in den gesellschaftlichen Kommunikationsprozessen einer ständigen Redefinition und Intervention unterliegen, werden in objektivierten, rituellen oder inszenierten Erinnerungen repräsentiert. Diese Erinnerungen – als Verbindungsstelle zwischen Geschichte und Gedächtnis – sind abhängig von den Organisationsformen, Medien und Institutionen ihrer Weitergabe.[7] Um im Ansatz zur Dialektik von Geschichte und Gedächtnis einen Schritt weiterzukommen, müssen die Medien der Vergangenheitskonstruktionen und ihre Kommunikationsradien benannt und als Phänomene der Erinnerungskultur umfassend in die Betrachtung einbezogen werden.

Einen Einblick in die visuelle Mnemotechnik geben die Arbeiten von Aleida und Jan Assmann, in denen sie die schriftliche, bildliche und zeremonielle Formung des kulturellen Gedächtnisses beschreiben.[8] Sie modellieren den Aspekt der Medienevolution deutlich heraus und erörtern den medienbedingten Strukturwandel der Erinnerung. Jedoch fehlt in ihrer Differenzierung des Halbwachsschen Konzepts die methodische Konkretisierung, um die Rekonstruktion von Vergangenheit im Transformationsprozeß vom Überrest zur Darstellung analytisch zu erfassen.[9] Um die kommunikative Strategie zu enttar-

---

6   Peter L. Berger/Thomas Luckmann: Die gesellschaftliche Konstruktion der Wirklichkeit. Eine Theorie der Wissenssoziologie. 5. Aufl. Frankfurt a. M. 1977.
7   Eine historische Untersuchung der Erinnerung liefert Jacques Le Goff: Geschichte und Gedächtnis. Frankfurt a. M./New York 1992, vor allem S. 83-136.
8   Jan Assmann/Tonio Hölscher (Hrsg.): Kultur und Gedächtnis. Frankfurt a. M. 1988; Aleida Assmann/Dietrich Harth (Hrsg.): Mnemosyne. Formen und Funktionen der kulturellen Erinnerung. Frankfurt a. M. 1991; Jan Assmann: Das kulturelle Gedächtnis. Schrift, Erinnerung und politische Identität in frühen Hochkulturen. 2. Aufl. München 1999.
9   In den medialen Organisationsformen des kulturellen Gedächtnisses firmieren tradierte Dokumente als Medien ersten Grades, die Zeichen, Spuren und Informationen aus der Vergangenheit kodieren und speichern. Darstellungen bzw. Monumente werden als intentionale kulturelle

nen, die diesen Prozeß lenkt, ist es notwendig, die Selektionsprinzipien, Rekonstruktionsmuster, Handlungsakteure und Rezipienten der entsprechenden Medien kategorial zu erfassen und methodologische Zugänge weiterzuentwickeln, die die Vermittlungsinstanzen von präformierter Erinnerung fokussieren.[10] Diesem Desiderat, das jüngst in der von Harald Welzer herausgegebenen Publikation „Das soziale Gedächtnis" wiederholt formuliert wurde, kommt meine auf den medialen bzw. den audiovisuellen Gegenstand konzentrierte Analyse nach.[11]

Öffentliche Erinnerungskultur gewinnt Profil durch Motive der Integration und Identitätsbildung, aber auch der äußeren Differenzierung. Sie stabilisiert normative Handlungsorientierungen und Wahrnehmungsweisen, dient der Artikulation von Geschichtsbewußtsein, der politischen Instrumentalisierung und der Legitimation institutionalisierter Kommunikation. Vor allem den Massenmedien kommt in der Erinnerungspraxis eine entscheidende Funktion zu. In unterschiedlichen Zeitkontexten verändern sie die Modalitäten und Textur des Erinnerns in Abhängigkeit zu den medienimmanten Regulativen. Sie sind Foren geschichtspolitischer Auseinandersetzungen und auch mitverantwortlich für die kürzlich von Pierra Nora diagnostizierten Explosionen der Erinnerung.[12]

2. Geschichte im Fernsehen

Innerhalb der Medienlandschaft der Bundesrepublik Deutschland nimmt das Fernsehen trotz zunehmender Internet-Nutzung nach wie vor eine zentrale Stellung ein.[13] Geschichte wird heute bewußt mit Bildern gemacht, nicht selten

Artefakte zu den Medien zweiten Grades gezählt, da sie Erinnerungen in einem aktuellen Handlungszusammenhang reaktivieren und inszenieren. Vgl. Aleida Assmann/Jan Assmann: Das Gestern im Heute. Medien und soziales Gedächtnis. In: Klaus Merten/Siegfried J. Schmidt/Siegfried Weischenberg (Hrsg.): Die Wirklichkeit der Medien. Eine Einführung in die Kommunikationswissenschaft. Opladen 1994, S. 114-140.

10 Selbstverständlich fehlt es nicht an Untersuchungen und Ansätzen, die die kulturellen Formungen des Erinnerns und Gedenkens wie Museen, Denkmäler, Jahrestage als mediatisierte Versionen von Geschichte in den Korpus des geschichtswissenschaftlichen Materials einbeziehen, z.B. Regina Holler: 20. Juli 1944 – Vermächtnis oder Alibi? Wie Historiker, Politiker und Journalisten von 1945 bis 1986 mit dem deutschen Widerstand gegen den Nationalsozialismus umgehen. München u.a. 1994; James E. Young: Formen des Erinnerns. Gedenkstätten des Holocaust. Wien 1997. Jedoch steht eine Konsolidierung der Forschungsstrategien unter dem übergreifenden Aspekt *Visual History* noch aus.

11 Harald Welzer (Hrsg.): Das soziale Gedächtnis. Geschichte, Erinnerung, Tradierung. Hamburg 2001.

12 Pierre Nora: Explosionen der Erinnerung. Die Historiker verlieren das Interpretationsmonopol über die Geschichte. In: Die Welt vom 20.8.2001.

13 Die enorme Bedeutung der Massenmedien in unserer kommerzialisierten Rundfunklandschaft, die von der Etablierung der Massenpresse im 19. Jahrhundert bis zur elektronischen und digitalen Kommunikationsrevolution der Gegenwart stetig gewachsen ist, beruht auf den technisch potenzierten Möglichkeiten, konkurrierende Wirklichkeitskonstruktionen zu präsentieren, die in das Handeln und die Wahrnehmung gesellschaftlicher und politischer Akteure steuernd ein-

inszeniert; der visuelle hat den schriftlichen Diskurs ergänzt, in Teilen sogar abgelöst. Deshalb ist es notwendig, die Darstellungsformen des Mediums Fernsehen nicht als auflockerndes Beiwerk oder Illustration zur sprachlich verfaßten Geschichte unreflektiert zu marginalisieren, sondern sie in ihrer Komplexität und Eigendynamik zu interpretieren. Geschichte derart als Kommunikationsereignis aufzufassen, heißt zum einen, historische Prozesse als Kommunikationsprozesse darzustellen, zum anderen, Geschichte als Gegenstand oder Thema der Kommunikation zu betrachten.[14] Jede Kommunikation ist vermittelt und stützt sich auf ein Medium. Nicht ausschließlich, aber vor allem breitenwirksam wird Geschichte heute – sei es dokumentarisch, sei es fiktional übersetzt – im Massenmedium Fernsehen thematisiert und präsentiert.[15]

Seit der Frühzeit des Fernsehens in der Bundesrepublik Deutschland sind historische Sendungen – Dokumentationen, Dokumentarspiele, Fernsehspiele, Spielfilme – Bestandteile im Programm der öffentlich-rechtlichen Rundfunkanstalten.[16] In den 50er Jahren überwiegen im Bereich der nicht-fiktionalen Sendeformate noch Einzel-Dokumentationen, komplementär werden seit den 60er Jahren vielteilige dokumentarische Serien produziert, angefangen mit der ARD-Reihe „Das Dritte Reich" (1960/61), über „Die Weimarer Republik" (ZDF, 1969) und z.B. die 20-teilige Sendereihe des NDR „Das 19. Jahrhundert" (1975/76) oder „Der unvergessene Krieg" (ARD, 1981). Einen Schwerpunkt auf die Bearbeitung, Darstellung und Visualisierung der nationalsozialistischen Vergangenheit setzen die Sendungen der ZDF-Redaktion Zeitgeschichte, die

---

greift. Vgl. Andreas Schulz: Der Aufstieg der „vierten Gewalt". Medien, Politik und Öffentlichkeit im Zeitalter der Massenkommunikation. In: HZ 270 (2000), S. 65-97; Axel Schildt: Das Jahrhundert der Massenmedien. Ansichten zu einer künftigen Geschichte der Öffentlichkeit. In: Geschichte und Gesellschaft 27 (2001), S. 177-206.

[14] Jürgen Wilke: Geschichte als Kommunikationsereignis. Der Beitrag der Massenkommunikation beim Zustandekommen historischer Ereignisse. In: Max Kaase/Winfried Schulze (Hrsg.): Massenkommunikation. Theorien, Methoden, Befunde. Opladen 1989, S. 57-71.

[15] Horst Pöttker: Aktualität und Vergangenheit. Zur Qualität von Geschichtsjournalismus. In: Günter Bentele/Michael Haller (Hrsg.): Aktuelle Entstehung von Öffentlichkeit. Akteure – Strukturen – Veränderungen. Konstanz 1997, S. 335-346 (Schriftenreihe der Deutschen Schriftenreihe für Publizistik und Kommunikationswissenschaft, Bd. 24).

[16] Seit der Konstituierung des Gemeinschaftsprogrammes der ARD am 1.11.1954, das dem zuvor ausgestrahlten Programm des NWDR folgt, und dem Sendebeginn des ZDF im Jahre 1963 leiten die öffentlich-rechtlichen Anstalten aus ihrer Aufgabe der Information, Bildung und Unterhaltung sowie aus ihrem gesellschaftlichen Selbstverständnis eine besondere Beziehung zu Geschichte als Programminhalt ab. Die Bearbeitung zeitgeschichtlicher Themen in der Frühzeit des bundesrepublikanischen Fernsehens quantifizieren die Untersuchungen von Georg Feil: Zeitgeschichte im Deutschen Fernsehen. Analyse von Fernsehsendungen mit historischen Themen (1957-1967). Osnabrück 1974 und mit dem Schwerpunkt Nationalsozialismus Christoph Classen: Bilder der Vergangenheit. Die Zeit des Nationalsozialismus im Fernsehen der Bundesrepublik Deutschland 1955-1965. Köln u.a. 1999 (Medien in Geschichte und Gegenwart, Bd. 13).

seit 1984 unter der Leitung des „ZDF-Chefhistorikers" Guido Knopp steht und populäre, breitenwirksame und ebenso umstrittene Dokumentationsreihen wie „Hitler – eine Bilanz", „Hitlers Helfer", „Hitlers Krieger", „Hitlers Kinder", „Holokaust" und „Hitlers Frauen" produziert.[17] Gesondert hervorzuheben ist die US-amerikanische Fernsehserie „Holocaust", die das Schicksal der jüdischen Familie Weiß im Dritten Reich schildert, 1979 von den ARD-Anstalten ausgestrahlt wurde und anschließend zu einer ausgedehnten Diskussion um die Visualisierung und Trivialisierung von Geschichte im Fernsehen führte.[18] Neben diesen mit einer gewissen Bandbreite in das Programmschema eingestreuten Dokumentationsreihen fallen spezielle „geschichtspralle" Jahre auf, in denen sich aufgrund einer Gedenktage-Agenda Sendungen mit historischen Inhalt dicht drängen, so z.B. 1983 oder 1989.[19]

3. Gedenktage-Agenda

Neben der Möglichkeit der Beobachtung einzelner Programmsegmente und der statistischen Quantifizierung präferierter historischer Themen im Fernsehen oder der Eingrenzung der Programmanalyse auf einen bestimmten Zeitraum, legt vor allem die Untersuchung der TV-medialen Darstellung eines (Schlüssel-)Ereignisses in der periodischen Rückschau die Rolle des Fernsehens in der Konstitution des kulturellen Gedächtnisses dar. So rekurrieren insbesondere Gedenk- und Jahrestage auf historische Ereignisse, denen eine politische Funktion, gesellschaftliche Implikation und öffentliche Medialisierung in zeitgeschichtlicher Perspektive zukommt.[20]

Prädestiniert für eine medienzentrierte Analyse erscheint der Gedächtnisort 17. Juni 1953, der nach dem Aufstand in der DDR von 1954 bis 1990 als „Tag der deutschen Einheit" der nationale Gedenktag der Bundesrepublik Deutschland war und der als symbolische Verdichtung eines gesellschaftlichen und politischen Konsenses wie als Indikator des nationalen Selbstverständnisses das offizielle Gedächtnis im staatlichen Diskurs repräsentierte. Seine geschichtspo-

[17] Otto Köhler: Hitler, Helfer, Psychogramme. Zeitgeschichte im Fernsehen. In: Adolf-Grimme-Institut (Hrsg.): Jahrbuch Fernsehen 1997/98. Marl 1998, S. 67-79, hier S. 67. Zum Konzept der historischen Fachredaktion im ZDF vgl. Guido Knopp: Zeitgeschichte im ZDF. In: Jürgen Wilke (Hrsg.): Massenmedien und Zeitgeschichte. Konstanz 1999, S. 309-316.

[18] Peter Märthesheimer/Ivo Frenzel (Hrsg.): Im Kreuzfeuer: Der Fernsehfilm Holocaust. Eine Nation ist betroffen. Frankfurt a. M. 1979; Yizhak Ahren u. a. (Hrsg.): Das Lehrstück „Holocaust". Zur Wirkungspsychologie eines Medienereignisses. Opladen 1982.

[19] Ulrich Kröll: Geschichte im Fernsehen der Bundesrepublik: Durchbruch zum massenhaften Geschichts-Konsum. In: Ders. (Hrsg.): Massenmedien und Geschichte. Presse, Rundfunk und Fernsehen als Geschichtsvermittler. Münster 1989, S. 103-128, hier S. 108.

[20] Hans-Ulrich Wehler: Gedenktage und Geschichtsbewußtsein. In: Hans-Jürgen Pandel (Hrsg.): Verstehen und Verständigen. Pfaffenweiler 1991 (Jahrbuch für Geschichtsdidaktik, Bd. 2), S. 197-214; Dietmar Schiller: Politische Gedenktage in Deutschland. Zum Verhältnis von öffentlicher Erinnerung und politischer Kultur. In: Aus Zeitgeschichte und Politik B 25/93, S. 32-39.

litische und massenmediale Verarbeitung und Ausgestaltung prägte die bun-
desdeutsche Geschichtskultur und das kollektive Gedächtnis bis zur Wiedervereinigung 1990 in Phasen gravierend.[21] Dieser Gedenktag schließt sowohl die
Konstruktion von kollektiver Erinnerung und nationaler Identität als auch das
Phänomen sozialer Amnesie – also das Vergessen – ein, denn der Aufstand
wurde in der DDR bekanntlich als konterrevolutionärer Putschversuch tabui-
siert.[22] Die Erinnerung an den 17. Juni 1953 ist in einem bestimmten Raum-
und Zeitrahmen verankert (Gebiet der BRD und DDR sowie des wiederverei-
nigten Deutschlands), an konkurrierende Erinnerungs- und Vergessensgemeinschaften gebunden (Menschen in Ost- und Westdeutschland), in Gedenkritualen
institutionell geformt (nationaler Gedenk- und Feiertag) und wird in unterschiedlichen Kommunikationsforen rekonstruiert (Presse, Hörfunk, Fernsehen,
Veranstaltungen). Deshalb eignet sich dieser immaterielle Gedächtnisort insbesondere, um die Modi der kollektiven Gedächtnisbildung, ihre Funktion und
Formen zu untersuchen.

Gedenktage und Jubiläumsdaten sind vorhersehbar und erleichtern so die
Organisation der geschichtsjournalistischen Arbeit. Expliziter Gegenwartsbezug ist ein spezifisches Merkmal des Geschichtsjournalismus, der sich konform
den Regeln im Mediensystem verhalten, d.h. sich an der Aktualität des Tages
orientieren muß.[23] Gerade nationale Gedenktage, wie der 17. Juni als „Tag der
deutschen Einheit", stehen in einem besonderen medialen Kontext. Zum einen
rangieren sie auf der Ebene der Eigenproduktionen, in denen die Medien sich
eigeninitiativ der Erinnerung widmen und Vergangenheit rekonstruieren, Dokumentationen filmen, Zeitzeugen oder Experten befragen; zum anderen be-
richten die Medien vom inszenierten öffentlichen Gedenken, das zumeist im
politischen Raum stattfindet, in ihrer aktuellen Berichterstattung. Neben der
journalistischen Aufbereitung aktueller Gedenkveranstaltungen in Live-Sen-
dungen, Nachrichten oder Kommentaren stehen für die vom aktuellen Vergangenheitsbezug losgelösten Erinnerungsbeiträge unterschiedliche Genres zur
Verfügung; so können im Fernsehen neben dokumentarische Features auch
Kompilationsfilme sowie rein fiktionale Fernseh- und Spielfilme treten, oder

---

[21]   Zur Bedeutung des 17. Juni 1953 als Gedächtnisort und nationales Symbol, in dem sich Ge-
        schichtsbilder, Identitäten und Erinnerungskonjunkuren signifikant ablesen lassen, vgl. Edgar
        Wolfrum: Geschichtspolitik in der Bundesrepublik Deutschland. Der Weg zur bundesrepubli-
        kanischen Erinnerung 1948-1990. Darmstadt 1999.
[22]   Thorsten Diedrich: Der 17. Juni in der DDR – bewaffnete Gewalt gegen das Volk. Berlin 1991;
        Manfred Hagen: DDR – Juni '53. Die erste Volkserhebung im Stalinismus. Stuttgart 1992; Il-
        ko-Sascha Kowalczuk/Armin Mitter/Stefan Wolle (Hrsg.): Der Tag X – 17. Juni 1953. Die
        „Innere Staatsgründung" der DDR als Ergebnis der Krise 1952/54. 2. Aufl. Berlin 1996.
[23]   Siegfried Quandt/Horst Dieter Schichtel (Hrsg.): Fachjournalismus Geschichte. Das Gießener
        Modell. Marburg 1995.

historische Themen avancieren zum Inhalt von Unterhaltungs- und Talk-shows.[24]

4. Historische Dokumentation

Die verschiedenen Genres schaffen durch ihre unterschiedlichen Konventionen und Gestaltungsregeln unterschiedliche Voraussetzungen für die Darstellung. So unterliegen Nachrichtensendungen anderen Kriterien als Reportagen und diese wiederum anderen als Talkshows. Meine Untersuchung fokussiert die Kategorie ‚historische Dokumentation', d.h. nach der keineswegs trennscharfen dokumentarischen Genredefinition diejenigen Fernsehsendungen, die primär durch die Verwendung von historischem Quellenmaterial (Schriften, Fotografien, Kunstwerke, Kartenmaterial, abgefilmte Originalschauplätze, Zeitzeugen) das historische Ereignis ‚17. Juni 1953' thematisieren. Die historische Kompilation bindet Quellen und Dokumente in einer Bild- und Tonspur interpretierend und kommentierend zusammen.[25] Diese Definition des Untersuchungsgegenstandes bedeutet aber nicht, der populären Einschätzung zu folgen, dokumentarischen Sendungen wäre gegenüber fiktionalen ein gesteigertes Maß an Objektivität oder Authentizität immanent. Das Dokumentarische erweist sich als eine Qualität, die den TV-Produkten nicht statisch zugeschrieben werden kann, sondern die im gesellschaftlichen Kommunikationsprozeß stets neu als „dokumentarisches Paradigma" ausdiskutiert wird.[26] Auch die historische Dokumentation ist ein von Subjektivität modelliertes Realitätskonstrukt, sowohl durch die Auswahl und Anordnung der Quellen, die zudem in sich bereits eine gewisse Perspektive oder Intention zeigen, als auch durch den begleitenden Kommentar bzw. die Moderation, die u.U. tendenziell, manipulativ oder suggestiv sein kann.[27] Jedoch dadurch, daß hauptsächlich Elemente verwendet werden, die mit dem behandelten Thema und somit der verfilmten Zeit direkt in Verbindung stehen, bietet die Dokumentation dem Rezipienten einen retrospektiven und distanzierteren Zugang zur Vergangenheit als z.B. die in histori-

---

[24]   Wolfgang Becker: Fiktion und Unterhaltsamkeit – Instanzen historischen Lernens. In: Wolfgang Becker/Siegfried Quandt: Das Fernsehen als Vermittler von Geschichtsbewußtsein. 1989 als Jubiläumsjahr. Bonn 1991 (Schriftenreihe der Bundeszentrale für politische Bildung, Bd. 297), S. 35-71. Rolf Schörken bezeichnet diese weitgefächerte Programmpalette provokativ als „historischen Supermarkt" bzw. „Angebotssalat". Rolf Schörken: Begegnungen mit Geschichte. Vom außerwissenschaftlichen Umgang mit der Historie in Literatur und Medien. Stuttgart 1995, hier S. 159f.

[25]   Achatz von Müller: Geschichte im Fernsehen. In: Klaus Bergmann u. a. (Hrsg.): Handbuch der Geschichtsdidaktik. 5. Aufl. Seelze 1997, S. 688-694.

[26]   Peter Zimmermann (Hrsg.): Fernseh-Dokumentarismus. Bilanz und Perspektiven. 2. Aufl. Konstanz 1994.

[27]   Bernward Wember: Objektiver Dokumentarfilm? Modell einer Analyse und Materialien für den Unterricht. Berlin 1972.

schen Fernseh- und Kostümfilmen von Schauspielern nachgestellten Szenen, denen diese „historiographische Distanz" fehlt.[28]

3. Visual History

1. Methodenvarianz und Analysematrix

Ausgehend von der zentralen Fragestellung, wie und mit welchen Mitteln, Mechanismen und Motivationen das Fernsehen in der medialen Praxis ein Geschichtsbild mit Inhalt 17. Juni 1953 kreiert und in die Mediengesellschaft diffundiert, richtet die gegenstandsorientierte Detailanalyse in einem Längsschnitt ihren Blick auf die Produktionsebene, die innere Makro- und Mikrostruktur mit den unterschiedlichen ästhetischen und genrespezifischen Gestaltungselementen, die Rezeptionsaussagen sowie die Kontextbedingungen in historisch-sozialer wie auch kulturell-ästhetischer Dimension, um abschließend die Einzelbeobachtungen in einer qualitativen Analyse zu verdichten. Der Analysekorpus enthält mehrere Beiträge der ARD-Anstalten (einschließlich der Sender in den neuen Bundesländern), des ZDF sowie eine Produktion des DFF. Er beginnt in Distanz zum Ereignis mit der SFB-Produktion „Der Aufstand vor 10 Jahren", einer 16-minütigen Dokumentarsendung von Matthias Walden (1927-1984) aus dem Jahr 1963 und wächst in periodischen Schritten bis zum Beitrag „1953 – Steine gegen Panzer" aus der ZDF-Reihe „100 Jahre – Der Countdown", gesendet im Jahre 1999.

Ein derartiges Vorgehen erfordert eine Methodenvarianz: quantitative Verfahren zur Auswertung von Sende- und Produktionsdaten, Einschaltquoten und Zuschauerresonanz; typisierende Beschreibung von Sendungen eines Genres; Ansätze der kunsthistorischen Strukturanalyse; diskursgeschichtliche Überlegungen zu Ritual, Feiertag und Gedächtnisort sowie die hermeneutisch orientierte Film- und Fernsehanalyse.[29] Folgende Skizze einer Analysematrix bietet dem methodischen Ansatz *Visual History* ein forschungslogisches Konzept:

a) institutionell-formal

Die Basis der Analyse bilden die quellenkritischen Informationen zu den Produktions- und Sendedaten, also Auftraggeber, Herstellung und Finanzierung, Position der Sendung im Tagesprogramm. Insbesondere sind die Autoren in ihrer Biographie zu berücksichtigen, da sie neben den medienimmanten Regu-

---

[28] Bodo von Borries: Was ist dokumentarisch am Dokumentarfilm? In: GWU 52 (2001), H. 4, S. 220-228.

[29] Diese Methodenvarianz orientiert sich an einer „Grounded Theory", in der sich die einzelnen Analyseschritte zu einer Struktur zusammenfügen lassen. Vgl. Werner Früh u. a. (Hrsg.): Ostdeutschland im Fernsehen. München 1999, hier S. 318.

lativen einen entscheidenden Einfluß auf die Tendenz einer Sendung ausüben, z.B. im Kommentar.

b) ästhetisch-konfigurativ
Der strukturelle Aufbau der Sendung ist anhand von Drehbuch, Film- und Sequenzprotokoll zu ermitteln. Dafür ist es notwendig, den TV-Beitrag mittels Videotechnik in verlangsamter, wiederholter Weise zu sichten und zu sezieren, d.h. in Sequenzen zu unterteilen, deren kleinste Einheit nicht das einzelne Bild ist, sondern eine Einstellung, die aus einer ohne Unterbrechung gefilmten Abfolge von Bildern besteht. Verschiedene Gestaltungsmittel und ihre Kombination formen die Komposition einer Einstellung und intendieren eine Wirkung. Bilderkanon, Szene, Schnitt, Montage, Auswahl des Ausschnitts, Kamerastandpunkt und –bewegung, Aufnahmewinkel, Raumtiefe, Beleuchtung, Kulissenarchitektur, etc. bestimmen das optisch-ästhetische Niveau.

Eine zweites Kriterium ist der Ton, der sich in die Bereiche gesprochener Text bzw. Interview, Geräusche und Musik gliedert. Aufgrund einer z.T. nachgestellten, inszenierten Vertonung, des empirisch belegten kognitiven Defizits der Sprache gegenüber der suggestiven und autonomen Kraft der Bilder und einer oftmals zu diagnostizierenden Bild-Ton-Schere ist die Analyse der Montage, die die einzelnen Komponenten des Bild- und Tonteils zusammenfügt und in Beziehung setzt, nicht unproblematisch, aber für die letztliche Gestaltung konstitutiv.[30]

c) rezeptionell-subjektiv
Das Fernsehen setzt den Wahrnehmungsrahmen, innerhalb dessen die Zuschauer entsprechend ihrer Sicht- und Nutzungsweisen ein Programmangebot rezipieren, dem televisuellen Geschehen zusehen, per Knopfdruck jederzeit einklinken und wieder herauszappen können. Die Analyse muß sich der Subjektivität der Rezipienten bewußt sein, muß ihre Standorte und Rezeptionsbedingungen einbeziehen und davon ausgehen, daß sich in der Rezeption die jeweiligen Lebenserfahrungen und -hintergründe auswirken. Den Zuschauern in ihrer amorphen Masse eine Physiognomie und Stimme zu geben, ist schwierig, jedoch sind mit Hilfe von demoskopischen Materialien, Einschaltquoten und Zuschauerpost gewisse Rückschlüsse möglich.

d) situativ-kontextuell
Innerhalb des gegebenen Rahmens ist das Medium Fernsehen auch als ein Forum geschichtspolitischer Auseinandersetzung und Funktionalisierung histo-

---

[30] Robert Nießen: Analyse und Bewertung von Filmen. In: Praxis Schulfernsehen, Februar 1981, S. 4-7.

Autorenverzeichnis

Stefan Albrecht, TU Berlin

Tanja Anger, TU Berlin

Michele Barricelli, FU Berlin

Dr. Ulrich Baumgärtner, Ludwig-Maximilian-Universität Münster

Ruth Benrath, FU Berlin

Prof. Dr. Bodo von Borries, Universität Hamburg

Andrea Brockmann, Westfälische Wilhelms-Universität Münster

Marko Demantowsky, Universität Dortmund

Michaela Hänke-Portscheller, Universität Bielefeld

Dr. Saskia Handro, Universität Dortmund

Thorsten Heese, Martin-Luther-Universität Halle

Kathrin Hempel, Martin-Luther-Universität Halle

Dr. Jens Hoppe, Frankfurt a.M.

Dr. Heike Christina Mätzing, TU Braunschweig

Andreas Michler, Katholische Universität Eichstätt

Oliver Näpel, Westfälische Wilhelms-Universität Münster

Prof. Dr. Bernd Schönemann, Universität Dortmund

Dr. Manfred Seidenfuß, Universität Regensburg

Zeitgeschichte – Zeitverständnis

herausgegeben vonProf. Dr. Wolfgang Jacobmeyer

Michael Pegel
**Fremdarbeiter, Displaced Persons,
Heimatlose Ausländer**
Konstanten eines Randgruppenschicksals in
Deutschland nach 1945
Mehr als elf Millionen kamen: einige freiwillig,
viele infolge böswilliger Täuschung – die meisten
jedoch unter Zwang.
Die Rede ist von den "Fremdarbeitern" des Dritten Reiches, jener endlosen multinationalen Ar-
beitskolonne der Nationalsozialisten, der als
letztem 'Aktivposten' einer überdehnten Rüstungs-
wirtschaft und gleichzeitigem Fremdkörper in
einer rassenpolitisch 'eingenordeten' Gesellschaft
ein Dasein unsäglichen Elends bestimmt war.
Auch nach 1945 war für viele ehemalige Zwangs-
arbeiter ein Ende ihrer Leiden nicht in Sicht.
Michael Pegel zeichnet ihren schicksalhaften
Weg durch die Nachkriegszeit nach: als Displaced Persons (DPs) unter alliierter wie später als
"Heimatlose Ausländer" unter bundesdeutscher
Zuständigkeit blieben sie bis zuletzt wehrlose
Objekte des Geschehens. Die ihrem Schicksal ge-
bührende Aufmerksamkeit blieb ihnen verwehrt –
ebenso die für andere NS-Opfer durchaus übliche
Entschädigung.
Bd. 1, 1997, 144 S., 15,90 €, br., ISBN 3-8258-3185-x

Boris Spix
Die Bodenreform in Brandenburg 1945-47
Konstruktion einer Gesellschaft am Beispiel
der Kreise West- und Ostprignitz
Mit der nach Kriegsende in der SBZ durchgeführten Bodenreform verfolgte die KPD ein Geflecht
von Zielen. Neben der Sicherung der Ernährung
und der Integration der Vertriebenen wollte die
Partei unter dem Postulat einer "antifaschistisch-
demokratischen Umwälzung" primär die traditionelle, von den Gutsbesitzern dominierte ländliche
Gesellschaft zerstören. An ihre Stelle sollte in
den bisher kommunismusfernen Agrarregionen
eine neue Gesellschaftsstruktur treten, in der die
kleinbäuerlichen Landempfänger, die "Neubauern", als parteiloyale Klientel die Vorrangstellung
einnehmen sollten.
Die Analyse der Bodenreform in der branden-
burgischen Region Prignitz zeigt, daß sich die
herrschafts- und gesellschaftspolitischen Ziele
der KPD-Parteiführung auch mit starker Unterstützung der sowjetischen Besatzungsmacht nicht
sofort und problemlos umsetzen ließen. Stattdessen bewirkten fortdauernde mentale Bindungen
an die Großgrundbesitzer, ein divergierendes lo-
kales Faschismusverständnis, die wirtschaftliche

Mangelsituation der Nachkriegsjahre und die Auseinandersetzungen zwischen Alt- und Neubauern,
daß die von der KPD initiierte Dekonstruktion und
Konstruktion der Gesellschaft zu von der Partei
nicht beabsichtigten Folgen führte.
Die Studie liefert damit wichtige neue Erkenntnisse zur Frage nach der gesellschaftlichen Kontinuität und Diskontinuität in der SBZ angesichts des
sich 1945 vollziehenden Strukturumbruchs und
zum Verhältnis zwischen politisch induzierter und
autonomer gesellschaftlicher Entwicklung in der
SBZ/DDR.
Bd. 2, 1998, 128 S., 15,90 €, br., ISBN 3-8258-3609-6

Timm C. Richter
"Herrenmensch" und "Bandit"
Deutsche Kriegsführung und
Besatzungspolitik als Kontext des
sowjetischen Partisanenkrieges (1941 – 44)
Bd. 3, 1998, 136 S., 12,90 €, br., ISBN 3-8258-3680-0

Oliver Näpel
**Auschwitz im Comic – Die Abbildung
unvorstellbarer Zeitgeschichte**
Der früher als trivial angesehene "Comic" hat
sich zu einer künstlerisch anspruchsvollen Gattung entwickelt. Gleichwohl ist zu fragen, ob mit
seinen Mitteln eine Darstellung der nationalsozialistischen Mordpolitik möglich ist, oder ob sie
anstößig bleiben muß.
Darauf antwortet diese Untersuchung.
Bd. 4, 1998, 120 S., 15,90 €, br., ISBN 3-8258-3703-3

Arndt Kleesiek
**'Siegfrieds Edelsitz' – Der Nibelungen-
Mythos und die 'Siegfriedstadt' Xanten im
Nationalsozialismus**
Als "Suche nach Siegfrieds Edelsitz" bezeichnete
im Jahre 1934 eine NSDAP-nahe Regionalzei-
tung die Ausgrabungen der provinzialrömischen
Colonia Ulpia Traiana bei Xanten am Nieder-
rhein. Der kuriose Vorgang zeigt, wie ein seriöses
wissenschaftliches Großprojekt in der damals
ausgetragenen Debatte um die "völkische" Ausrichtung von Archäologie und Vorgeschichte in
ein Kreuzfeuer widerstreitender Interessen und
Einflußnahmen geriet. In regionaler Begrenzung
werden dabei die "polykratischen" Elemente
der nationalsozialistischen Herrschaftspraxis im
Bereich der Kultur- und Wissenschaftspolitik erkennbar. Die Tatsache, daß dabei Siegfried und
die Nibelungen als Gegenkonzepte zur römischen
"Fremdkultur" und ihrer Erforschung aktiviert
wurden, verdeutlicht zudem die nationalsozialistische Vereinnahmung bestimmter Mythen. Die
Motivik des Nibelungenliedes von heldischer
Gefolgschaftstreue, opferbereitem Todesmut und
unbedingter Loyalität diente dabei nicht nur der

LIT Verlag Münster – Hamburg – Berlin – London
Grevener Str. 179 48159 Münster
Tel.: 0251 – 23 50 91 – Fax: 0251 – 23 19 72
e-Mail: vertrieb@lit-verlag.de – http://www.lit-verlag.de
Preise: unv. PE

Selbstdeutung des Regimes, sondern entfaltete, wie die vorliegende Untersuchung nachweist, besonders in der Propaganda und im schulischen Bereich eine verhängnisvolle Dynamik, die bis heute – etwa in Denkmaldebatten – den Umgang mit dem so belasteten Mythenkomplex erschwert.

Bd. 5, 1998, 168 S., 15,90 €, br., ISBN 3-8258-4041-7

Signe Barschdorff
8. Mai 1945: "Befreiung" oder "Niederlage"?
Die öffentliche Diskussion und die Schulgeschichtsbücher 1949 bis 1995
"Im Grunde genommen bleibt dieser 8. Mai 1945 die tragischste und fragwürdigste Paradoxie der Geschichte für jeden von uns. Warum denn? Weil wir erlöst und vernichtet in einem gewesen sind." Bereits 1949 resümierte Theodor Heuss die Besonderheit jenes Datums, das wie kaum ein anderes der jüngeren deutschen Vergangenheit die Gemüter erregt hat. Obwohl der 8. Mai auf den ersten Blick ausschließlich punktuell Aufmerksamkeit zu erregen scheint, erschließt sich seine Bedeutung für die deutsche Identitätssuche erst in der diachronen Betrachtung seit 1949. Signe Barschdorff verknüpft die Analyse der öffentlichen Debatte um das Kriegsende mit seiner Darstellung in den Geschichtsschulbüchern, welche als Zeugnisse eines quasi staatlich genehmigten Geschichtsbildes gelesen werden können. Die vorgelegten Ergebnisse, vor allem der Schulbuchanalyse, fügen der Diskussion um einen angemessen Umgang der Deutschen mit ihrer Vergangenheit eine bisher beachtete Facette hinzu: Schule heute beeinflußt das Geschichtsbild der Staatsbürger von morgen – weshalb die dort vermittelten Interpretationen nicht von gestern sein dürfen.

Bd. 6, 2000, 144 S., 12,90 €, br., ISBN 3-8258 4588-3

Stephan Scholz
Die Entwicklung des Polenbildes in deutschen Konversationslexika zwischen 1795 und 1945
Als Franzosen des Ostens und Tataren des Westens wurden die Polen 1864 in einem Konversationslexikon charakterisiert. Bis heute prägen solche Stereotypen das Polenbild der Deutschen. Die gesellschaftliche Mindestausstattung an Wissensbeständen und Deutungsmustern, die zu solchen Schlagwörtern gerinnen, ihre Verbreitung und Dauer lassen sich durch die Analyse von Konversationslexika eindrucksvoll erschließen. Anhand dieser viel zu lang und zu Unrecht vernachlässigten historischen Quelle verfolgt das Buch die Entwicklung deutscher Einstellungen zu Polen über einen Zeitraum von 150 Jahren. Veränderungen im gemeinschaftlichen Urteilspool werden durch Auflagenvergleich zeitlich positioniert, politische und konfessionelle Differenzen anhand des weltanschaulichen Kontextes der jeweiligen Lexikonwerke aufgezeigt. So entsteht eine Übersicht sowohl über die allgemein geteilten Grundelemente als auch über die verschiedenen Ausprägungen des deutschen Polenbildes zwischen 1795 und 1945. Daneben werden Geschichte, Funktion und Spezifik des Konversationslexikons ausführlich behandelt.

Bd. 7, 2000, 136 S., 12,90 €, br., ISBN 3-8258-4713-6

Katja Fausser
Geschichtswissenschaft im Nationalsozialismus
Ein Beitrag zur Geschichte der Historischen Institute der Universität Münster 1933–1945
Bd. 8, 2000, 144 S., 15,90 €, br., ISBN 3-8258-5060-9

Marko Demantowsky
Geschichtspropaganda und Aktivistenbewegung in der SBZ und frühen DDR
Eine Fallstudie
Es ist die Zeit des heraufziehenden und manifesten Kalten Krieges. In einer abgelegenen Gemeinde beschließt eine Gruppe junger 'Neulehrer', ihren Geschichtsunterricht gemeinschaftlich und systematisch zu verbessern. Die zentrale Fachzeitschrift der Geschichtslehrer beginnt kurz darauf, zahlreiche Artikel dieser Neulehrergruppe zu publizieren. Wenig später befindet sich ein Teil der Gruppe an verantwortlicher Stelle am pädagogischen Verlag in Berlin und gewinnt im weiteren spürbaren Einfluß auf die Geschichtsmethodik in der DDR.
Diese erstaunliche Karriere gibt den Anstoß für die vorliegende Studie. Sie untersucht ein Detail des 'DDR-Systems' in der Phase seines Aufbaus und analysiert es als durchaus exemplarischen Fall.
'Geschichtspropaganda' und 'Aktivistenbewegung' werden dabei als essentielle Deutungskategorien begründet und genutzt, ohne die sich das vergangene Handeln der Funktionäre in der DDR nicht hinreichend verstehen läßt.
Bd. 9, 2000, 152 S., 15,90 €, br., ISBN 3-8258-5091-9

Geschichte

Edmund Spevack
Allied Control and German Freedom
American Political and Ideological Influences on the Framing of the West German Basic Law (Grundgesetz)

LIT Verlag Münster – Hamburg – Berlin – London
Grevener Str. 179 48159 Münster
Tel.: 0251 – 23 50 91 – Fax: 0251 – 23 19 72
e-Mail: vertrieb@lit-verlag.de – http://www.lit-verlag.de
Preise: unv. PE

Although there is a virtual consensus among historians, political scientists, and legal scholars that the West German Basic Law (Grundgesetz) has been one of the great successes of recent European constitutional history, providing many decades of stability and the rule of law, a public myth, in effect ever since 1949, holds that it was a totally indigenous German achievement. Although attention has been paid to the overall role of the Allies in Germany between the end of World War II in 1945 and the ratification of the Basic Law in 1949, the present study is the first book-length attempt to describe and evaluate the specific political and ideological influences, direct and indirect, of the United States on the origins, development, and implementation of the Basic Law. It presents and analyzes American and German policies and personalities, parties and programs, and their interplay in the intriguing and subtle process of constitution-making.
Bd. 36, 2001, 592 S., 40,90 €, gb., ISBN 3-8258-5534-1

Anne E. Dünzelmann
Vom Gaste, den Joden und den Fremden
Zur Ethnographie von Immigration, Rezeption und Exkludierung Fremder am Beispiel der Stadt Bremen vom Mittelalter bis 1848
Wie gestalten sich Einwanderung und Einbürgerung, Ausgrenzung und Abwehr Fremder in einem städtischen Gemeinwesen? Diesem prozeßhaften Geschehen und seiner Normalität nachzugehen, ist eine Zielsetzung der vorliegenden Untersuchung. Aufgezeigt wird, wie eine Handelsstadt wie Bremen auf erwünschte und unerwünschte Immigranten und Fremde überhaupt reagierte. Diese bereitwillig rezipierte oder, vor allem auf Druck der Zünfte, abwehrende Maßnahmen ergriff und vielfach marginalisierte. Resultierend aus einer religiös-monokulturellen Grundhaltung kam es seit dem 17. Jahrhundert nicht nur zur Ausgrenzung katholischer Migranten sondern insbesondere jüdischer. Ein prägnantes Beispiel einer für den damaligen Zeitraum singulären "Judenpolitik", primär vertreten durch Bürgermeister J. Smidt, liefern die Jahre von 1815 bis 1848.
Nicht zuletzt geht es aber um die Fremden selbst: Reisende, Verelendete, Glaubensflüchtlinge wie Exulanten und Hugenotten, wandernde Handwerksgesellen, Auswanderer, Immigranten.
Bd. 37, 2001, 424 S., 40,90 €, br., ISBN 3-8258-5144-3

Vera Schwers
Kindheit im Nationalsozialismus aus biographischer Sicht
Man kann sich die Zeit, in die man hineingeboren wird, nicht aussuchen. Doch was man aus den Umständen macht, liegt in der Hand des Einzelnen. Dieses Buch befasst sich mit

(Auto-)Biographien von Zeitzeugen des Nationalsozialismus. Verschiedene Personen sind mit den Gegebenheiten auf verschiedene Weisen umgegangen: Einige waren Täter, viele Mitläufer und Opfer des Regimes. Die Autorin hat auf wissenschaftlicher Basis u. a. Literatur untersucht und Interviews mit Zeitzeugen geführt, um dem damaligen Schrecken näher zu kommen, zu lernen und über viele Lebensgeschichten zu erfahren.
Bd. 38, Frühjahr 2002, ca. 144 S., ca. 15,90 €, br., ISBN 3-8258-6051-5

Jörg Deventer; Susanne Rau; Anne Conrad (Hg.) in Zusammenarbeit mit Sven Beckert, Burghart Schmidt, Rainer Wohlfeil
Zeitenwenden
Herrschaft, Selbstbehauptung und Integration zwischen Reformation und Liberalismus. Festgabe für Arno Herzig zum 65. Geburtstag
Bd. 39, Frühjahr 2002, ca. 600 S., ca. 35,90 €, br., ISBN 3-8258-6140-6

Isabell Lisberg-Haag
"Die Unzucht – das Grab der Völker"
Innere Mission, Evangelische Sittlichkeitsbewegung und die "sexuelle Moderne" 1870–1918
Bd. 40, Frühjahr 2002, ca. 312 S., ca. 20,90 €, br., ISBN 3-8258-6141-4

Burkard Freiherr von Müllenheim-Rechberg
Entführung und Tod des Moise Tshombe – Das Ende einer Hoffnung für den Kongo
Müllenheim-Rechberg, 1965-1967 deutscher Botschafter im Kongo, erläutert auf der Grundlage ausführlicher Recherchen das Leben des ehemaligen Premierministers des zentralafrikanischen Landes, Moise Tshombe, und seines politisches Wirken. Vordergründig werden die Umstände von Tshombes Entführung, seiner Gefangenschaft in Algerien sowie seines – bis heute nicht vollständig aufgeklärten – plötzlichen Todes dargestellt. Fragen nach der Rolle der CIA, des französischen Geheimdienstes und der Mobutu Sese Sekos werden den aufgeworfen. Ein fast vergessenes Kapitel kongolesischer Geschichte, dessen mittelbare Folgen – das Fehlen fähiger, selbständig handelnder politischer Persönlichkeiten – gerade auf die Gegenwart des Landes prägend wirken.
Bd. 41, 1998, 208 S., 12,90 €, br., ISBN 3-8258-3940-0

LIT Verlag Münster – Hamburg – Berlin – London
Grevener Str. 179 48159 Münster
Tel.: 0251 – 23 50 91 – Fax: 0251 – 23 19 72
e-Mail: vertrieb@lit-verlag.de – http://www.lit-verlag.de
Preise: unv. PE